用心理學趣讀三國！

軍師界頂流傳奇

# 諸葛亮

陳禹安・著

生活是正著來活，卻要倒著去理解。

如果你能夠倒著理解歷史，那麼你正著的生活一定可以少走彎路，少犯錯誤。

——題記

三國鼎立是一個特殊的時期。這一時期的政治，風雲變幻；軍事鬥爭，氣勢壯闊；三國外交，縱橫捭闔。因此，演說三分，有說不完的故事。

時勢造英雄，三國時期，人才輩出，業績昭著，許多人物，家喻戶曉，總是為人們津津樂道。「三個臭皮匠，頂個諸葛亮」、「說曹操，曹操到」，已成為人們生活中的常用語，可見三國故事影響之深。

三國鼎立，人謀規劃起到了至關重要的作用。因此，三國時期，人物關係複雜，他們在大動亂的血雨腥風中拼搏生存，增長了智慧才幹；各色人物可歌可泣的故事，給人們留下了很多歷史經驗與教訓；讀三國，聽三國，都給人以許多教益，這就是三國故事歷久不衰的主要原因。近年來，人們從各個角度重讀三國，更增添了三國故事的活力。

「心理三國三部曲」是陳禹安先生推出的以心理學視角品讀三國的著作，包括《心理關羽》、《心理諸葛（繁中版：用心理學趣讀三國！軍師界頂流傳奇——諸葛亮）》、《心理曹操》。作者選取了三國人物中在民間影響最大的三位人物——關羽、諸葛亮、曹操，透過心理描寫，遙情想像，解讀三位人物的人生。如此解讀三國，別開生面，覽卷批閱，令人耳目一新。

但若質疑問難，可以提出許多問題。最切要的問題有兩個必須回答：第一，以今人的心理去猜度兩千年前古人的心理，種種描繪可靠嗎？直白地說，能用心理分析研究歷史嗎？第二，作者所選三人——關羽、諸葛亮、曹操——能夠代表三國嗎？我以一個普通讀者的體會，試著回答這兩個問題。

心理學是近現代發展起來的一門社會科學，運用心理分析的方法去研究歷史，其實在今人的許多論著中已有部分的運用。科學的發展是人們智慧的積累，運用現代科學技術解讀歷史遺存的密碼是必然的發展趨勢，也是科學的。例如，用碳－14去測定歷史文物的年代，就是考古學常用的一種手段。借助現代數學、統計學的發展，運用數量統計研究歷史，已是公認的先進的歷史研究方法之一。這是有意識的方法運用。

無方法意識的直觀感覺，心理分析，古已有之。例如司馬遷寫《史記》，在《司馬相如列傳》中寫卓文君偷聽司馬相如彈琴「心悅而好之，恐不得當也」，這兩句就是心理描寫。作者用「悅」、「好」、「恐」三個字把卓文君喜、愛、愁的複雜心理活動表現得淋漓盡致。明清「三言二拍」小說，中國四大名著——《水滸傳》、《三國演義》、《紅樓夢》、《西遊記》中的心理描寫無處不在。然而集中地、從頭至尾、洋洋灑灑數十萬言，全景式展開的心理分析，「心理三國三部曲」確實是一個首創。陳禹安先生做了這個工作，他成了第一個吃螃蟹的人，取得了成功，可喜可賀。也就是說，運用心理分析解讀人物、演說三國，在方法上是沒有疑義的。陳禹安先生的首創精神，不僅開拓了演說三國的新領域，而且開啟了引領後繼者的作用，值得肯定。

當然，古人與今人，時移勢異，今人的遙情想像未必就是古人原來的意圖，歷史真相未必如此，讀者不能鑽牛角尖。

歷史研究，有多種方法，有多種價值。歷史的考證，目的是還原歷史的本來面目，探求歷史之真，這是歷史的欣賞價值；借吸取經驗教訓，這是歷史的借鑑價值；演說歷史故事，添油加醋，娛樂生活，這是歷史的欣賞價值；舊瓶裝新酒，對歷史再創作，以古喻今，抒寫作者現實的人生感悟，這是歷史的現代價值。陳禹安先生對心理學有深厚的造詣，對現代社會有通透的認識，對現實人生有獨到的感悟，所寫「心理三國三部曲」更多的是在解讀當代社會，可使讀者增益智慧，這可以看作是作者創作的主題思想，它集中體現在每一則故事之後的「心理感悟」中。例如《心理關羽》中「想成就大事的人，善於讓別人承諾比自己善於承諾更重要」，《心理諸葛（繁中版：用心理學趣讀三國！軍師界頂流傳奇——諸葛亮）》中「世界並不是一個客觀的存在，而是你所期望看到的存在」，《心理曹操》中「索取，有時候比發誓更能取信於人」，凡此種種，條條都是作者抽象提取出來的人生哲理箴言。如果讀者認同我的這一體會，那麼「心理三國三部曲」最大的價值，重點不是放在借鑑歷史經驗上，而是借題創作，挖掘歷史的現代價值。作者的這一匠心運籌，打破了古今時空的距離，解讀的歷史人物貼近現實生活，彷彿關羽、諸葛亮、曹操就在我們的身邊。加之作者流暢的語言、新穎的編排，可以預期《心理三國》三部曲的出版，將會贏得廣大的受眾。

三國鼎立的主線是魏吳對峙，蜀國偏安一隅，又最先滅亡，蜀漢君臣對歷史的貢獻最小。但蜀國治理得最好，又是繼漢正統，所以在演說三分的故事中，蜀漢對峙成了主線，吳國成了偏安。在《三國演義》中，諸葛亮是第一主角，描寫諸葛亮的篇幅最長。由於諸葛亮是三分天下的規劃者，他成了智慧的化身，在民間影響超過了曹操，更壓過了劉備。成都武侯祠，原本是劉備的陵寢，諸葛亮反客為主，民間只知有武侯祠，而不知有劉備墓。關羽是忠義的化身，他在民間的影響更超過了諸葛亮，還走向了世界，東南亞和歐美國家都有關公廟。關羽被歷代帝王十次加封，乾隆三十二年更是加封關羽為忠義神武的關聖大帝。論歷史貢獻，三國的奠基者曹操、孫權、劉備三人貢獻最大，按所建三國的疆域大小排列三人的名次，不應有爭議。但是在民間的影響卻是關羽、諸葛亮、曹操三人為一甲，關羽的影響最大，諸葛亮次之，曹操只能在第三位。陳禹安先生創作的「心理三國三部曲」選擇關羽、諸葛亮、曹操三位及其排序，應是基於民間影響力，也是十分得體的。

我愛好三國歷史，做過一些研究，寫過幾本書，但都沒有跳出傳統的研究方法，只是運用文獻解讀歷史，缺少運用新方法開拓創造的精神，新進的作者值得我向他們學習。

是為序。

秦漢三國史研究專家

自序

## 三問「心理說史」

「心理三國三部曲」是「心理說史」的開創之作，在十周年紀念版出版之際，很有必要釐清讀者們最關心的幾個問題，其實主要就是三個：「心理說史」是什麼？從何而來？去往何方？

心理說史是什麼？

在「心理三國」系列出現之前，國內從未有過這種集歷史、心理和文學於一體的寫作形式，既像歷史小說又像心理分析，很難歸於已有的類別。系列作品的第一部《心理關羽》，在出版過程中關於書名的爭議從未停息。「心理三國」的內容曾在天涯論壇連載，先後有幾十家出版社表達過出版意願，但幾乎沒有一家不想把書名改換的，因為當時沒有人確切知道《心理關羽》到底在表達什麼。但改來改去，卻都覺得沒有一個其他的書名能夠統攝《心理關羽》的豐富內涵，於是這一獨特的書名就幸運地被保留了下來，並沿用到整個「心理說史」系列的其他作品中。

「心理說史」關鍵在於「心理」兩個字。實際上，把這兩個字當作動詞而不是名詞就容易理解了。「心理三國」就是用心理學去梳理、剖析三國的歷史進程及關鍵細節，《心理關羽》就是用心理學去梳理、剖析關羽一生的心路歷程。

一開始寫「心理三國」的時候，我主要運用的是社會心理學，但自然而然地，人格心理學、發展心理學、進化心理學、認知心理學、生物心理學等應需而入，甚至還引用了全球心理療癒領域大量的研究成果。同時，我本人對於「心理」的理解，也超越了現代學科體系所設定的邊界，把自己對中國傳統文化中的儒釋道以及西方哲學體系的更深感悟融入其中。

從我個人的角度來看，也許「心」理比「心理」更接近真正的內涵，我甚至有這樣一個觀點：這個世界上，和人的社會屬性、文化屬性相關的知識，只有一門心理學。所謂的哲學、人類學、社會學、管理學、行銷學等，實質上都是心理學。

所以，心理說史就是用「心」去梳理歷史、述評人物。

說到歷史，也許又會引發一個爭議。「心理說史」的開創之作——「心理三國三部曲」參照的底本是《三國演義》，而不是所謂的正史《三國志》。讀者們難免會質疑，《三國演義》能算是歷史嗎？

三國是非常特殊的一段歷史，短短幾十年，卻是整個中國歷史中最膾炙人口、廣為人知的，這要歸功於《三國演義》和各種戲劇、評書的民間傳播。如果你和非歷史專業的三國迷說，草船借箭的不是諸葛亮，而是孫權；華雄不是關羽斬的，而是孫堅幹的，也沒有溫酒這回事……恐怕這些三國迷會找你拚命。

從心理學的角度，信即為真，將大眾一致信以為真的資訊視為歷史，其實並無不可。這同樣可以推及廣為人知的《水滸傳》、《紅樓夢》的解讀。

細品《三國演義》，我們還會發現，這其實是中國人代代相傳的集體創作，也是中國人集體潛意識的外顯。《三國演義》中隱藏的是中國人國民性的基因密碼。從而，用心理學加以解剖，就更有其必要性，也更有其正當性了。

當然，心理說史在處理其他的歷史時，會尊重基本史實，但讀者們也必須明白，從來就沒有所謂百分百真實的客觀歷史，任何紀錄都會帶有記錄者主觀感受的痕跡以及個人視角及表述能力的限制。

「心理說史」從何而來？

2007年初夏，我突然從每天平均工作十二小時以上的繁忙節奏中脫身，有了很多的閒置時間。當時，我就想用一種不一樣的方式來闡述歷史。於是，在一台黑色的索尼電腦上不知不覺敲下了三萬字，這就是《心理關羽》的前十節。

寫完這三萬字，突然意興索然，我就放下了，那台電腦後來也不見了。但幸運的是，這些文字在一個隨身碟中留下了備份。整整兩年之後，一個非常偶然的原因令我想起這些文字，然後把它們發到了天涯論壇，每天發一節。剛開始的時候，並沒有什麼動靜，我原想發完這十節，也就該結束了。沒想到第九節發出後，跟帖瞬間火爆起來。網友的熱情讓我覺得這樣的文字也許是有價值的。於是，整個三部曲就一氣呵成了。

所以，「心理說史」本是無心插柳之舉，剛開始的時候，我並不知道我後來會寫出十幾部作品，也不可能想到「心理三國」能夠以數種文字、多個版本風行於世。

一個嬰兒初生之際，人們可能不會急於為他暢想未來，但「心理三國」系列在編寫此自序時已經十周歲了，我們不免要考慮它的未來。

「心理說史」將去往何方？

十年來，我一直在思考這個問題。

歷史到底是什麼？如果歷史僅僅是過眼雲煙，「萬里長城今猶在，不見當年秦始皇」，那麼，事過多年之後，我們去學習歷史、剖解古人又能得到什麼？

從人性的基底來看，所謂歷史，其實是一間巨大的心理實驗室，一打開門，看到的卻是正在發生的現實。歷史，其實不是古人的故事，而是我們每個人自己的故事。基於此，我們也就發現了心理說史的基本價值——剖析古人心理，感悟現實人生。

每個人都是在不斷成長的，每個人的一生其實都有一條心路歷程。我們往往以固定的一個標籤去看待一個人，但一個人並非只代表是一張臉譜。

美國作家狄帕克．喬普拉寫過一本小說——《人子耶穌》，從人的角度描寫了《聖經》中缺失的耶穌從十二歲到三十歲的歷程。喬普拉感慨地說：「不管是否信奉基督教，人們把耶穌看成是靜態的。耶穌沒有煩惱，也不會成長。耶穌在伯利恆的馬廄裡一生下來就是神聖的，終其一生都是如此。」所以，他反其道而行之，把小說的主題定為：一個有潛力成為救世主的年輕人，發現了自己的潛力並學會了實現自己的潛力。

喬普拉對耶穌的成長的理解，其實也應該正是我們對任何一個人——無論是歷史風雲人物，還是現實中普通人——成長的理解。

我希望「心理說史」能夠讓歷史在心理學中復活，讓人性在心理學中鮮活，從而在歷史學、心理學和文學的交叉之處，留下一個不一樣的印記。「看透歷史，講透人性」，這就是「心理說史」必須承擔的歷史使命，也是「心理說史」一直在努力前往的未來。

我們在歷史上所做的每一分努力，都應該是為了讓現實更美好。

2019年12月29日星期日
下午3：38於杭州別館13B

# 目錄

## 諸葛出山



## 初出茅廬



## 赤壁之戰

## 瑜亮鬥智



## 伏龍鳳雛

## 荊州益州



## 七擒孟獲



## 出師北伐

## 征途無盡

# 諸葛出山

自私的束縛 / 待善價而沽 / 不情願賣家 /
小機率事件 / 錯覺的安慰 / 投入是個無底洞 /
衣服的妙用 / 錯位隆中對

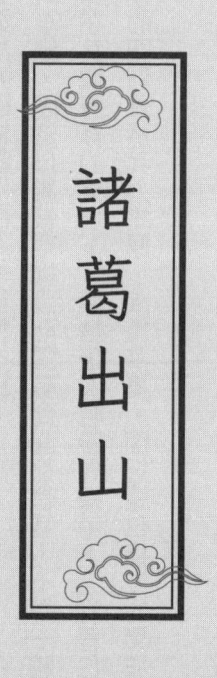

「徐元直，你自己欠劉備的人情，怎麼可以拿我當禮物來償還呢？這樣做，哪裡是好朋友的行為！」高聲呵斥的人複姓諸葛，名亮，字孔明。

徐庶則滿臉尷尬，張口結舌，懊悔不已。

其實，諸葛亮雖然表面惱怒，內心卻喜悅不已。

徐庶是劉備的軍師，因為母親被曹操設計誘騙到許都軟禁，不得不辭別劉備，前去探母。徐庶在劉備帳下時日不長，卻在兵微將寡的情況下，連續幾次戰勝曹操手下大將曹仁，輕鬆攻下了樊城。這個戰績很不簡單，因為日後的關羽雖然兵力雄厚，威震華夏，卻對曹仁據守的樊城久攻不下。因此，劉備對徐庶極為倚重。

放徐庶走，劉備心裡是萬般不願，但又覺得讓母子隔絕不符合他一向身體力行的「仁義」二字。劉備只能用他最擅長的技藝，哭了又哭。劉備精通互惠原理，深知預先施惠的好處，他的這種哭而不留的恩惠讓徐庶感激涕零，深感無以為報。

徐庶在告別之後，始終覺得愧對劉備的這份寬仁胸懷。徐庶終於下定了決心，掉轉馬頭，向劉備馳來。

淚眼朦朧中，劉備看見了徐庶，他以為徐庶改變主意，不再去曹操處探母了。但其實徐庶只是回來向他推薦一個足以替代自己的人選。

徐庶本來是不想告訴劉備這個人的。因為他知道，這個人的才能遠勝於自己，一旦這個人出山來輔佐劉備，那麼，他很快就會建功立業，創造輝煌，而自己此前的功績很快就會黯然失色。

誰願意自己被別人超越呢？這個人雖然是徐庶的好朋友，但在功業的競爭上，幾乎沒有人是無私的，好朋友也不能例外。

自私也許是人類的本性。進化心理學對人的這種心理機制是這樣解釋的：生命的本質是想讓自己的基因存活並延續下去，而只有自私才能最大限度地確保這一點。理查·道金斯在其暢銷書《自私的基因》中揭示：那些預示個體為了陌生人的利益而自我犧牲的基因，是不會在進化的競爭中存活下來的。不過令我們稍感寬慰的是，正是基因的自私性決定了人們將以兩種獨特的、無私的，甚至是自我犧牲的幫助行為的方式來行事。這就是親緣保護和我們已經耳熟能詳的「互惠」。

對有親緣關係的人的無私保護，顯然是能確保自己的基因（或有一定比例關聯的基因）延續下去的做法。而「互惠」則是寄希望於預先付出恩惠而帶來的未來回報，這也有助於基因的延續。

徐庶就這樣被劉備的「互惠術」擊中，終於回過頭來，把諸葛亮推薦給了劉備。但劉備的恩惠實在太過厚重，讓徐庶覺得僅僅這樣還不足以回報，於是心念一動，撥轉馬頭，直奔諸葛亮隱居的臥龍崗而去。

諸葛亮見徐庶突然前來，就問他來意。

徐庶對諸葛亮說：「我本來好好地在劉備那裡當軍師，可是曹賊使了奸計，將我老母囚禁，我只好去救母親。我臨行前，把你推薦給了劉備，希望你不要推阻。劉備是個仁義之主，你可以去新野求見，他一定會重用你的，而你也就可以大大施展平生所學了。」

徐庶自覺是一片好意，卻沒想到諸葛亮竟然變了臉色，大聲呵斥自己。

諸葛亮為什麼會是這樣的反應呢？

諸葛亮在隆中耕讀隱居，並不想就此終老一生，他天賦過人，才華蓋世，當然是想投靠一位明主去施展一番的。但是，諸葛亮作為隆中的一介平民，交遊的圈子非常狹窄，也就是和龐德公、水鏡先生司馬徽、徐庶、崔州平、石廣元等人有些交情。而天下有數的幾個雄主如曹操、孫權等人手下早已人才濟濟，如果去投奔他們，很難有出頭之日。另外如劉表、劉璋之類，目光短淺，軟弱無能，毫無雄心，根本就不值得投靠。

所以，諸葛亮只能在隆中抱膝長吟，苦苦等待時機。

當劉備出現在新野的時候，諸葛亮眼前一亮，他敏銳地判斷出這是一個很有潛力的人。劉備當時雖然兵力微弱，但僅有的幾員大將關羽、張飛、趙雲卻都是萬人莫敵。劉備不缺將軍，卻非常缺乏有大才華、大氣度的謀士，現有的糜竺、簡雍不過是泛泛之輩。如果有一個智謀過人的軍師，將其擁有的資源善加調配運用，應該很快就能雄立天下。何況，劉備還有一個皇叔的身分，這是一種奇貨可居的政治資源。

劉備正在缺人之際，諸葛亮覺得自己是最佳的人選。人往往都有過度自信的傾向，連販夫走卒之流都是這樣，何況滿腹經綸的諸葛亮呢？諸葛亮堅信自己一定能夠透過輔佐劉備，建功立業，實現平生的抱負。

只是，當司馬徽以貌似中立的「第三方推薦」向劉備神祕而誇張地推薦了「臥龍」後，徐庶卻不知從哪裡冒出來橫插一槓，竟然搶到了諸葛亮的前頭，搶走了諸葛亮志在必得的機會！

能夠獨享組織資源的職位是不多的，劉備的軍師只能有一個，徐庶當了他的軍師之後，就沒諸葛亮什麼事情了。而更為現實的是，劉備有了能夠幫他打勝仗的徐庶之後，也就把司馬徽推薦的「臥龍」拋到了腦後。

憑藉劉備微薄的兵力，卻連續擊敗曹仁，徐庶在極短的時間內迅速樹立了崇高的威信，諸葛亮的心情非常複雜，他知道自己的機會越來越少了。

諸葛亮的這個判斷是對的。當徐庶春風得意馬蹄疾，快意於一人之下萬人之上的掌控感時，他是不會給諸葛亮機會的。雖然他知道諸葛亮能力勝過他，雖然臥龍崗距離劉備駐紮的新野只有幾步之遙，但徐庶根本不會向劉備推薦自己的好朋友諸葛亮，甚至連提都不提。

自私的力量無處不在。徐庶當然知道如果請來諸葛亮幫自己，一定是天下無敵。但他也知道，一旦諸葛亮來了，很快就會嶄露頭角，那麼自己的地位就會很尷尬。所以，徐庶選擇了隻字不提，甚至在告別劉備之後，也不準備提起。如果不是劉備的真情實感讓徐庶深深感動，恐怕就不會有「徐庶走馬薦諸葛」這檔子事了。

諸葛亮之所以對徐庶高聲呵斥，就是此前這一段複雜情緒的發洩。但是他也立即意識到，一度失去的機會又重新出現，向他招手了。這就是他表面惱怒、內心喜悅的真實原因。

徐庶深感尷尬，只好悻悻離去。

望著徐庶遠去的背影，諸葛亮突然湧出了一個非常可怕的念頭，他剛想招呼住徐庶不讓他走，但隨即又克制住了這個念頭，緊緊地閉上了嘴。

諸葛亮想到了什麼？諸葛亮想到的應是日後「水鏡先生」司馬徽想到的。

徐庶告別劉備，司馬徽並不知情，他到劉備營中探訪徐庶時才被告知徐庶已經去許都探母。

劉備悶悶不樂地告訴他，曹操囚禁了徐庶的母親，徐母寫了一封信，要徐庶前去。司馬徽聽了之後，立即跌足長歎：「徐庶中了曹操的奸計了！他這一去，徐母的命就沒了！」

劉備一驚，急問原因。

司馬徽說：「我向來知道徐母非常賢能忠義，看不慣曹操欺君罔上的行為，即使曹操囚禁了她，她也不會寫信來讓兒子自投羅網。如果徐庶不去，曹操會以徐母為要脅，不會殺她。如果徐庶去了，徐母肯定會因為羞愧難當而自殺的！」

劉備聽了，非常懊悔。如果自己早就想到這一點，不但可以留住徐庶繼續為自己效力，也可以保住徐母的性命。

諸葛亮的智力遠勝司馬徽。司馬徽能夠想到的，他怎麼會想不到呢？

他有心叫住徐庶，但終於沒有這樣做。因為如果徐庶聽了他的分析，不再去許都，那麼徐庶還會繼續擔任劉備的軍師，劉備甚至會因為失而復得而對其更加珍惜重用，如此，自己的機會就只能再度失去了！

前面說過，諸葛亮偏居一隅，交遊狹窄，而明主又是極度稀缺的資源，能夠遇上劉備，真的是一個機率非常小的事件。如果再次錯過劉備，諸葛亮可能這輩子只能在隆中當農夫了……

諸葛亮終於沒有挽留徐庶，他只能暗暗期盼自己關於徐母的預料是錯誤的，希望以此來平息消滅內心的愧疚感。

可是，這個世界上又有幾個人能夠擺脫自私的束縛呢？

> 心理感悟：人只有在無法自私的時候，才會選擇無私。

## 2　待善價而沽

當機會再度來臨的時候，諸葛亮早已成竹在胸，因為早在幾年前，他就做好了準備。他的這個準備就是不準備出山！或者更準確地說，他讓所有認識他的人都知道他不準備出山。

諸葛亮雖然是隆中的一介農夫，但並不是沒有外出做官的機會。他的兄長諸葛瑾在東吳孫權那裡發展得也還不錯，如果阿兄推薦一下，諸葛亮肯定可以在東吳謀個一官半職。

諸葛亮和襄陽的名人龐德公也有交往，岳父黃承彥也有不少關係，如果讓龐德公或黃承彥向劉表推薦一下，也不愁沒有出路。

孫權、劉表也算得上是一方雄主了，如果諸葛亮要出山謀職，他們算是不錯的選擇。但諸葛亮根本沒有流露出一絲一毫的意思。

當劉備向來訪的司馬徽提起徐庶臨走之前曾經推薦諸葛亮時，司馬徽微微一笑說：「元直去便去了，何必又惹諸葛亮出來嘔心瀝血呢？」

劉備問：「先生為什麼要這樣說呢？」

司馬徽這樣說，就是基於一個根深蒂固的慣性思維：諸葛亮並沒有出山的打算。這也是為什麼司馬徽第一次遇到劉備的時候，只是提了提「臥龍」的名號，而沒有直接說出諸葛亮姓名住址的原因。如果司馬徽認為諸葛亮想出山，他又何必如此遮遮掩掩呢？這也可以從他直接向前來請教的徐庶推薦了劉備這一舉動得到證明。

徐庶臨別前，曾經對劉備訴說原委。他說：「我原本是要去投靠劉表的。但是和他談論了一些事情後，才知道他根本就是個無用之人。我連夜到司馬徽莊上求教。他立即責怪我有眼不識明主，說：『劉備在這裡，你為什麼不去為他效力呢？』我這才故意在市集上狂歌放浪，以吸引你的注意……」

司馬徽明確地向徐庶指明了方向，卻隱匿了諸葛亮的姓名而不向求賢心切的劉備介紹。兩者之間的反差足以說明，司馬徽一向認為諸葛亮是不想出來做事的。

同樣，徐庶也是這樣認為的。

他在向劉備推薦了諸葛亮後，劉備說：「你能不能幫我把他請來相見呢？」徐庶說：「這個人和我可大不一樣啊。主公你只能親自去見他，絕不能委屈他來見你啊！」實際上，徐庶是認為諸葛亮不可能出來的，但他卻不能實話實說。否則，劉備就會說：「你給我推薦的人再好，可是不肯出山來幫助我，那又有什麼用呢？」

正是因為考慮到了這一點，徐庶才會親自跑到臥龍崗，對諸葛亮說：「我已經把你推薦給了劉備，你可千萬不要推辭啊。你還是去求見他，好好施展你的學問吧。」

徐庶擔心諸葛亮不給劉備面子，所以想先去知會一聲，希望憑藉自己的老朋友面子，能夠幫助劉備說動諸葛亮。

幾乎所有認識諸葛亮的人都以為他生性淡泊，無意功名。但是，諸葛亮真的是不想出山嗎？如果這樣想，那你就大錯特錯了。諸葛亮哪裡是不想出山啊，他只是不想像別人那樣主動出山！

主動出山有什麼不好呢？主動出山會喪失主動權，以致個人發展規劃的操控權只能由他人來決定。你托關係謀職，只能從一個小職位做起，然後歷年累積，沒有功勞也有苦勞，熬到頭髮白了，如果沒犯錯誤，最多也就上幾個臺階。

這是絕大多數人都會遇到的情況（當然不排除極少數的例外）。但是諸葛亮不想這樣做。要想透過這種方式獲得施展的平臺，至少有兩個不利因素。

第一，時間成本太大了。即使能達到可以掌控、配置整個組織資源的高位，也必須耗費最寶貴的青春年華，到了年老體衰的時候才能如願。

第二，有些人天生就是當第一把手（或準一把手）的。這樣的人，一步到位後立即就能大展宏圖，而如果要他從底層開始鑽營，處理好錯綜複雜的關係，慢慢晉升，則是不能勝任的。

諸葛亮的能力很強，他的抱負很大，但他知道，如果讓自己從底層做起，也許這輩子都不會有出頭之日。他想要的是一步到位，直接坐到能夠掌控調配組織資源的位置上。

總之一句話，對於雄心勃勃的諸葛亮來說，主動出山的「性價比」極低！

儘管諸葛亮這樣想，但他從來沒有表露出來。他和崔州平、石廣元、孟公威、徐元直等人在一起的時候，曾經對他們幾個說：「你們幾個人，如果走仕途，經年累升，應該可以做到刺史、郡守的職位。」

這幾個人就問他：「那你如果出仕的話，能夠做到什麼職位呢？」

諸葛亮笑而不答。他之所以不回答，有兩個原因。

第一個原因是沒法答。因為他說出來，根本就不會有人相信，天下哪裡會有這樣的明主，肯如此重用一個出身農家、毫無閱歷也毫無經驗的年輕人，一下子就把整個組織內的最高職權授給他呢？這不是等於癡人說夢嗎？所以，諸葛亮不答。

第二個原因是不能答。因為一說出來就會暴露他的真實意圖，就會讓他歷年來精心謀劃的整體方案失敗。笑而不答，故作神祕，反而更有利於促進整體方案的執行。

想要，又不肯說，事情看起來似乎難度很大。但是，要想達到這樣的效果，也不是不可能的。諸葛亮運用的策略是「不情願賣家」策略。

所謂「不情願賣家」策略，就是指「賣家」將自己的真實意圖隱藏或部分隱藏，對買家產生一種誘引作用，從而讓買家願意付出更高的價碼來得到標的物。如果運用得當，這種策略的威力非常之大。

美國的一位房地產大亨就曾經運用這一招，一下子讓自己多賺了八千萬美元。

那是在1991年該大亨遇到了大麻煩。此時，美國的房地產市場處於即將崩潰的邊緣，該大亨必須盡快處理掉手中的房產，換回現金來渡過危機。他最好的機會是賣掉S飯店。這是他三年前花七千九百萬美元從H集團手中買回來的。該大亨想盡快出手，哪怕價格低一些也行。一個澳大利亞的億萬富翁表示出購買的意向，儘管該大亨心中欣喜若狂，但他仍然扮演了「不情願賣家」的角色。

「哦，對不起，S飯店我是不會賣的，那是我最喜歡的產業，我從來沒想過要賣掉它，我想把它留給我的孫子。我還有別的產業可以賣給你，但不能是S飯店。但是這確實適合你——你能給我什麼價錢呢？」

澳大利亞富翁能給他什麼價錢呢？

1．6億美元！比原來的購置價整整高出了一倍多！

該大亨就是靠這筆巨額現金挺過了危機。

我們可以想像一下，如果該大亨聽到澳大利亞富翁有購買意向的時候，欣喜若狂，熱情萬分，立即將他奉為上賓，點頭哈腰，那麼S飯店能賣出這樣的高價嗎？

賣房子是這樣，自我推銷也是這樣。「學成文武藝，貨與帝王家。」如果你不懂得「不情願賣家」的技巧，你怎麼能用最快的速度、最小的成本謀求到最好的職位呢？

諸葛亮早就看明白了這一點，所以，他越是想出山，就越是表現出不想出山；他越是想一步到位，執掌重權，就越是表現出無意仕途，躬耕怡然。

「不情願賣家」策略能夠成功的關鍵在於「不情願」這三個字的演繹要逼真到位，也就是說，假戲必須真做才能收到效果。如果「不情願」被人識破，那就一文錢也不值了。

從司馬徽、徐庶的反應來看，諸葛亮對「不情願」這三個字的演繹是非常成功的。

但是，問題也隨之而來：假戲如果太過逼真，拒絕的信號太過強烈，也就不會有買家問津了——既然你真的不想賣，那我就放棄買好了。

如果事情真的向這樣的方向發展，諸葛亮這幾年不就白忙活了？

> 心理感悟：自高身價的最好辦法是讓人以為你根本無意出價。

## ❸——不情願賣家

想讓「不情願賣家」的策略成功，就必須讓買家產生「非買不可」的執著心理。那麼，什麼樣的東西會讓買家「非買不可」呢？

只有最能滿足買主需求而且是稀缺的東西才能做到這一點。如果有這樣「奇貨可居」的東西，即使你不想賣，買主也必孜孜以求，決不放棄。

可是，諸葛亮靠什麼才能讓自己「奇貨可居」呢？要知道，他目前還只是隆中的一介平民，既沒有顯赫的背景，也沒有輝煌的業績，他憑什麼可以讓別人即便是在他採用十分逼真、到位的「不情願賣家」策略的情況下，也能來懇求他出山呢？

應該說，上天對諸葛亮是十分眷顧的，它給了諸葛亮兩樣最寶貴的天賦資源。

第一樣是諸葛亮的容貌身材。諸葛亮身長八尺，面如冠玉，眉聚江山之秀，飄飄然有神仙之概。

澳大利亞國立大學經濟學家安德魯·雷伊主持的最新研究顯示，如果一個人的身高達到一米八三，他每年就能多掙接近一千美元。這項研究結果發表在2009年7月的《經濟紀錄》雜誌上。

此前，美國和英國關於身高和薪酬方面的調查也顯示，高個子的人賺錢更多。根據佛羅里達大學管理學教授蒂莫西·賈奇和北卡羅來納大學商業管理學教授丹尼爾·凱布勒在2003年的研究，一個人身高每高出一英寸（約二點五四公分），每年就能多賺大約七百八十九美元。

心理學家則進一步分析認為，個子高的人之所以能夠賺更多的錢，是因為長得高會增加一個人的自信，而自信會讓他們在與人溝通時占有優勢。追溯到人類進化早期，高大的身材通常是力量的象徵，人們認為身材高大的人更能保護族群。

所以，個子高的人能給人一種能力更強的強烈暗示，這當然不是說個子矮的人就沒有出頭之日了，而是他們必須付出更多的努力來糾正人們的偏見。

諸葛亮身高八尺，根據三國時期一尺約等於二十四點二公分推算，他的身高應該在一米九四左右。當然，諸葛亮的身高不可能正好是八尺，而是一種近似的說法，但他的身高達到或超過一米八三應該是沒有什麼問題的。

個子高等於能力強，這是人類多年進化而在腦海中形成並傳承下來的一種潛意識。諸葛亮在這方面顯然是占據了天然稟賦的優勢。而且，諸葛亮面如冠玉，是一個十足的美男子，這一點和他的身材高大相得益彰，更顯優勢。除了身高，人們還對美麗的容貌（不論男女）存在著一種偏見：美的就是好的。這種偏見往往導致人們將容貌和才智正向相關，認為長得好看的人也擁有優秀的品質。

1972年的一個心理學調查顯示，人們普遍認為：外貌具備吸引力的人比外貌不具備吸引力的人更可能具有善良、堅強、外向、有趣、鎮靜、有教養、容易相處、敏感、性格好等特點。同時，外貌好看的人與外貌一般的人相比，其未來的地位將會更尊貴、婚姻更幸福、生活更充實、社交和事業更成功。

在人自己不能選擇的先天條件上，諸葛亮占盡優勢，從這一點來說，諸葛亮顯然是一個幸運兒。如果對此還有所疑慮的話，不妨參看一下容貌醜陋的龐統和張松的遭遇。

但是諸葛亮的幸運還不止於此。上天除了給了他出眾的容貌之外，還給了他第二樣天賦：一個高智商的頭腦。這讓他在學習掌握各種知識的時候遊刃有餘，明顯勝過和他共同求學的徐庶等人。這一點讓徐庶等人對他非常佩服（當然，諸葛亮是第一等聰明的人，但並不是唯一的最聰明之人，同期至少有龐統和他不相上下，後期則有司馬懿足以與他匹敵）。

這兩樣上天給予的禮物，為諸葛亮未來的成功提供了極大的可能。但也僅僅是一種可能而已，這個世界上並不缺少容貌出眾且能力出眾但卻沒有成功的人。我們之所以不容易從我們的記憶中快速找出這樣的例子，那是因為他們已經被自己的不成功湮滅了。

只有深刻了解人類心理認知機制並將其運用自如的人，才能將上天給予的這兩樣稟賦的作用發揮得淋漓盡致。

人的大腦不喜歡對接觸到的所有事情或同一件事情的所有方面，進行深入細緻的考察分析後才得出最終的結論。這個神祕的器官更喜歡從某一個側面做出判斷，形成一個傾向性的意見，然後一以貫之，始終用這個傾向性的觀點來對待同一事物及其相關延伸的部分。

20世紀最龐大的形而上學體系——「過程哲學」的創始人懷特海有些反諷地提出，文明進步的一個標誌就是人們可以更頻繁地以不假思索的方式行動。

就此而言，人類的行為方式在很大程度上和動物沒有區別。

雌火雞是公認的好母親，對兒女們呵護備至。但是喚起雌火雞強烈母愛信號的僅僅是小火雞的叫聲。只要小火雞一叫，牠的媽媽就會照顧牠、呵護牠，反之，牠的媽媽就會忽視牠的存在甚至把牠殺掉。動物學家福克斯在1974年用一隻雌火雞和一個雞貂的填充模型做了一個實驗。雞貂是火雞的天敵，只要雞貂一靠近，雌火雞就會尖聲驚叫，又啄又抓，即使是雞貂模型也能引發雌火雞同樣的反應。但同樣是這個模型，在牠體內放一個能夠發出小火雞叫聲的答錄機，只要機器一開發出小火雞叫聲，雌火雞不僅允許牠走近，而且還把牠當成自己的孩子並掩蓋在自己的翅膀下加以呵護；而當答錄機一關閉，雌火雞則又立即恢復到原來的敵對驚恐狀態。

人在認知事物的時候，同樣也存在這種既可以說高級，也可以說低級的自動反應機制。我們前面所說的人極易對容貌出眾者在幾乎所有的方面都給出了良好判斷和預期，就是這種自動機制的體現。

這種現象，被稱為「暈輪效應」，是由美國著名心理學家愛德華．桑代克於20世紀20年代提出的。他認為，人們對人的認知和判斷往往只從局部出發，擴散而得出整體印象，即常常以偏概全。一個人如果被標明是好的，他就會被一種積極肯定的光環籠罩，並被賦予一切都好的品質；如果一個人被標明是壞的，他就被一種消極否定的光環所籠罩，並被認為具有各種壞品質。這就好像颳風天氣的前夜，月亮周圍出現的月暈，其實月暈不過是月亮光的擴大化而已。

絕大多數人深受「暈輪效應」的控制而不自知，只有極少數的人懂得如何利用這一人類心理認知的終極奧祕，讓自己更具魅力，形成不容置疑的權威形象。而諸葛亮正是中國歷史上最善於運用這種機制的人之一。

事實上，就成就而言，諸葛亮也算是很傑出的，但比起秦皇漢武、唐宗宋祖等還差很多，可是諸葛亮比他們中間的任何一個名氣都大。「事後諸葛亮」、「三個臭皮匠，勝過一個諸葛亮」，這些都是老百姓的常用語，可見他的影響力。為什麼許多文人會把一些別人的事蹟移植到諸葛亮的身上，並得到大眾的認可和接受，難道所有的受眾都是笨蛋，都看不出這些是別人編的？只是因為大家願意選擇相信。這樣的事蹟會在諸葛亮身上出現並且很合理，因為在大眾的眼裡，諸葛亮身上集中了人類的很多優秀品質：聰明、正直、勇敢、勤勞、無私、誠實、節儉、專一等（這段話不是我寫的，是網友「一覺醒來」貢獻的，非精準地表現了大眾深受「暈輪效應」制約的情形。這一影響代代相傳，延續至今，這也是我要寫《用心理學趣讀三國！軍師界頂流傳奇——諸葛亮》的真正原因。當你真正地了解了控制人類的心理認知機制後，就不會輕易地崇拜一個權威並將所有美好的品德加之於權威的身上，以致即使是權威的嚴重缺陷也變得足可接受、無傷大雅）。

我們再來看一段宣傳詞，看你會不會為這位參加競選的女士投上一票：

「這位女士代表著這個偉大民族的未來，她捍衛民主，保衛我們的旗幟，在實現美國人的夢想方面，她有決心、信心和勇氣。這是一位有愛心的女士，她支持兒童事業和環境保護，她的行為已經幫助這個國家走向和平、富強和自由。為好心人投票就是為真理、遠見和常識投票！」

這段話描述了一個多麼優秀的候選人啊！難道你會不選她嗎？但是如果你仔細分析，就會發現，這段話沒有提供這位女士以往行為的任何紀錄，有的只是一堆美麗的辭藻。可人們還是很容易在「暈輪效應」的作用下，不考察任何實際的論據就快速形成一個正面的判斷。這是政客們經常使用的伎倆，他們慣於使用模糊的、情緒化的美德詞彙來驅使選民不仔細考察原因就支持某種觀點。

上天賦予諸葛亮的出眾容貌和高智商，為他運用「暈輪效應」提供了極好的初始條件，而當他經常自比管樂（一種美麗的、令人神往的對比）又對自己的志向笑而不答（一種展示神祕權威力量的方式）的時候，就是「暈輪效應」發揮最大效用的時候。他無須用任何的實踐業績來為自己證明，就足以讓司馬徽、徐庶等人將他們所能想像到的最美好的評價給予諸葛亮。

是啊，除了幫助周文王打下周朝八百年江山的姜太公和輔助劉邦開創漢室的張良，還有誰能和他媲美呢？這是司馬徽、徐庶等人發自內心的真實感受，他們認為自己並沒有任何溢美之詞，儘管這還只是一個未出茅廬的年輕人。

這樣的一個天下奇才，難道還不能夠「奇貨可居」，讓有意經營天下的買家趨之若鶩嗎？

> 心理感悟：權威人物自身從來都做不到完美，是你在自己的印象中幫助他做到了這一點。

## 4 小機率事件

徐庶走後，諸葛亮知道劉備終於要來了。這是他一生中將要遭遇的諸多小機率事件中的第一個。

為什麼說這是一個小機率事件呢？因為這至少需要滿足五個條件：

第一，世上首先得有劉備這樣一個明主。

第二，劉備還得跑到荊襄來依附劉表。

第三，劉備極缺一個能力超群的謀士。

第四，劉備還必須遇上能夠隆重推薦自己的司馬徽。

第五，不能有競爭對手。

只有滿足了這五個條件，諸葛亮的「不情願賣家」策略才有可能成功，而這五個條件同時得到滿足的機率，甚至比日後諸葛亮草船借箭、借東風等還要低。這其中的第五條差點就不能滿足，因為徐庶捷足先登，搶先得到了劉備的軍師職位。但讓諸葛亮感到幸運的是徐庶很快就被曹操用計騙走。而且，徐庶臨走前為報答劉備厚恩而隆重推薦諸葛亮的行為，給了諸葛亮一個更好的機會。

諸葛亮知道，只要司馬徽和徐庶一推薦自己，自己就會被看作今世的姜子牙和張良。這對於有經營天下雄心的劉備來說，誘惑力非常大。他仔細盤算了一下，司馬徽作為一個中立的世外高人的第三方推薦，已經足以讓劉備屈尊前來。而徐庶作為一個有過卓越戰績的人，再來推薦自己，必然更具說服力，會讓劉備不計成本地請自己出山。

諸葛亮其實非常感激徐庶對自己的推薦，因為這可以讓自己很有把握地將預定的邀請難度再行加大，至少得讓劉備來請自己三次。

即便如此，還是不能痛痛快快地答應劉備。

對於自己渴求的東西，人一般是不會「知難而退」的，在一定的難度範圍內，反而會「愈挫愈勇」。

科林．斯若特是美國電視購物的行家，她曾經用了一個非常簡單的辦法，打破了家庭購物頻道保持了近二十年的銷售紀錄。

她所做的僅僅是將電視購物節目上提示的熱線電話用語從「接線員正在等待你的來電，歡迎立刻撥打」改為「線路忙，請稍後再撥」。

當潛在的顧客撥打電話時，這種人為製造的繁忙與不便不但沒有讓顧客生厭，反而更加激發了顧客急切購買的心情。因為這個「線路忙」的電話用語潛藏的含義是想要購買的人特別多，你如果不抓緊下訂單的話，很可能就會被搶購一空。其結果當然是顧客會一再撥打，直到將「搶手」的商品買到手為止。

諸葛亮的做法也是如此，他就是要增加劉備懇請自己出山的難度，讓劉備欲罷不能。諸葛亮好整以暇，決定先出門幾天。我們回過頭來再看劉備。

自從徐庶走後，劉備悵然若失，司馬徽不知道徐庶已走，前來探訪，順便又將諸葛亮推崇一番，劉備對諸葛亮的渴盼也就更加強烈，當即決定帶著關張二人，前往隆中。

劉關張二人帶著數十名隨從，浩浩蕩蕩地來到隆中，遙遙望見山畔有農夫數人，在田間荷鋤耕作，邊耕邊唱：「蒼天如圓蓋，陸地似棋局。世人黑白分，往來爭榮辱。榮者自安安，辱者定碌碌。南陽有隱居，高眠臥不足！」

劉備聽了，心裡隱隱覺得有些不安，就勒住馬頭，詢問農夫：「這首歌是誰人所作？」農夫說：「這是臥龍先生所作。」劉備心想，從這首歌聽來，這個臥龍先生是一個世外高人，似乎已經看破世間一切，安於隱居。那麼自己此行是否能夠順利請他出山呢？

劉備的想法正在諸葛亮預料之中。這首歌是他早就教會附近農夫的，借他人之嘴，宣示自己的「不情願賣家」立場，正是諸葛亮的拿手好戲。連深謀遠慮的司馬徽和徐庶都未能識破諸葛亮的真實用意，何況這些個淳樸老實的農夫呢？

在劉備看來，這些農夫無意中透露出來的關於諸葛亮的資訊可信度是很高的，所以，他在心中多了一分擔憂，唯恐自己不能說動隱士放棄隱居，出山輔助自己。但既然到了諸葛亮的家門口，無論如何也得試上一試。

劉備又問：「臥龍先生住在哪裡啊？」

農夫遙遙一指，說：「從這座山往南，全是一片高崗，就是臥龍崗。崗前的樹林中有一個茅廬，就是諸葛先生高臥的地方。」

劉備帶著關張，按照農夫的指點，來到諸葛亮隱居的草廬前，輕叩柴門。

一個小童出來應門。劉備說：「漢左將軍、宜城亭侯、領豫州牧、皇叔劉備，特來拜見先生。」

劉備性格踏實，為人謙遜，並不是一個嘩眾取寵之徒，為什麼還要報出這麼一大串頭銜呢？何況這串頭銜大多是不值一文的空銜。

這實際上就是諸葛亮的「不情願賣家」策略帶來的直接影響。

司馬徽、徐庶此前的宣導以及近前的農夫的長歌暗示，已經讓劉備隱隱覺得請諸葛亮出山似乎不是那麼容易的事。而頭銜是能給自己和別人帶來權威感和地位感的好東西。我知道你不是那麼想放棄隱居，但是一個有著如此之多顯赫頭銜的大人物屈尊折節，親自登門造訪，足以顯示出對你諸葛亮的尊重，那麼，你是不是可以「識趣」一些，給我一些面子呢？所以說，劉備實際上是想用自己的眾多頭銜來對抗諸葛亮的「不情願賣家」策略。

不過，這個小童深受諸葛亮薰陶教導，口齒伶俐，一句貌似「童言無忌」的話語就把劉備的話頂了回去：「我記不得這許多名字。」

劉備一驚，這童子雖小，但這句話分量很重，彷彿在淡淡地指責劉備故意炫耀自己的地位，而這正是隱士最不能接受的態度。如果小童通報給諸葛亮，說不定諸葛亮立即就會拒不見客。

劉備立即來了個一百八十度的大轉彎，從一個極端走向了另一個極端：「你就說新野劉備來訪！」

小童說：「先生今早已經出門了。」

劉備急問：「先生到哪裡去了呢？」

小童說：「先生蹤跡不定，不知到哪裡去了。」

劉備又問：「那麼，先生什麼時候回來呢？」

小童說：「我也說不準，也許三五日，也許十幾天。」

不知到哪裡去了，不知何時回來，簡直是一問三不知！增加有意購買者的難度和不便，反而更能激發購買欲望。這真是將「不情願賣家」策略發揮得淋漓盡致啊！

劉備聽了，心裡惆悵不已。果然這個諸葛先生深得隱居之樂，自由自在，無拘無束，根本無意出山。

張飛性急，連聲催道：「既然不在，我們趕快回去算了。」

劉備戀戀不捨，還抱著萬一的希望，說：「再多等一會兒看看吧。」

如果劉備這一次就能見到諸葛亮，那諸葛亮就不能叫諸葛亮了。他在這裡等也是白等，還是關羽比較理智，勸劉備說：「大哥，我們不如暫時回去。下次先派人來打探清楚，等諸葛先生在家了，我們再來探訪。」

劉備聽取了他的建議，對童子說：「如果先生回來了，麻煩你說一聲劉備曾經來拜訪過。」然後帶著關張及隨從，悶悶不樂地離開茅廬。

走了數里，迎面忽見一人，神清氣爽，眉清目秀，氣宇軒昂，丰姿英邁，頭戴逍遙巾，身穿青道袍，款款行來。

劉備大喜，對兩個兄弟說：「這必定是諸葛先生回來了！」立即下馬施禮，問道：「先生莫非是臥龍？」

那人問：「將軍是誰？」

劉備說：「我是劉備。」

那人說：「我不是孔明，我是他的好友崔州平。」

劉備這已經是第二次犯錯認諸葛亮的錯誤了。第一次是在軍營中，軍士來報：「門外有一先生，峨冠博帶，道貌非常，特來相探。」劉備立即說：「莫非是諸葛先生來了？」而這次，他又自以為是地將崔州平誤認為諸葛亮。

劉備閱歷頗豐，又非莽撞之徒，為什麼會連續犯這樣低級的錯誤呢？

劉備的這種行為是「選擇性知覺」的典型體現。

選擇性知覺是指人們在某一具體時刻只是以對象的部分特徵作為知覺的內容，或以自身的興趣、背景、經驗及態度選擇性的解釋他人或事項。

人的大腦，並不總是客觀而清醒地透過細緻的分析來認知事物。對於某些事物，在我們看到之前，腦海中就已經對它有一個期望的輪廓了。有時這個輪廓過於清晰，或者這種期望過於強烈，就會形成一個範本，甚至決定了事物在我們腦海中呈現的樣子。

心理學上有一種關於人潛意識的測試，叫做「墨跡測驗（羅夏克墨漬測驗）」。心理學家用十張經過精心製作的墨跡圖對被試發問，被試可以對著這些墨跡盡情發揮他們的想像，說出他們看到了些什麼。同樣的圖案，在不同的人看來，代表著不同的形象與含義，而心理學家就可以據此展開分析。

劉備在第三方推薦的強烈暗示下，已經對諸葛亮「如饑似渴」了，同時，他在自己的腦海中已經給諸葛亮畫出了一幅「氣宇軒昂的世外高人」的形象畫，只要遇到的人大致符合他想像中的「諸葛亮形象」，他就會不由自主地將其「選擇性判斷」為諸葛亮。

劉備腦海中的範本太過深刻，所以，這樣的錯誤，他接下來還要犯上好幾次……

> 心理感悟：世界只是你期望看到的存在。

## 5 錯覺的安慰

劉備請崔州平路邊一敘。

兩人坐定，崔州平問劉備：「將軍您找孔明是為什麼呢？」

劉備說：「現在天下大亂，盜賊蜂起。我想見孔明，是為了尋求安邦定國之策啊。」

崔州平說：「您以平定天下為己任，當然是好想法。可是您卻不明白治亂之道啊。」

劉備問道：「什麼是治亂之道？」

崔州平就說了一番「治極生亂、亂極生治」的道理，最後得出結論：目前漢朝氣數已盡，就算劉備請了諸葛亮出山，也很難扭轉乾坤、平定天下，不如順天安命，自享安逸。

這番話對於雄心勃勃要做一番事業的劉關張兄弟是沒有說服作用的。尤其對劉備來說，有兩個因素讓他不會聽取崔州平的建議。

第一個因素是「過度自信」。每個人都有認為自己高於平均水準的傾向，別人做不成的事，自己卻是能做成的。

以投資專家為例。幾乎每一個投資專家都認為他們能夠獲得超過股市平均回報率的收益，但經濟學家瑪律基爾1999年的調查結果表明，由投資分析師精心篩選出的共同基金組合的表現，並不比隨機選出的股票更好。

劉備從小胸懷大志，這一路走來，雖然跌跌撞撞，但心中的憧憬始終沒有冷卻，所以，他堅信自己能夠在亂世中取得成功。而如果能夠請諸葛亮來輔佐自己，那麼，成功一定能夠更快到來。

第二個因素是「信念固著」。所謂「信念固著」，就是當某一種信念被人們打心底裡接受後，就很難讓人們再對此加以否定，即使有確鑿的證據表明原先的信念是錯誤的，也無法讓人們改變初衷。

司馬徽和徐庶對諸葛亮的強力推薦，交相輝映，疊加強化，讓劉備形成了「得到諸葛亮就等於坐擁天下」的強烈信念。這一信念根本不可能因為崔州平的否定而改變，相反，崔州平的負面意見反而進一步強化了劉備原來的信念。崔州平越是勸他放棄尋訪諸葛亮，越是勸他順天安命、不再抗爭，劉備反而越想早日得到諸葛亮，早日和曹操等人爭奪天下。

所以，劉備不但沒聽崔州平的話，反而向他打聽起了諸葛亮的去向。

一看劉備根本沒有聽進自己的話，崔州平內心多少有幾分不情願，但也知道無法勉強。面對劉備的問話，他也不想多說，只是淡淡地說：「我也想去找他，沒有找到啊。」

崔州平本是一句推託的話，但卻無心插柳，又一次給諸葛亮的「不情願賣家」策略錦上添花。你想，崔州平是諸葛亮為數不多的，或者更準確地說，是屈指可數的幾位密友之一，連他也不知道諸葛亮的去向，可見諸葛亮是多麼神祕，多麼難以見到啊。這顯然表明，找到諸葛亮都是如此不容易，那麼，要請他出山，就更是難上加難了。

奇貨必然可居，越是這樣，劉備想得到諸葛亮輔助的願望就越強烈。

劉備回到新野，接連派人去臥龍崗打聽諸葛亮的動靜。眼看隆冬將至，這一日，下人終於前來回報說諸葛亮已經在莊上了。

劉備立即吩咐備馬。張飛一旁看了，說：「諸葛亮不過是一介村夫，大哥何必屈尊前往呢？不如派人將他叫來吧。」

劉備呵斥道：「你懂什麼，諸葛亮是當世的大賢人，怎麼能夠隨隨便便派個人去叫呢？這不是自己堵塞尋求賢人的道路嗎？」

張飛敬重劉備，不敢頂撞，但內心還是頗不服氣。

劉關張三人上路直奔隆中而去。這時正是隆冬天氣，十分寒冷。行不數里，突然彤雲密布，朔風凜凜，飄起大雪來。

這一場雪令張飛感覺出行不利，卻讓劉備十分欣喜。

劉備的道理是：我頂風冒雪，正可以讓諸葛亮知道我尋訪他的殷勤之意。只有這樣，才能打動他出山呢。所以，這雪來得正是時候。

面對惡劣天氣，劉備為什麼心情反而為之一快呢？

這個反常的反應告訴我們，劉備陷入了人類一種近乎本能的錯覺思維。我們很容易將各種隨機事件聯繫起來，並發掘出這些事件之間的因果聯繫，這就是知覺上的錯覺相關。

1965年沃德和詹金斯向被試報告了一個假想的五十天人工造雲試驗的結果。他們告訴被試在這五十天中有哪幾天造了雲，哪幾天下了雨。實際上，這些資訊只是一堆隨機資訊的混合，有時造雲之後下了雨，有時候沒有。儘管如此，參加這項實驗的被試確實在人造雲和下雨之間發現了密切的相關關係。

當人們將隨機事件知覺為有聯繫的事件之後，人們往往會產生一種控制錯覺，以為自己可以控制隨機事件的發展。

司馬徽和徐庶將諸葛亮比作奠定周朝八百年江山的姜太公，而周文王得到姜太公是很不容易的。當時，姜太公在西周的磻溪，終日以垂釣為事，靜待時機出山。一般人釣魚，都是用彎鉤，上面掛著有香味的餌食，然後把它沉在水裡，誘騙魚兒上鉤。但太公的釣鉤是直的，上面不掛魚餌，也不沉到水裡，並且離水面三尺高。他一邊高高舉起釣竿，一邊自言自語：「不想活的魚兒呀，你們願意的話，就自己上鉤吧！」

姜太公奇特的釣魚法慢慢傳到了西伯侯姬昌那裡。姬昌知道後，派一名士兵去叫他來。但太公並不理睬這個士兵，只顧自己釣魚，並自言自語道：「釣啊，釣啊，魚兒不上鉤，蝦兒來胡鬧！」姬昌聽了士兵的稟報後，改派一名官員去請太公來。可是太公依然不搭理，邊釣邊說：「釣啊，釣啊，大魚不上鉤，小魚別胡鬧！」姬昌這才意識到，這個釣者必是位賢才，要親自去請他才對。於是他吃了三天素，洗了澡，換了衣服，帶著厚禮，前往磻溪去聘請太公，太公仍然對姬昌不理不睬，自顧自地垂釣。姬昌就恭恭敬敬地站在他身後，一直等到日落西山。姜太公這才和姬昌交談，由此揭開西周天下的歷史一頁。

實際上，延請姜太公的困難程度和後來姜太公輔助建立周室江山這兩件事情之間並沒有必然聯繫，但人們卻很容易將其歸結為前因和後果，這就是大多數人都會有的錯覺思維。

劉備將自己類比於周文王，覺得凡是成就大業的人，都是要透過請到一位高人才能成功的。而高人當然是很難請到的。越是難請到的人，就越是有突出的才能。由此，當天降大雪的時候，劉備覺得這憑空增加的延請難度，就是一個「因」，必然會導致諸葛亮出山並幫助自己實現夙願這一「果」。而大雪帶來的寒冷，就是給了自己一個控制的機會，只要自己能夠克服，就可以控制整個事件往自己預期的方向發展。

劉備的這一番算計，是他內心祕而不宣的祕密。他不願意過早洩漏天機（他自以為已經摸到了天機的脈絡，這就是控制錯覺的具體體現），哪怕張飛是他親如手足的兄弟，他也不肯先行明示。當然，後來第三次來請諸葛亮的時候，張飛再次口出狂言，劉備唯恐他的不敬會褻瀆天機，導致錯失良機，這才用姜太公的例子狠狠地教訓了張飛一頓。

此刻，劉備只是喜滋滋地繼續前行。

我們也許會嘲笑劉備這種一廂情願的意淫，但實際上，錯覺相關思維在人的意識中是普遍存在的。我們可以找出很多體育界名人的例子。

NBA的著名球星喬丹常年只穿同一條短褲比賽，這條他在北卡羅來納大學時就開始穿的短褲能讓他「信心大增」。足球明星貝克漢每場比賽都必須穿「新鞋」。西班牙隊的球星卡索拉比賽時必將右腳先踏上球場；德拉雷德則與之相反，是左腳先踩草皮，絕不允許自己踩到邊線。

他們相信，唯有如此才能給自己帶來好運勢。

20世紀60年代中期的世界輕重量級拳王巴斯特拉諾，比賽時總愛把結婚戒指繫在左邊靴帶上，當作幸運吉祥物。

曲棍球運動員加德納，在每次比賽開始前，都會把他的刀片浸在廁所裡；前高爾夫界的怪傑瑞典人帕尼維克，曾一度迷戀服食火山灰，因為據說火山灰能增加上肢的力量；英格蘭高爾夫球隊則迷信得更無厘頭，每逢關鍵比賽，他們便會拋棄自己的廚子，集體去麥當勞速食店大吃一頓，他們堅信這會給球隊帶來幸運，還意味著勝利。

這些匪夷所思的怪癖，都是典型的錯覺相關，實際上和比賽獲勝沒有一丁點必然的聯繫，也找不出任何科學的根據，但只有這麼做了，才會覺得心安。

這是人類根深蒂固的弱點之一，劉備又怎麼能夠倖免呢？

> 心理感悟：人們內心的安全感往往來自將偶然歸納成必然。

## 6 投入是個無底洞

劉備一行，漸至茅廬，忽見路旁酒店中兩人正在對飲。兩人相繼長歌短吟，歌罷拊掌大笑，歌聲中流露出歸隱之意。

劉備心想，這兩人中必定有一個是臥龍先生諸葛亮。於是連忙下馬入店，對著兩人發問：「哪一位是臥龍先生啊？」

其中的白面長鬚者問道：「您找臥龍有什麼事嗎？」

劉備說：「我是劉備，乃漢左將軍，領豫州牧，現居新野城。這次來尋訪臥龍先生，是想求得濟世安民之術。」

劉備的老毛病又犯了。這是他在「選擇性知覺」引導下，第三次「自作多情」地誤認臥龍先生了，而且這兩人的隱者氣質讓他再次搬出了自己的「空頭頭銜」來增加自己的說服力。

沒想到這兩人卻說：「我們兩人並非臥龍，而是臥龍的朋友。我們是潁川石廣元和汝南孟公威是也，都在此地隱居。」

劉備絲毫沒覺得難為情，立即邀請兩人同去諸葛莊上晤談。兩人道：「我等乃山野慵懶之徒，不知治國安民之事。」婉言拒絕了劉備。

劉備只好辭別二人，直奔臥龍崗而去。到了諸葛門前，下馬叩門，童子前來應門。劉備問：「先生在莊上否？」童子說：「現在堂上讀書。」

劉備大喜，連忙跟著童子入見。只見草堂之上，一人擁爐抱膝，大聲吟誦：「鳳翱翔於千仞兮，非梧不棲；士伏處於一方兮，非主不依。樂躬耕於隴畝兮，吾愛吾廬；聊寄傲於琴書兮，以待天時。」

劉備一聽，喜上加喜，聽這先生的意思，正有「等待天時與明主」之意，那麼自己的目的就有達成的可能了。

劉備等先生吟誦完畢，立即躬身施禮，道：「劉備久慕先生，無緣拜會。上次因徐元直熱薦，登門拜訪，不想空手而回。今日特地頂風冒雪而來，終於得見尊顏，實是萬幸啊！」

這是劉備第四次認錯人了。因為這位先生並非臥龍，而是臥龍之弟諸葛均。

諸葛均說：「將軍莫非是劉豫州，想要求見家兄？」

劉備驚訝道：「先生莫非又不是臥龍？」

諸葛均說：「臥龍是我二哥，我是他的弟弟諸葛均。」

劉備歎了口氣，說：「令兄現在哪裡呢？」

諸葛均說：「前兩天被崔州平邀請出去閒遊了。」

劉備追問諸葛亮去向。諸葛均說：「或駕小舟遊於江湖之中，或訪僧道於山嶺之上，或尋朋友於村落之間，或樂琴棋於洞府之內。往來莫測，不知所至。」

劉備心道：「這個崔州平壞我大事，上次勸我不要枉費心機，這次又把諸葛亮邀走，存心是不想要臥龍出山嘛。」劉備心裡悵然若失，長歎道：「我劉備怎麼如此命薄啊，兩番都不能得見大賢！」

但劉備的失望也只一閃而過，因為「周文王之於姜太公」的故事造成的錯覺相關仍然給了劉備巨大的激勵力量。劉備有心和諸葛均攀談一番。

張飛卻早已不耐煩了，說：「既然先生不在，風雪甚緊，哥哥還是早點回去吧。」

諸葛均也說：「家兄不在，不敢久留車駕。」

上次留了一個口信，這次劉備決定留一封書信。

劉備寫道：「備久慕高名，兩次晉謁，不遇空回，惆悵何似！竊念備漢朝苗裔，濫叨名爵，伏睹朝廷陵替，綱紀崩摧，群雄亂國，惡黨欺君，備心膽俱裂。雖有匡濟之誠，實乏經綸之策。仰望先生仁慈忠義，慨然展呂望之大才，施子房之鴻略，天下幸甚！社稷幸甚！先此布達，再容齋戒熏沐，特拜尊顏，面傾鄙悃。統希鑒原。」

劉備寫這封信的時候，再次想起了周文王。周文王也是第三次親自出馬才請回了姜太公，而且最重要的是，周文王在出馬之前齋戒沐浴，以示誠意和尊敬的。劉備也想類比一下，以把握住這已經很「明顯」的天機（控制錯覺）。

當然，劉備不會想到，自己的這封信才真正洩漏了天機，讓諸葛亮有機會將「不情願賣家」策略發揮得淋漓盡致，推向最後的高潮。

劉備告別諸葛均，踏上回新野的路。剛一上馬，聽見童子叫道：「老先生來了？」

劉備一看，只見一人暖帽遮頭，狐裘蔽體，騎著一驢，後隨一青衣小童，攜一葫蘆酒，踏雪而來；轉過小橋，口吟詩一首。詩曰：「一夜北風寒，萬里彤雲厚。長空雪亂飄，改盡江山舊。仰面觀太虛，疑是玉龍鬥。紛紛鱗甲飛，頃刻遍宇宙。騎驢過小橋，獨歎梅花瘦！」

劉備立即道：「這一定是臥龍先生了！」沒想到這個人也不是臥龍，而是臥龍的老丈人黃承彥。這是劉備第五次錯認臥龍。

黃承彥說：「平日裡諸葛亮閒遊天下，我也是想趁雪天來探看我的女兒和女婿。」要見諸葛亮一面是何等之難啊！連他的老岳父都要趁著雪天過來，才有可能遇見。這樣的人，哪裡會是一般人呢？

劉備心裡對諸葛亮的崇敬更增添了幾分，決心以最虔誠的心意，最謙虛的姿態，最崇高的理解以及最優厚的待遇再一次來延請諸葛亮！

回到新野，轉眼已是新春。劉備找來卜者，精心選了一個吉日良辰，提前齋戒三天，熏沐更衣，這才準備鞍馬車仗，再往臥龍崗而去。

劉備的這個舉動，終於把關羽惹惱了。此前兩次，都是性格魯莽的張飛在發牢騷。但現在看到劉備對諸葛亮如此重視，關羽終於按捺不住了。

關羽說：「兄長已經兩次前往茅廬求見。我想諸葛亮必然是外有虛名，內無實學，這才故意躲避不敢相見。兄長你為什麼還是執迷不悟呢？可不要上了這個村夫的當啊！」

劉備道：「兄弟，你熟讀《春秋》，怎麼就不明白這個道理呢？你難道沒聽說過齊桓公去見東郭一個農民的故事嗎？齊桓公貴為一國諸侯，為了見這個農民就去了五次，更何況我是要去見諸葛亮這個大賢人呢！」

關羽有些酸溜溜地說：「看來大哥真是把他當成輔助周文王的姜太公了。」

張飛卻直言快語道：「哥哥，你這樣就錯了。我們兄弟三人縱橫天下，什麼樣的人沒有見過啊。何必一定要把這個村夫當成大賢人？這次不須哥哥去了，兄弟我去，只用一條麻繩就把他綁來見你了。」

這兩個人戳穿了劉備內心的「天機之祕」，劉備唯恐他們褻瀆天機，怒道：「你們兩個不要胡言亂語！你們難道沒聽說過周文王身為西伯，三分天下有其二，仍然親自去渭水之畔謁見姜子牙？姜子牙獨自釣魚，根本不顧文王，文王侍立在他後面，等到太陽落山了也沒有去意，這才感動了姜子牙，姜子牙也就幫助周文王開創了八百年的天下。周文王如此敬賢，何況我等乎？兄弟不要太過無禮啊。」

關張這才無語，跟著劉備第三次前往隆中。

為什麼關羽、張飛會對諸葛亮的「不情願賣家」策略心生反感，而劉備卻樂此不疲呢？

實際上，在諸葛亮的精心籌畫下，劉備已經不知不覺掉入了一個「行為陷阱」。

這個行為陷阱就是「投入陷阱」。

馬丁・舒比克在1971年設計了一個「拍賣一美元」的遊戲。在遊戲中，一美元被拍賣給出價最高的人。這個遊戲有四條規則：

第一，拍賣進行時，參與者之間不得有任何交流。

第二，價由五美分開始，每次只能加五美分。

第三，出價最高不超過五十美元。

第四，出價最高的前兩名都必須付出他們的拍賣價，但這一美元只能付給出價最高的人。

那麼，參與遊戲的人願意為得到一美元而付出多少錢呢？

實驗的結果是拍賣者永遠只賺不賠，儘管他付出了一美元，但他總是能得到好幾美元的回報。因為參與拍賣的人（特別是價格最高的前兩位）往往願意用好幾倍的價格來拍到這一美元。

這個遊戲在它被設計出來的幾十年間，幾乎從未失手。一旦你投入了，你就不會輕易放棄。而當你投入得越多，你就越難放棄。人們總是願意用幾倍於一美元的價格來得到一美元。這就是投入陷阱。

投入陷阱在現實生活中也屢見不鮮。你投資的公司虧損了，你往往會追加投資，以求扭虧為盈；你買的股票跌了，你很難心甘情願地「割肉」退出，反而會追加購買，以期反彈……

劉備也是這樣。他為了延請諸葛亮，二訪而不遇，五次認錯人，其付出的心力之巨大，已經很難計算衡量了。在這種情況下，劉備只能選擇「追加投資」，繼續這一進程。反之，如果像關羽、張飛所說的那樣知難而退，那才會使所有的付出成了淹沒成本，永遠喪失翻本的機會。

> 心理感悟：人們極易陷入為得到而得到的誤區，甚至不再考量付出的成本。

## 7 衣服的妙用

不能不說諸葛亮是一個配置資源的絕頂高手。為了出山這件事，他那個並不算大的交際圈內幾乎所有的人都被他有意無意地巧妙利用了。從司馬徽、徐庶，到崔州平、石廣元、孟公威，到岳父黃承彥、弟弟諸葛均、家裡看門的小童，甚至周邊的農夫，都被諸葛亮系統地納入了他的自我行銷框架中，並形成互融一致的合力，共同塑造了諸葛亮志行高潔、才華高絕的隱士形象。

現在，劉備第三次虔誠而來，諸葛亮決定再次給自己加碼！他的策略是在劉備到達之前美美地睡上一個大懶覺。實際上，這也是諸葛亮作為一個隱士最後的一個懶覺了。出山之後，他就要為一窮二白的劉備苦心孤詣、殫精竭慮地謀劃，再也沒法像現在這樣飄逸自由了。

那麼，諸葛亮是怎麼知道劉備會在這一天來訪而故意睡懶覺的呢？這並不是諸葛亮掐指算出的，而是劉備自己洩漏了祕密。

劉備上次留下的信中，說了自己要請卜者選定吉日、齋戒沐浴之後再次前來。而所謂的黃道吉日，皇曆上都有，諸葛亮對這方面的知識非常擅長，當然能推知卜者會選哪一個日子了。

劉備一路快行，離草廬還有半里路，就下馬步行，以示對諸葛亮的尊重。關張二人雖然遵照執行，但嘴角卻掛著一絲冷笑。

忽見諸葛均迎面翩翩而來，劉備連忙施禮問訊。

諸葛均說：「我二哥昨晚剛剛回來，將軍這一次可以見到他了。」

劉備大喜，心花怒放，連聲說：「這次真是幸運啊，終於能夠見到諸葛先生了。」

來到草廬叩門，童子開門。劉備說：「有勞仙童轉報，劉備專來請見。」

童子說：「先生雖然在家，但還在草堂上午睡未醒。」

劉備連忙說：「別驚動先生，劉備先等上一等。」自己徐步邁入草堂，卻唯恐關張多事，吩咐二人在門外等候。

只見諸葛亮仰面臥於草堂几席之上，劉備就叉手站在階下，心中頓時泛起了與當年周文王在姜子牙身後敬候完全一致的心情。這是緣於劉備的「錯覺相關」思維，以為這又是上天啟示的一個信號，昭示自己將要感動大賢出山，幫助自己開創萬里江山。所以，劉備是等得越久，心情越好；等得越累，越發興奮。

但門外的關羽張飛可就不這樣想了。張飛見兄長恭敬侍立，而諸葛亮卻高臥不起，不由大怒，對關羽說：「這廝如此氣人，竟敢怠慢大哥。待我去屋後放一把火，看他起是不起？」

張飛雖然魯莽，但這一招實際上是應對諸葛亮最有殺傷力的辦法。這其實是「不情願買家」策略的運用，和諸葛亮的「不情願賣家」恰好針鋒相對。其實質是：你既然裝腔作勢，那我就不和你玩了，直接掀你的底牌。如果張飛這招真的使出來，諸葛亮的全部策劃都要前功盡棄，付諸東流，不但不能抬高身價，反而會狼狽不堪，身價大跌。

關羽雖然也對諸葛亮的裝腔作勢不滿意，但畢竟比張飛沉得住氣，唯恐會招惹劉備生氣，當即勸阻了張飛。

再說劉備，畢竟五十多歲了，站得久了，還是感到腰痠背痛。眼看諸葛亮轉了轉身子，似乎要醒的樣子，劉備心裡一陣激動。但諸葛亮卻轉過身去，又朝裡壁睡去。童子眼見劉備不支，待要將諸葛亮喚醒。劉備卻輕聲而堅決地阻止了他，因為這每一分鐘的等待都讓他幸福無比！

劉備又站了很久，感覺渾身乏困，已經很難支持住了。這個時候，諸葛亮終於睡醒了。他醒了之後，用十足的隱士做派吟了一首詩：

「大夢誰先覺，平生我自知。草堂春睡足，窗外日遲遲。」

諸葛亮隨即問童子道：「可有俗客來訪啊？」好一個「俗客」！諸葛亮真是連每一個細節都做到完美無缺，絕對不會破壞自己數年來一直營造的隱士高人形象！

童子回答說：「劉皇叔在此，已經立等多時了。」

諸葛亮連忙起身，說：「你怎麼不早點通報啊？」看來，諸葛亮事前是賦予過這個童子見機行事、將自己叫醒的權力的。但由於劉備的虔誠和堅決，童子沒有提前將諸葛亮喚醒。

諸葛亮雖然要睡懶覺，但睡到一定程度也就醒了。到後來，他其實已經醒了，但童子卻遲遲沒有叫醒他。缺少這個步驟，諸葛亮的起床就會顯得比較尷尬。所以，諸葛亮左思右想，只能臨時作了一首詩，「裝腔作勢」地吟詠一番，這才借勢起床。

這也是諸葛亮的急智所在，和後來曹植的「七步成詩」有一比。

經過了許多曲折，劉備終於可以面對面地打量自己心中的大賢諸葛亮了！

但見諸葛亮身長八尺，面如冠玉，頭戴綸巾，身披鶴氅，飄飄然有神仙之概，劉備不由深深敬服，折節下拜！

諸葛亮在容貌和智商上的先天稟賦前面已經分析過了，不再贅述。除了這先天的條件，諸葛亮也十分重視後天因素對自我形象塑造的影響。

諸葛亮的這一身打扮是道家裝束。為什麼他不穿一般讀書人的服飾，卻要穿修道之士的服飾呢？

這個問題其實等同於醫生為什麼要穿白大褂。

我們現在一提到醫生，眼前就會出現他們身穿白色大褂的形象，我們還將護理師親切地稱為「白衣天使」，但醫生並不是從一開始就穿白大褂的。這只是20世紀初期的事情。

醫療行業曾經是一個混亂的領域，充滿了江湖術士和騙子。在那個時候，醫術本身還沒有進入科學的軌道，而從業者的著裝也非常隨便。但隨著這個行業逐漸發展成為實用科學的一個分支，醫生開始穿著最早在實驗室裡出現的白大褂，以展示自己科學、權威、可信賴的形象。到了1915年左右，白大褂才成為醫生的「法定著裝」。

曾經有一個調查表明，百分之五十六的受訪病人認為醫生應該穿白大褂，因為這會讓他們更具安全感。的確，對於患病後無助無奈的病人來說，一個身著白大褂的醫生，由裡而外地透露出權威、專業的氣息，是很能夠給病人以安慰和信任的。

也就是說，白大褂可以有效地幫助醫生塑造自己在病人面前的權威形象，從而在心理上使病人得到「安慰劑效應」。

諸葛亮的這一身「道家裝束」也有異曲同工之妙。因為劉備就是一個「政治病人」，諸葛亮則是他夢寐以求的「政治醫生」。

千萬不要小看這一身服飾的作用！

如果一個敞著懷，露出一簇胸毛，穿著大褲衩和拖鞋的醫生給你看病，你會相信他開的藥方嗎？同樣，如果司馬徽穿著村夫的衣服，嘴角黏著兩顆飯粒，對劉備說：「臥龍鳳雛，得一可安天下！」劉備會相信他的第三方推崇嗎？

仔細想來，劉備為什麼會多次將他人錯認為諸葛亮呢？這固然有劉備先入為主的「選擇性知覺」，同時也是因為司馬徽、崔州平等人都是「道」貌，他們的基本服飾都是道袍，無一例外地向世人宣示他們是得道之士、世外高人。

由此發散開去，我們就很容易理解，為什麼一些高檔場所要以貌取人，對於著裝不整者拒絕入內了。當別人不能判斷你的內在價值時，往往只能從外在的容貌服飾來判斷你的身分、地位，甚至還有能力。

諸葛亮的先天條件非常好，再加上他對後天條件的精心調配，自然連見多識廣的劉備也認為他「飄飄然有神仙之概」了！

諸葛亮成功地將自己塑造成「神仙」的形象，怎麼能不「奇貨可居」呢？劉備怎麼能不「非買不可」呢？

劉備心悅誠服，畢恭畢敬地說：「我劉備不過是漢室之鄙徒，涿郡之愚夫，久聞先生大名，如雷貫耳。昨兩次晉謁，不得一見，已書賤名於文几，未審得入覽否？」

所有的鋪墊已經成功見效，諸葛亮此時轉而用十分謙虛的語氣回答說：「南陽野人，疏懶成性，屢蒙將軍枉臨，不勝愧赧。」

劉備以為自己已經大功告成，但他顯然高興得太早了。他直接說明了請諸葛亮出山的來意，但他沒有想到，諸葛亮竟然拒絕了他的請求……

> 心理感悟：你所穿的衣服決定了你是一個什麼樣的人！

諸葛亮怎麼能爽快答應呢？

他精心籌畫，精心運用「光暈效應」，將自己包裝打造成「得之可安天下」、足可媲美姜子牙和張良的「天下奇才」，就是為了這一刻的「拒絕」！

這並不是諸葛亮一定要故弄玄虛，而是如果不這樣做，即便劉備三顧茅廬，懇請他出山，他也無法建立起足夠的威信，從而無法成功實現自己的抱負。

因為諸葛亮的年紀很輕，資歷為零，但是他的目標卻很遠大。只有讓劉備覺得得到諸葛亮是如此不容易，才有可能在他人對諸葛亮提出質疑的時候，劉備能堅定地維護自己當初的立場和判斷。否則，以一個嘴上無毛的年輕小夥子，怎麼能身居高位，調度指揮這一幫如狼似虎、縱橫天下數十年的英雄豪傑呢？

諸葛亮一拒絕，劉備可就著急了。實際上，劉備內心的追求已經不知不覺地起了變化，他一直以來的目的是要匡扶漢室，安定天下，而請諸葛亮則是他又好又快地實現這一目標的重要手段。但是，隨著延請過程一再遇上困難、一再遭受挫折，劉備已經將請諸葛亮出山這一手段目的化了。而且，由於「光暈效應」和「投入陷阱」的雙重作用，劉備更是產生了「不達目的誓不甘休」的念頭。

當然，手段和目的在某一階段的易位是很正常的事情。因為手段可以視為階段性的目的，目的也可以視為階段性的手段，兩者之間存在著辯證互動的關係。

就現階段而言，請諸葛亮出山已經成為劉備必須完成的目標了，但可惜「智者千慮，必有一失」，諸葛亮沒有認識到這一點。

如果諸葛亮準確地把握住劉備當前唯一的目標就是請自己出山，他只需同意就可以了，而根本不必對劉備就戰略遠景規劃展開長篇大論。也就是說，諸葛亮說什麼內容根本就不重要，哪怕他並沒有提出什麼有見解的主張，也不會影響劉備請他出山的堅強信念。

但劉備就像所有的人一樣，對於自己精心準備的東西，對於自己認為非常獨到的見解，總是想公之於眾，獲得他人的賞識和高度評價。

諸葛亮此前已經為劉備的來訪做了精心準備，他仔細分析了天下大勢，得出了最適合劉備集團的戰略規劃。這個時候，他當然是「不吐不快」的。

但問題在於，總經理可以自己做一個優秀的戰略規劃，而要實現這個優秀的戰略規劃，卻必須得到董事長發自內心的肯定和支持。諸葛亮於是繼續引劉備上鉤：「既然您想聽聽我的見解，我倒是想先聽聽將軍您的志向！」

劉備一向韜光養晦，從不肯吐露自己的遠大志向，但他知道現在必須說出自己的真實想法了。他一再把諸葛亮視為姜子牙、張良之輩，實際這是可以照出劉備內心的一面鏡子：劉備顯然是想自己成為周文王、漢高祖的。但這個想法在當時還是大逆不道的，如果劉備公之於眾，那麼和其他有覬覦之心的人就沒有兩樣了。劉備本來勢力單薄，如果再失去道義上的美譽，就根本不可能實現夢想了。但此刻，他擔心自己不對諸葛亮說明自己的志向足夠遠大，足可以給諸葛亮提供位極人臣的舞臺，那就不能說動諸葛亮了。

所以，劉備屏退左右（注意：是屏退左右），對諸葛亮說：「現在漢室傾頹，天下大亂。我是真想伸張大義於天下啊！可是由於我智術短淺，到今天一無所成。可是我仍然不甘心。想請先生指教一二！」

劉備的話隱晦含蓄，但諸葛亮心領神會，順勢拋出了自己的「三分天下論」：「自從董卓篡權以來，各地豪傑紛紛起兵。曹操與袁紹相比，名聲不響，兵力不多，但曹操最終能夠以弱克強，戰勝袁紹。推究緣由，並非只有天時，更重要的是他謀劃得當。現在曹操已擁軍百萬，挾天子以令諸侯，無人能與其爭鋒。江東的孫權在父兄三代的努力下，占據險要地勢，得到民眾的擁戴和能臣的輔佐。東吳可以視為盟友而不宜當成謀取的目標。荊州北控漢水和沔水，遠至南海的物資都能運來，東面和吳郡、會稽郡接壤，西邊連通巴、蜀兩郡，自古以來就是兵家必爭之地。但它的主人卻守不住，看來這地方是老天用來資助將軍的。將軍難道沒有奪取的意願嗎？益州土地廣闊肥沃，自然條件優越，物產豐饒，關塞險要，當年漢高祖就是憑藉這個地方成就霸業的。益州牧劉璋昏庸懦弱，張魯在北面占據漢中，那裡百姓興旺富裕，但劉璋卻不知道加以存恤。有智謀和有能力的人都希望得到一位賢明的君主。將軍既然是漢室之冑，信義之名著於四海之內，現在正廣招英雄，求賢若渴。如果占據了荊州和益州，憑藉兩州地勢，西和諸戎，南撫夷越，外聯孫權，內修政務。一旦天下發生了變故，就派一上將率領荊州軍隊向宛、洛進軍。您親率益州軍隊出兵秦川。那裡的百姓看到朝思暮想的王師，必定紛紛出迎，盛情接待。如果真的如此，則霸業可成，漢室可興。」

很多人以為這是諸葛亮的「統一天下論」，但其實不然。

諸葛亮的這段話可以分為兩大部分，第一部分是「三分天下」，第二部分才是「統一天下」。這兩個部分在諸葛亮心目中是截然不同的。第一部分「實」，可謂是戰略目標，是他出山後一定要實現的，也是他相信自己能夠幫助劉備實現的；第二部分「虛」，可視為戰略遠景，到底能否成功，則不是僅靠人力所能實現的。諸葛亮對此並沒有太大的把握。

為什麼這樣說呢？

諸葛亮應該是當時最具戰略眼光的人，對「天時地利人和」的把握遠勝常人。他的師友司馬徽、崔州平都曾經評論過天下大勢，認為「大治之後必有大亂」，漢室已經統一了四百多年，接下來必然是割據混戰的亂世。諸葛亮不可能看不到這一點。

但是他也知道，劉備是不可能僅僅滿足於三分天下的，為了呼應劉備的內心需求，諸葛亮必須加上「如果天下有變」這一段。但這僅僅是「如果」，僅僅是用來滿足劉備對未來遠景的憧憬。諸葛亮內心認為，真正切實可行的就是三分天下據其一。如果劉備能夠完成這個目標，就已經是符合發展趨勢的最大的一種戰略可能了。

劉備此刻的關注點並不在於諸葛亮說的內容，因為這是以後有大量時間可以探討的。他最關心的是盡快說服諸葛亮同意出山，所以，他並沒有深入細緻地了解諸葛亮所說的內容，只想附和迎合，滿足諸葛亮的「展示欲」後，趕快讓他跟自己回新野。

只關注於眼前最重要的事情，而不顧及整體和長遠，這是一般人都會有的認知傾向。劉備也不例外。

劉備聽了諸葛亮的分析後，說：「先生之言，令我茅塞頓開，如撥雲霧而見青天。不過荊州的劉表和益州的劉璋，都是漢室的宗親，我怎忍心奪取他們的地盤啊？」

諸葛亮以為這不過是劉備一貫的「托詞」而已，在他的心目中，政治家是不能有婦人之仁的，該出手的時候必須出手。所以，諸葛亮在這樣的認知傾向下，就不再展開論析，而是淡淡地說：「據我夜觀天象，劉表將不久於人世，劉璋也非立業之主，荊州、益州久後必歸於將軍。」

諸葛亮和劉備各自的認知傾向，讓雙方都以為對方懂得了自己的意思，但其實雙方都誤解了對方的意思。

按照諸葛亮的理解，他認為劉備內心是同意對劉表下手，占據荊州的，這樣就能順利擁有立身之基，然後再以此為條件，和孫權對等性地聯合，共同應對曹操。但諸葛亮絕沒想到，劉備說的「不忍心對劉表下手」絕非托詞，而是內心真實意思的表達。當後來諸葛亮真的建議他這樣做的時候，他斷然拒絕，這等於是把諸葛亮逼上了絕路。因為一個赤手空拳、沒有立錐之地的劉備，怎麼可能說服孫權和你聯合抗曹呢？

如果諸葛亮知道劉備的真實想法，他說不定就不出山了。因為當時的天下，曹操和孫權勢力已成，一窮二白的劉備是很難跟他們爭鋒的。唯一的可能就是挑最軟的柿子來捏。而劉表是一顆近在眼前的軟柿子，不對劉表下手，根本沒法開展霸業。諸葛亮的「隆中對」，當然是非常傑出的戰略規劃，但如果我們仔細看看地圖，恐怕也會得出「只能如此」、「不得不如此」的想法吧。

劉備對名聲的顧忌等於拴住了諸葛亮的手腳。唯一的一條路被劉備堵死後，諸葛亮其實已經很難施展拳腳了。但他已經出山上了劉備的「賊船」，哪裡還有退路呢？

這也逼得一生謹慎保守的諸葛亮在出山初期，頻頻行險，孤身去東吳，舌戰群儒，說服孫權和「資產」幾乎為零的劉備聯合抗曹，後來又不得不連矇帶騙地「借荊州」，總算是為劉備謀得了立身之基。但這樣的難度遠遠超過了諸葛亮出山之前的預計，而且也為蜀漢後來與東吳交惡埋下了禍根。

凡此種種，都是這次「隆中對」沒有對個明白帶來的後續影響。

但不管怎樣，劉備和諸葛亮終於達成了「共識」，諸葛亮終於決定要出山了。諸葛亮是個精細的人，他吸取了徐庶被曹操騙去老母的教訓，提前安排好了家眷，杜絕了自己的後顧之憂。

心理感悟：目標與手段的階段性錯位，是很常見的一種心理誤區。

# 初出茅廬

閒置了一枚棋子 / 職場第一課 / 兜頭潑來的涼水 /
人是話的奴隸 / 奇怪的勸降

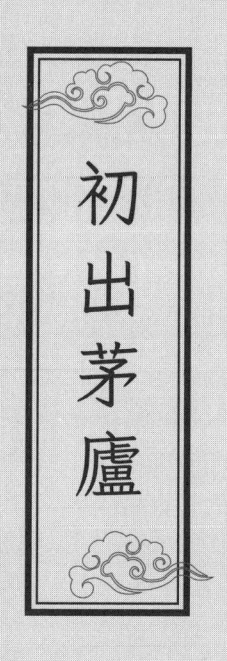

## 9 閒置了一枚棋子

有了諸葛亮，劉備如魚得水。他是個善於營建親密關係的高手，當然把以前用於關張二人身上的那套「食則同桌，寢則同榻」用在了諸葛亮身上。這一段駐紮新野的時光，是劉備一生中難得的偷閒時光。劉備整天和諸葛亮談論天下大事，情好日密，關張二人看在眼裡，很不是滋味。

諸葛亮向來是個穩當的人，雖然眼下太平，但他一點也不著急自己沒有施展的機會。因為他知道，目前的平靜是一種假像，天下正孕育著一場激烈的動盪紛爭。但是，諸葛亮絕對不會想到的是，一向以足智多謀著稱的他出山後尚未施設一計，竟先中了劉備的「計」。

話說劉表與東吳孫權相爭，東吳攻打江夏，守將黃祖全軍覆沒。劉表眼見兩個兒子不爭氣，不足以託付大事，就請劉備前去議事，有意將荊州託付給劉備。諸葛亮在旁一聽，大喜過望，立即頻頻目視劉備，要他立即答應。諸葛亮高興的是，劉表竟然如此識趣，主動將荊州讓出。這樣就省得自己運籌謀劃了。一旦劉備有了荊州這塊地盤，那麼接下來聯合孫權，共擊曹操，就水到渠成了。從而，自己在隆中謀劃的三分天下也就唾手可得了。

諸葛亮正高興勝利來得不費吹灰之力，卻沒想到劉備竟然不顧他的暗示，堅辭不受。諸葛亮眼見煮熟的鴨子又飛了，內心十分鬱悶。等劉備辭別了劉表，諸葛亮忍不住問劉備為什麼不接受劉表主動送上的大禮。

劉備說：「劉表在我危難之時收留我，對我有大恩。我還沒有報答他的恩情，怎麼能趁其危急，就奪了他的地盤呢？」

諸葛亮歎了一口氣，說：「真是仁義之主啊！」實際上，這是諸葛亮為維護自己擇主的正確性而找的一個理由。但諸葛亮內心卻隱隱覺得劉備所行和當初他在隆中對的時候有些不一樣了。

其實，這件事一則暴露了諸葛亮在實際經驗上的匱乏和稚嫩，同時也體現出了劉備久歷風霜的老練。劉備是有過類似經歷的。當年，陶謙三讓徐州，劉備前兩次都沒敢接受。第三次是陶謙臨終託付，劉備無可推託，這才勉強接受，但最終還是沒能保住那塊地盤。劉備知道，地盤不是饅頭，不是別人一讓就可以接受的。荊州當時的實際權力被蔡氏宗族牢牢掌控，即使劉備接受了劉表的大禮，也還是不能掌控大局。

劉備、諸葛亮正在閒談，忽報劉表的長子劉琦來訪。劉琦進來，見了劉備就泣拜說：「父親指日不保，繼母不肯相容，我自己危在旦夕。請叔父可憐，救救我吧。」

劉備說：「賢侄，這是你的家務事，我也沒辦法啊。要不，你請教請教諸葛先生。」

劉琦向諸葛亮施禮求教。諸葛亮推託說：「這是家務事，我也難以謀劃啊。」

劉琦無奈，只好告辭。劉備送出，對劉琦耳語幾句，劉琦拜謝而去。

劉備回轉，晚間托詞腹痛，讓諸葛亮次日代自己去劉琦處答謝回禮。

劉琦見了諸葛亮，熱情相迎。茶罷，劉琦舊話重提，說：「繼母不容，請先生教我避禍之策。」

諸葛亮說：「我也不過是客居此地，實在是不能說啊。萬一洩漏了，就沒有容身之地了。」

劉琦不再強逼。諸葛亮坐了一會兒，就要告辭。劉琦卻說：「先生既然來了，就不要急著回去。請到密室共飲數杯。」

飲酒之後，劉琦再次開言：「繼母不容，請先生教我避禍之策。」

諸葛亮毫不為動，說：「這不是我所敢謀劃的，公子你就不要強逼我了。」當即就要告辭。劉琦連忙說：「先生不說就算了，又何必急著告辭呢？還是再喝幾杯吧。」

劉琦的這一招是標準的「閉門羹」技巧。事實上，諸葛亮拒絕時的堅定神態早已讓劉琦知道他絕對是不肯賜教的。那為什麼他還要一次又一次，先茶後酒，苦苦求教呢？

其實，劉琦就是要讓諸葛亮的多次拒絕積累起其內心足夠的愧疚感，以便為施行下一步的策略做好鋪墊。要知道，諸葛亮是多麼精明的一個人，從來都是他設好圈套讓別人鑽的，如果事先不做足鋪墊，諸葛亮怎麼可能誤中別人的圈套呢？

果然，諸葛亮連續三次拒絕給劉琦出謀劃策，讓他不好意思再拒絕劉琦的挽留了。兩人又喝了幾杯酒。劉琦突然說：「我收藏了一本古書，怎麼也看不懂，先生能不能指點一二啊？」

諸葛亮心想：「這倒是無妨的。前面已經多次拒絕他了，再不答應，就顯得我這個人太不近情理了。」當即就說：「你把書拿出來，我來看看。」

劉琦說：「這本書非常珍貴。我把它保存在閣樓上了。煩請先生移步，一起到閣樓上去看吧。」

兩人踩著胡梯上了閣樓。諸葛亮一看閣樓上空無一物，不由問道：「書在哪裡？」

劉琦卻又哭著拜倒：「繼母不容，請先生教我避禍之策。」諸葛亮覺得自己受了愚弄，怒氣勃發，轉身就要下樓，卻見閣樓口的胡梯已經被撤去，無法下樓了。

劉琦再次哀告：「我多次請求先生賜教我活命之策，先生總是唯恐洩露，不肯見教。今天這裡，上不至天，下不至地，出君之口，入我之耳。先生可以教我了吧。」

為什麼劉琦多次求教，諸葛亮卻總是不肯幫他呢？

這個問題的實質就是：人為什麼會有幫助他人的行為？

我們在前面介紹過互惠原理，人們樂於主動施惠，實際上也是在潛意識中期望獲得回報。古羅馬詩人奧維德也曾經說過：「人們不會看重善行，除非善行能給自己帶來好處。」如果幫助他人非但不能給自己帶來益處，反而會帶來損失，那麼，利他的行為自然就很難出現了。

我們從諸葛亮的話中可以很明顯地看出這一點。劉表已經病入膏肓，長子劉琦孱弱，次子劉琮年幼，軍政大權都掌握在劉琦的繼母（劉琮的母親）及其弟蔡瑁手中。如果盲目幫助處於弱勢的劉琦一方，惹惱了蔡氏一系，那麼，兵微將寡的劉備就很難在新野安身。利他，就是為了獲得回報或逃避懲罰，與這兩者都不搭邊，以諸葛亮的政治智商，是絕對不會對劉琦施以援手的。

更重要的是，諸葛亮在內心中早就想奪了荊州給劉備當作安身立命的基地，他是唯恐荊州不亂的。只有劉表的兩個兒子為了繼承權爭奪起來，諸葛亮才好借亂起事，否則，無論幫助哪一方安定了局面，對諸葛亮的計畫都是不利的。所以，從這個角度來看，諸葛亮也是不願意幫助劉琦的。

但現在劉琦把諸葛先生逼到了死角。劉琦說：「先生再不肯賜教，我只有死在先生面前了。」說完，就要拔劍自刎。

諸葛亮急忙勸止。如果劉琦死在自己面前，自己無法脫身，那麼就很難說清楚了。蔡氏一黨勢必會以此為理由，堂而皇之地治諸葛亮的罪，並順勢將劉備一系趕出荊州。

諸葛亮再不出主意，就會損及自身利益了。只要諸葛先生肯開動腦筋，辦法還是很多的。

諸葛亮一皺眉頭，妙計已上心頭：「你難道沒聽說春秋時期晉獻公的故事嗎？」

晉獻公的正妻生了兩子，長子申生，次子重耳。正妻死後，獻公寵信驪姬。驪姬生了一子，她有意讓自己的兒子繼位，就開始想辦法謀害有著優先繼承權的申生和重耳。結果，申生被害死。重耳驚懼，立即出逃。

諸葛亮說：「申生在內而亡，重耳在外而安。公子你為什麼不效法重耳呢？現在江夏黃祖剛剛身亡，正好缺人把守，你為什麼不對父親說願意領兵去江夏鎮守呢？」

劉琦聞言大悟，對諸葛亮稱謝不已，當即喚人重新安上胡梯，送諸葛亮回去。

劉琦十分開心，諸葛亮心裡也是得意不已。讓劉琦去鎮守江夏，實際是諸葛亮的一箭雙雕之計。任何人要糊弄矇騙諸葛先生都是不容易的。諸葛亮的這一計，既解了劉琦眼前之困，也等於是預先施惠，為劉備日後在江夏伏下了一枚極其重要的棋子。

自己竟然會中了劉琦的上屋抽梯之計，回到新野，諸葛亮仍然耿耿於懷。他猛然醒悟，以劉琦之智慧，是想不出這樣的妙計的。諸葛亮終於明白了：一定是劉備在暗中操控了這一切！

此前，在諸葛亮眼裡，劉備不過是一個仁德之主。但劉備這一次讓他中計，卻讓諸葛亮不由得對劉備的能力佩服起來。劉備一生中，總共讓諸葛亮對他佩服了三次，這是第一次。

諸葛亮在被逼無奈的情況下，終於做出了利他的行為。這足以說明，利他一定是建立在對自己有利的基礎上的。

令人不禁想起張愛玲說過的一句很有震撼力的話——我愛你，心甘情願為你付出一切，但這是我自己的事，和你有什麼關係！

心理感悟：利他的根本目的是為了利己。

## ⑩——職場第一課

劉備對諸葛亮好，關羽和張飛很不開心，睿智而敏感的諸葛亮早就覺察到了這一點，他知道自己遭遇了很嚴重的「信任危機」。關張二人是劉備組織中除劉備外最重要的人物，這兩個人對自己的評價非常重要。儘管劉備此刻對自己信任有加，但如果不盡快證明自己的「超能力」，樹立牢不可破的威信，關張的態度遲早會影響到劉備。

由於「評價顧忌」使然，諸葛亮很想盡快證明自己。就在諸葛亮還沒想好該怎樣做的時候，有一個人非常及時地給諸葛亮創造了機會。

這個人不是別人，正是曹操。

曹操已經讓劉備安耽太久了，他知道不能給劉備太長的喘息時間，他決定發起南征，對劉備下手。夏侯惇主動請命，曹操任命他為都督，以于禁、李典為副將，率領十萬大軍，殺奔新野。

曹操的舉動給了諸葛亮一個證明自己的最好機會。主觀上為了自己，客觀上卻幫了別人，這就像硬幣的兩個面，很難絕對分開。

但是面對曹操的「幫助」，諸葛亮卻很不開心，因為他這個時候根本不想和曹操打交道。

諸葛亮理想的戰略三步驟是：取代劉表—聯合孫權—對付曹操。這是最符合劉備利益的戰略步驟。只有先取了荊州，才有安身立命的基地，也才有和孫權平等交往的資格，從而才有可能聯手孫權。一旦坐擁荊州，劉孫結盟之後，諸葛亮自信憑著自己的能力，足以應對強大的曹操。

但事情的發展卻不符合諸葛亮的預期。劉備不肯對劉表不義，和孫權聯合也沒半點影子，曹操卻已經派了悍將夏侯惇來進攻。諸葛亮頓時陷入困境。不擊敗夏侯惇，關張必然抓住這個把柄，將自己定性為無能之輩，那自己在劉備處將難以立足。擊敗夏侯惇，就會引起曹操的高度重視，甚至會親率大軍來攻打，順勢將劉備、劉表一齊殲滅。

夏侯惇出征之前，諸葛亮的朋友徐庶「身在曹營」，他決定幫朋友一個忙。因為他知道，現在諸葛亮還不具備對付曹操的實力。但徐庶沒有想到，他主觀上想幫一下朋友，客觀上卻幫了敵人。

徐庶知道自己的話還是有分量的。他對夏侯惇說：「將軍你不要輕視劉備，他現在得了諸葛亮，如虎添翼！」徐庶的目的是想透過「第三方推薦」來強化諸葛亮的能力，讓夏侯惇有所顧忌，不敢輕舉妄動。

曹操聽了，立即問道：「諸葛亮是什麼人？」

曹操心懷天下，求賢若渴，此前卻沒有聽說過諸葛亮。這也從另一個側面證明了我們前面所說的「諸葛亮的交往圈子很小，只限於襄陽附近的一個小小圈子」。

徐庶說：「諸葛亮人稱臥龍先生，上通天文，下曉地理。熟諳韜略，有鬼神不測之機，非等閒之輩。」

徐庶說了一大堆，曹操還是沒有搞懂諸葛亮到底是個什麼樣的人。溢美之詞產生「光暈效應」，是需要充足的鋪墊和精妙的技巧的。在這方面，徐庶的功力和諸葛亮差得很遠。

曹操直接發問：「那麼，諸葛亮和你相比怎麼樣呢？」

曹操的思維非常清晰，以徐庶為基準來衡量是一個非常直觀的比對辦法。徐庶兩次殺敗曹仁，輕鬆奪了樊城，曹操對他的能力非常認可。

徐庶說：「我的能力不過是螢火蟲般的光亮，哪裡能跟諸葛亮的皓月之輝相比？」

徐庶主觀上希望透過神化諸葛亮來阻止曹操這一次的南征，但客觀上卻激發了夏侯惇的好勝之心，讓他進攻劉備之心變得更加急不可耐。

因為，當「第三方推薦」的作用對象是處於敵對陣營的人時，「推崇」往往容易異變為「激將」。

果然，夏侯惇聽了徐庶的話，立即就翻臉了，大聲呵斥道：「徐元直，你這句話可說錯了。以我看來，諸葛亮不過是草芥之輩，有什麼可怕的?!我如果不將他擊敗，活捉劉備，願意輸了項上這顆人頭！」說完，夏侯惇憤憤然告辭曹操，厲兵秣馬，踏上征程。

徐庶對自己不小心激發了夏侯惇的鬥志略感不安，但隨即想到了「驕兵必敗」這四個字，也就心安了。

曹操來攻，對諸葛亮來說，是個證明自己的機會。同樣，對關張二人來說，也是一個證明自己的機會。只不過諸葛亮想證明的是自己的能力，關張想證明的是自己的眼光。這兩個人存心要看諸葛亮的笑話，想讓他在大敗之餘，無話可說，無顏再留，灰溜溜地走人。

關張早就做好了「不出力」甚至「不出工」的準備。劉備差人來請二人商議對策。

劉備說：「現在曹操派夏侯惇率領十萬大軍前來攻打，二位兄弟，該如何迎敵啊？」

關羽還未開口，張飛已經嬉皮笑臉地說道：「大哥，你派『水』去迎敵不就行了？」

「水？」、「誰？」劉備一時還沒明白過來，看到張飛一副手舞足蹈的儱懶模樣，這才明白過來，正色道：「出謀劃策靠孔明，上陣殺敵還是要靠兩位兄弟，你們可要擺正態度啊。」

劉備覺得關張的態度有問題，內部的不和諧是他最擔心的事情。他揮揮手，讓關羽、張飛先退出，再請諸葛亮前來議事。他要和諸葛亮先談一談。

劉備把同樣的問題拋給了諸葛亮。諸葛亮淡淡一笑，說：「曹兵有什麼可怕的呢？」劉備想，會者不難，對於高人來說，曹兵當然是沒什麼可怕的。當初徐庶也是輕鬆贏了曹仁。而諸葛亮的能力遠勝徐庶，自然是更加不把曹兵放在眼裡了。

劉備非常高興，但諸葛亮立即給他潑了一盆冷水。諸葛亮說：「不過，我現在卻沒辦法來對付曹兵。」

劉備又急又疑，追問究竟。諸葛亮說：「您的兩位兄弟一直對我不服氣，我指揮不動，怎麼來行兵布陣呢？除非您把劍印授權給我。」

諸葛亮這是借機主動要權。劉備請他來當軍師，本意是讓他當參謀的，劉備只是聽取他的建議，發號施令還是由自己來。但諸葛亮明確而堅定地提出了要由自己來部署安排，這第一次的交鋒非常重要。機會只有一次，如果諸葛亮此刻不說這番話，「參謀」的角色恐怕就此定型，日後就沒有機會再將權力掌控在自己手裡了。而第一次，正是讓劉備無法拒絕的最佳時刻。

劉備只能同意將劍印交給諸葛亮，因為他擔心自己的拒絕會傷害諸葛亮的自尊心。由此，諸葛亮成功地將自己由參謀的身分轉化成了三軍主帥，而這份權力一旦入手，諸葛亮再也沒有放開過。

諸葛亮立即聚集眾將聽令。這是他平生第一次發號施令，諸葛亮知道自己只有一次表現機會，許勝不許敗。但是曹兵有十萬之眾，而劉備只有三四千兵馬，其中的三千人還是諸葛亮新近剛剛招募訓練的新兵。兩相比較，強弱懸殊。一生謹慎的諸葛亮在「他人在場」的壓力下，受「評價顧忌」影響，終於在最後一刻做出了行險的決定——火攻！

諸葛亮派關羽、張飛各領一千五百軍馬在博望坡左右埋伏，先放過曹兵，待火起後，再發動攻擊。諸葛亮又派關平、劉封準備引火之物，瞅準時機放火。再派趙雲為前部，許敗不許勝，誘敵深入。諸葛亮再請劉備率一支軍馬隨時接應救援。

分派已定，張飛卻懊惱了，質問諸葛亮說：「你給我們都派了任務，那麼你自己幹嘛呢？」

諸葛亮微微一笑，說：「我獨自鎮守新野縣城。」

張飛一陣大笑，說：「你倒是聰明得緊。我們都出去賣命，你卻在家裡安坐。這是什麼道理？」

諸葛亮知道，現在不是講道理的時候。中心途徑的說服是沒有用的，只能採用外周途徑。他指了指劍印，說：「劍印在此，違者必斬！」

劉備也為諸葛亮幫腔，說：「兄弟不可違令！」

張飛、關羽冷笑而去，內心猶自不服。

關羽、張飛的這種態度其實是對諸葛亮的一種隱性攻擊。攻擊可以分為兩種，一種是敵意性攻擊，一種是工具性攻擊。敵意性攻擊是以傷害為目的的，而工具性攻擊則是把傷害作為達到目的的一種手段。

關張對諸葛亮進行隱性的工具性攻擊，是為了達到把諸葛亮排擠走的目的，這種攻擊在職場是屢見不鮮的。如果一個人不能很好地應對這種攻擊，是無法在職場立足的。

諸葛亮顯然不是善茬（好對付的人），他不但有效反擊了關張的攻擊，而且還利用關張的攻擊達到了將軍政大權掌控在自己手中的最優目的。

但是世間萬物都是平衡的，即便是聰明冠絕天下的諸葛亮，也不能享盡好處而不付出代價。諸葛亮付出的代價非常慘重，差點讓他的出山行為變得毫無意義……

> 心理感悟：好心辦壞事、壞心辦好事，似乎是這個世界運行的恆定法則。

## ⑪——兜頭潑來的涼水

諸葛亮部署停當。這是他平生第一次用兵，表面上鎮定自若，內心卻忐忑不安。

以四五千兵馬對付十萬大軍，沒有任何一個偉大的軍事家可以誇口說必勝（久經戰陣的劉備之所以會非常痛快地把指揮權交給諸葛亮，也是認識到靠自己的能力，是不足以應付這種險惡局面的）。兵力不足用火補，火攻本是諸葛亮壓箱底的本領，輕易不想動用的。諸葛亮第一次用兵就面臨巨大的挑戰，逼得他不得不一出手就拿出看家本領。但即便是用火攻，如果率兵而來的夏侯惇謹慎一點或警覺一點，也很難奏效。

所以，諸葛亮內心的不安是可想而知的。但難能可貴的是大敵當前，他所表現出的胸有成竹、鎮定自若的氣度。在諸葛亮的部署中，甚至安排了孫乾、簡雍準備慶功宴席。諸葛亮把一場理論上必敗的戰事從心理上包裝成了必勝的戰事。正是這種氣度感染了包括劉備在內的所有人，使得軍心不會渙散、軍隊不會一觸即潰，且能令眾人信心百倍，勇氣激增。

戰爭的勝利，並不簡單取決於你所占有資源的多少，更取決於對資源的戰略性配置的能力。從這個角度來講，諸葛亮可以說是古往今來最出色的軍事家（是否要加上「之一」，大家見仁見智吧）。

再說夏侯惇帶著副將于禁、李典以及夏侯蘭、韓浩等人行至博望坡。徐庶的無意激將讓夏侯惇誇下了必要生擒劉備、諸葛亮的海口，但這也不過是一時衝動。徐庶的話畢竟是有分量的。夏侯惇這一路心裡也不時打鼓：如果諸葛亮的才能真的遠勝徐庶百倍，那麼自己的遭遇也將比曹仁慘上百倍。

待到兩軍交鋒時，夏侯惇一看無名小將趙雲帶了一幫老弱殘兵迎敵，不由放聲大笑，心中一塊石頭落了地。諸將問夏侯惇為何發笑。夏侯惇說：「徐元直在丞相面前把諸葛亮捧上了天。今日看他用兵，用這等兵馬和我作對，就像是用犬羊和虎豹相鬥。哈哈，我在丞相面前誇口說活捉劉備和諸葛亮，看來就在眼前啊。」

夏侯惇當即命令發動攻擊，必要連夜踏平新野小城。

趙雲本為誘敵，戰不數合，立即潰退。夏侯惇追殺慢了，趙雲返身再戰，又迅即敗退。韓浩見了，急忙來見夏侯惇，說：「趙雲乃誘敵之計，恐有埋伏。」

說話間，劉備親帶伏兵出擊。夏侯惇更加不以為意，催動大軍向前攻擊，劉備、趙雲一路敗退。

此時天色已晚，夜風陣陣。夏侯惇只顧趕殺，眼見進入了狹窄地段，兩側都是蘆葦。諸葛亮的火攻馬上就要奏效，但夏侯惇手下一人心思敏銳，識破了隱藏的危險，差點讓諸葛亮的出山第一仗功敗垂成。

這個人就是夏侯惇的副將李典。夏侯惇衝鋒在前，于禁、李典押陣在後。李典見狀不妙，急忙對于禁說：「道路狹窄，樹木蘆葦叢生，恐有火攻！」

于禁一聽，大吃一驚，立即對李典說：「你說得對。這樣，你趕快去收束後軍，我趕到前面去和夏侯都督說。」

于禁催馬趕上夏侯惇，頗費了些時候。于禁一提醒，夏侯惇也是行軍布陣的大行家，立即就醒悟過來，急忙傳令後退。但已經來不及了，諸葛亮的火攻已經發動！

只見狂風大作，風助火勢，四面八方，盡皆是火！

夏侯惇之兵惶恐不已，人馬自相踐踏，死傷不計其數。夏侯惇冒火突煙，死命逃脫。後面趙雲返身殺回，前面關羽、張飛發動伏兵掩殺。

這一陣，諸葛亮借助火攻，以少勝多，取得了開門第一仗的輝煌戰果。當然，不可否認的是這一仗的勝利絕非必然，而是有幸運成分的。如果李典恰在夏侯惇身旁，他的提醒能夠早一點點，恐怕火攻計畫就會落空。

事實上，這世界上有一些事情是包括心理學在內的所有科學都無法完美解釋的。凡人皆有得意時，當一個人處於上升趨勢的時候，往往天時地利人和，周圍的一切都會主動助你成功。當時的諸葛亮正處於這樣一個急速上升的趨勢，所以，他的傳奇般的經歷還要繼續創造輝煌。

經此一仗，諸葛亮建立起了足夠的威信。劉備的「如魚得水論」，在眾人眼中已經毫無爭議，就連關羽、張飛也不例外。不過，張飛是直性子，對諸葛亮心服口服後，再無二心。但關羽始終自重身分，雖然對諸葛亮的能力已無異議，但對他的做派風格還是保留著意見。

諸將收兵回城。諸葛亮早得捷報，他立即吩咐手下，從庫房中取出一樣他早已準備好的東西。這是他賴以塑造自身「光暈效應」的重要道具之一。

卻說眾將行不數里，只見路旁有一輛車，車上坐著一人，羽扇綸巾，翩翩若仙——不是別人，正是諸葛亮！

這同樣是諸葛亮第一次以乘車的姿貌出現在戰場上。這樣獨特的打扮，這樣獨特的乘行工具，突出展示了諸葛亮好整以暇、揮灑自如的風貌！這一副姿態，讓這一場頗有些幸運成分的勝利，成了一場鐵板釘釘、必勝無疑的勝利。而這一切，自然是歸功於諸葛亮的超人智慧和精妙指揮！諸將一見，真是驚為天人，拜服於地。由此，諸葛亮自我造神的第一步圓滿完成。

諸葛亮不是不能騎馬，他這樣做，自有其用意。歷史上，乘坐車子指揮戰鬥的似乎只有戰國時期的傑出軍事家孫臏一人。但孫臏是因為髕骨被競爭對手龐涓挖去致殘，不得不乘車上陣。諸葛亮精於研究機械構造，他的這輛車子就是仿造孫臏的車子所造。諸葛亮之所以這樣做，是因為他深深懂得「形象化」之於塑造「光暈效應」的重要性。這一輛車子，絕不僅僅是一輛車子，而是「軍事智慧」的化身，是「兵聖」

孫臏的化身！

當然，諸葛亮在運用這些「形象化道具」的時候，是把握好尺度的。他最喜歡用錦囊妙計，但這次沒用。他最喜歡的激將法，這次也沒有用。他只是在勝利已經十分確鑿，已經無可置疑的時候，才推出了這一輛車子。

車子可用，是在勝利之後。錦囊和激將不可用，是因為威信尚未建立，如果用了，非但無益，反而會激起諸將反感，這也是諸葛亮對人心把握的精妙之處。大家很快可以看到，當諸葛亮樹立並穩固了自己在劉備軍中說一不二的權威地位的時候，他的錦囊和激將就會「粉墨登場」了。

再說夏侯惇狼狽不堪回到許都，命人將自己綁縛好，才去向曹操請罪。

夏侯惇訴說火攻詳情。曹操問：「你自幼用兵，怎麼就不知道狹窄之處會用火攻呢？」夏侯惇說：「于禁曾經提醒我，但已經來不及了。」

曹操再問于禁，于禁就把李典告訴他的那番話再說了一遍。當然，于禁根本就沒提李典，而將此說成了自己的見解。

曹操聞言後，感歎道：「文則（于禁的字）如此高才，足可就任大將軍啊！」吩咐厚賞于禁。于禁由此進入了曹操的視野，此後一路高升。

于禁的這種做法是很不地道的。明明是李典的見解，他在夏侯惇和曹操面前都沒有提及這一點。一個敢於厚顏無恥強搶他人功勞的人，也一定是一個嫉妒他人立功的人。果然，此後于禁帶領龐德進攻關羽的時候，因為怕龐德斬殺關羽立大功而暗中掣肘，客觀上幫了關羽的大忙。最後，關羽得以調整部署，並水淹七軍，而于禁也就此屈膝向關羽投降。曹操後來感歎自己識人不明，實際上，曹操看錯人，就是從這一刻開始的。

劉備大勝，諸人均欣喜不已，覺得諸葛軍師一點也不比徐庶軍師差。但是諸葛亮卻高興不起來，而是陷入了深深的憂慮之中。

諸葛亮知道，這次勝利的偶然、僥倖成分很大。如果因為這場勝利而激怒了曹操，一旦他率領百萬大軍前來，小小的新野城必定會被踏為齏粉。如果真是這樣的結果，那麼自己出山就一點意義也沒有了，還不如在隆中躬耕，保全性命呢。

諸葛亮決定，一定要搶在曹操大軍到來之前，趕快把劉表的荊州奪過來！只有以整個荊州為基地，自己盡心竭力，施展平生所學，才有可能擋住曹操的雷霆一擊。

諸葛亮來見劉備，再次陳說厲害。這是諸葛亮第三次勸說劉備奪取荊州了。第一次是在隆中，諸葛亮整個「三分天下論」就是建立在奪取荊州這個前提和基礎上的。當時劉備急於得到諸葛亮，根本沒有過多考慮這一點，只是頻頻點頭附和。但諸葛亮卻誤以為劉備是贊同自己的做法的。沒想到他出山後，第二次提及此事，就被劉備否決了。

這第三次勸說，同樣被劉備否決。劉備說：「我深感劉景升之恩，寧死也不做這無義之事！」諸葛亮陷入了久久的沉默之中……

> 心理感悟：每個人都有幸運的時刻，但最重要的是能將幸運的利用價值最大化。

## ⑫——人是話的奴隸

諸葛亮最擔心的事情終於發生了。

夏侯惇挫敗於博望坡後，曹操決定興兵百萬，一舉掃平劉備、劉表，並趁勢蕩平江南，一統天下。

諸葛亮內心非常無奈。無論是從客觀還是從主觀來考慮，他都必須將自己置於「必勝神話」的頂峰。但是，巧婦難為無米之炊，劉備的執著讓他精心謀劃的戰略失去了前提。

一般的人到這個時候不是尋找退路，就是開始抱怨，但這才是真正考驗人的時候，成功並不是唾手可得的。在危機和困難面前退縮的人，永遠也不可能成為英雄。真的英雄，就是在客觀條件極為不利的時候，依然挺起胸膛，仔細盤點任何一絲的可能性，並致力於將這微薄的可能性轉化成勝利。

上天再次給了諸葛亮一個機會。

劉表病重，派人請去劉備。劉備帶著關張（帶著這兩個如狼似虎的兄弟，是為了確保人身安全）去見劉表。劉表說：「我已經病入膏肓，只好托孤給賢弟。我兩個兒子都不成器，我死之後，賢弟你來掌管荊州吧。」

在一般人眼裡，劉表一直是「無能」的代名詞。但這種看法其實並不準確。劉表能夠在亂世中掌控荊州這麼大的地盤，多次擊退以「勇猛善戰」著稱的小霸王孫策的進攻，這並不是一件容易的事情。但人總是要老的，劉表的雄心隨著年老體衰而逐漸消減，以至於後期陷入「無作為」、「不作為」的境地。

儘管如此，劉表還是展現了一次英雄本色。他這次托孤給劉備，著實給劉備好好上了一課。你看，他嘴裡口口聲聲說是「托孤」，卻又要讓劉備來執掌荊州。「托孤」就是讓劉備輔佐自己的兒子，掌管荊州則是讓劉備為荊州之主，這兩者是矛盾對立的。實際上，劉表是將了劉備一軍，用劉備一貫的「仁德」名聲來約束劉備。

眾所周知，人都是有保持表裡如一的一致性需求的。所以，劉備只能回答說：「兄長，我一定會竭盡心力，扶助賢侄，我怎麼敢自己來執掌荊州呢？」

劉表這一招的威力讓劉備記憶深刻，以至於在許多年之後，他在白帝城如法炮製了一番。很多人都欽佩劉備手腕的高明，只用簡單幾句話就讓諸葛亮鞠躬盡瘁，死而後已。其實，劉備並非原創，而是從劉表這裡偷學的本領。

此時，劉表、劉備都還不知道曹操大軍已經向荊州進發，如果他們知道情勢已經十分危急，一定會將剛才的這番決議付諸實施。劉表會立即讓長子劉琦繼承荊州，讓劉備盡心扶持。他已經做好了工作，巧妙地「逼」劉備許下了承諾，劉備不得不為實現自己的承諾而努力奮鬥。這樣，以「鞠躬盡瘁，死而後已」留名青史的很可能就是劉備，而不是諸葛亮了。

但可惜劉表還是有些優柔寡斷，終於錯失了這唯一的機會。

劉備回到新野，向諸葛亮說起此事。諸葛亮惋惜不已，連連歎息，說：「主公，你怎麼不接受劉表的大禮呢。這次不接受，大禍就不遠了。」

劉備為了調和內心的認知不協調，只能選擇為自己的行為辯護，說：「景升對我甚厚，如果我接受了荊州，別人都會指責我忘恩負義。我實在是不忍心。」但其實，劉備就算心裡一萬個願意，又怎麼敢接受呢？

諸葛亮並不能理解劉備當時的壓力。如果他此刻能夠理解，日後在白帝城，當劉備說出類似的那番話的時候，就不會涕淚橫流，連表忠心了。諸葛亮那一刻在劉備病榻前的心情，和劉備這一刻在劉表病榻前的心情是一模一樣的。諸葛亮此刻沒有從劉備的經歷中學會這一課，就只能在日後補上這一課。

話又說回來，劉備的臉皮實在薄了一點。李宗吾的《厚黑學》中說劉備是靠臉皮厚贏得三分天下的，這句話其實最不靠譜。如果劉備臉皮厚一點，他完全可以按照劉表的吩咐，立即將劉琦喚來，輔佐他繼位。此時劉表未死，尚有餘威，還能壓得住蔡瑁之流，再加上諸葛亮的智慧，關張趙的勇猛，應該可以將荊州掌控在手裡，就像日後諸葛亮掌控整個蜀國一樣。這樣，即使曹操來犯，劉備以整個荊州之力抵擋，勝負當是未知之數。

劉表、劉備的猶豫，終於錯過了這唯一的機會。

此後，劉琦得知父親病重，趕來探望，卻被蔡瑁拒之門外，只好怏怏回到江夏。劉表很快病死，其後妻蔡氏篡改劉表遺命，和兄長蔡瑁扶立親生兒子劉琮繼位。

曹操大軍將到，劉琮束手無策，只好聽從手下人的計議，向曹操獻上降表。劉表也算是一世英雄，屍骨未寒，卻被不孝子將自己苦心經營大半生的地盤拱手獻給了曹操。

這個時候，本來是劉備光明正大地奪取荊州的最好機會。劉琮奪位，又向曹操投降，這些行為的不義，足以抵消劉備奪取荊州的不義。而此時劉琦聞訊後，也主動向劉備表示，願意盡起麾下精兵，奪回父親的基業。

但是，一切已經太晚了。曹操的先頭部隊已經兵臨城下，內鬥已經毫無意義，只能加速自己的消亡。諸葛亮不再抱怨，也不再惋惜，而是立即投入了自保的部署之中。

但劉備的兵力還是只有那四五千人。諸葛亮還是只能借助於外界的資源來幫助自己取得勝利。一個人不會被同一塊石頭絆倒兩次。夏侯惇是這樣想的，曹操也是這樣想的。但兵者，詭道也。既然大家都這麼想，我諸葛亮就不這麼想了。這一次，他還是要採用火攻。但不僅僅是「火攻」，他還加上了「水攻」。

誰會想到，諸葛亮一出山，就會面臨如此險惡的境況，逼得他把看家的本領都使了出來。

諸葛亮知道彈丸之地新野是保不住的，所以不如把它燒掉。諸葛亮曉諭百姓，盡數搬離；命令趙雲率三千兵馬等曹兵入駐後火燒新野；派關羽去白河上游用布袋堰塞水位，伺機決水；派張飛去白河渡口埋伏，截擊被火水二攻擊潰的曹兵。

這一仗，最受益的是關羽。他從諸葛亮處學得了決水之法。若干年後，還是在這個地方，關羽如法炮製，上演了一幕「水淹七軍，威震華夏」的神話。

曹軍前鋒曹仁、曹洪、許褚殺至新野，遙見劉備、諸葛亮在一山頂對坐飲酒，旁邊鼓樂手大吹大擂。曹兵當即發起進攻，卻被滾木礌石打將下來，無法登山。

眼看天色漸晚，曹仁令軍士搶進新野城安歇，進城後卻發現新野已是一座空城。曹洪說：「這必定是劉備、諸葛亮計窮勢孤，帶著百姓逃走了。」

曹兵安歇。半夜突然火起，曹兵驚慌中死傷無數，拚命逃生。待逃到白河岸邊，紛紛爭搶飲水。卻被關羽決堤放水，淹死無數。二曹收拾殘兵，狼狽逃竄，又被張飛追殺一陣，傷亡慘重。

這一次大勝，徹底奠定了諸葛亮在軍事指揮上的權威地位。但諸葛亮卻高興不起來。曹兵燒死了，新野也燒焦了。唯一的落腳地沒有了，該到哪裡去呢？

只能先去樊城。但樊城又能支撐多久呢？

再說曹操，得知部下再次被諸葛亮火燒水攻，傷亡慘重，不由大怒，立即將大軍分成八路，去攻樊城。

曹操手下的劉曄知道劉備慣會服軟投降，就勸曹操說：「丞相初到荊州，應以收買人心為重。現在，劉備將新野百姓全部遷入樊城，如果我軍發起進攻，樊城必成齏粉，這樣對丞相的仁義名聲不利，不如派人去勸降劉備。此舉既可唾手取得城池，又可彰顯愛民之心，何樂而不為呢？」

這幾句話曹操很聽得進。曹操就問：「誰可以去當這個說客呢？」

劉曄說：「我們這裡就徐庶和劉備交情最好，派他去最合適了。」

曹操嚇了一跳，心想：「這個徐庶是我花了很多心思才從劉備那裡挖過來的。他來了之後，也不為我出謀劃策。要是派他去劉備那裡，不正好給了他一個放虎歸山的機會？如今，他的老母也已經死了，我根本沒有可以約束他的東西了。當年徐庶把我打得很慘，現在諸葛亮又把我打得很慘。這兩個人要是聯手一起對付我，我哪裡還能夠稱霸天下呢？不行，不行，絕對不行。」

曹操明確表示不行。但劉曄深知承諾的約束性，無論是隱性的還是顯性的，都能夠讓人遵行不悖。劉曄說：「丞相光明正大地派徐庶為使者，如果他不回來，就會貽笑萬世。您派他去吧，他必定會回來的。」

曹操同意了劉曄的建議，決定派徐庶去勸降劉備。

這真是世界上最奇怪的一次勸降。

「使者」兩個字，真的能夠約束住徐庶的手腳嗎？看到這裡的讀者已經多次領略過「承諾──一致」原理的威力了，相信你一定能夠做出正確的判斷！

> 心理感悟：對局外人來說，天下無難事。

## ⑬ 奇怪的勸降

這是歷史上最為奇怪的一次勸降。

徐庶是劉備的舊人，在不得已的情況下離開了劉備，現在卻轉過來要勸劉備去歸降曹操。

劉曄算計到了「承諾─一致」原理對徐庶的約束力，作為一個勸降的使者，如果背叛了使命，主動羈留不歸，是會讓天下人笑話的。但劉曄卻沒想到，這並不是唯一的心理學規律，還有另外一個心理學規律也會發揮效用。

這就是「互惠原理」！

劉備的情深義重，讓徐庶深感無以為報，只好在臨走前推薦諸葛亮來替代自己。儘管如此，徐庶還是覺得沒有還夠劉備的恩情。

所以，作為勸降的使者，徐庶不會就此羈留不歸。但是要他勸降劉備，也是不可能的。

相反，徐庶揭發了曹操想借勸降收買人心的企圖。更重要的是，徐庶將曹操兵分八路，要填平白河、踏破樊城的軍事部署通盤相告，讓劉備、諸葛亮早做準備。

這一場勸降，最後倒成了老同事、老朋友間難得的歡聚。這是曹操、劉曄絕對沒有想到的。笑飲暢懷後，徐庶告辭而去。

曹操大軍壓境，劉備為什麼還會有這麼好的心情呢？劉備又為什麼不會考慮向曹操投降呢？

劉備一貫是個能屈能伸的人。當年他執掌徐州，呂布來投，他安排呂布去下邳鎮守。後來呂布搶了徐州，劉備毫無怨言，就聽從呂布的安排，也到下邳安身。曹操他也不是沒有投靠過。但現在的劉備可有點不一樣了。自從得了諸葛亮，劉備的自我感覺從來沒有這樣好過，尤其諸葛亮博望坡和新野城的兩把火一燒，更是將劉備的信心和雄心燒得旺旺的。他認準了諸葛亮不管在什麼樣的艱苦條件下，都能夠以少勝多，以弱勝強。劉備之所以多次不肯接受劉表的謙讓荊州，也有一部分原因在於他對諸葛亮的高度（甚至是盲目）信任。

劉備認為，有了諸葛亮，盡可光明正大、堂而皇之地去謀取天下，哪裡還用得著背信棄義、為人不齒的手段呢？所以，劉備是根本不會再考慮投降的。

但諸葛亮是人，不是神。他的這兩次勝利都有幸運的成分在內。當曹操百萬大軍傾巢出動時，勢如山崩地裂，靠火，靠水，都是靠不住的。

情勢十分危急，但劉備卻十分樂觀。深知曹操底細的徐庶告辭前要劉備趕快跑路，否則就來不及了。

劉備因此問諸葛亮該如何應對。

諸葛亮一時也沒有什麼好的主意，但「逃」是必然的本能選擇。所以，諸葛亮說：「我們還是趕快放棄樊城，去取了襄陽安身吧。」

劉備要跑路，新野、樊城兩縣的百姓也要跟著劉備。這雖然體現了劉備的號召力和影響力，但也極大影響了劉備逃命的效率。

劉備來到襄陽，對著城門大叫：「劉琮賢侄，趕快開門。我只是為了救兩縣百姓，別無他意。請趕快開門。」

蔡瑁、張允等人本就心懷鬼胎，一直防著劉備，哪裡會給他開城門呢？只是一陣亂箭射退劉備。

襄陽城中正有一將，名喚魏延，早就仰慕劉備大名。他聽說蔡瑁不肯開門，不由大怒，揮舞大刀，衝向城門，喝道：「劉使君乃仁德之人。你們投降曹賊，為什麼不放劉皇叔進城？」

魏延揮刀砍死守門將士，打開城門，要放劉備進城，荊州名將文聘趕上和魏延廝殺。

劉備眼見兩相爭鬥，必會傷了無辜百姓，就此決定不入襄陽。他再問計於他認為無所不能的諸葛亮。

諸葛亮說：「我們還是去江陵吧。江陵是荊州的錢糧之地，取了江陵，勝過襄陽許多。」劉備從之，帶領士兵和百姓，往江陵進發。

魏延此番舉動，雖然沒能幫助劉備入駐襄陽，但卻施給了劉備一個大大的恩惠。正是這個恩惠帶來的回報，日後反過來救了魏延的性命。

魏延眼看劉備走遠，襄陽已難安身，只好去長沙投奔太守韓玄。

再說劉備，帶著百姓，如蝸牛趕路。諸葛亮內心十分焦急，勸劉備棄了百姓，趕快逃走。諸葛亮的想法當然有一絲自私的成分在內，但總體而言，卻是對的。萬一被曹操的追兵趕上擒獲，那麼大家都是白玩一場了。

但劉備只是不從。

諸葛亮無奈，只好建議劉備趕快派關羽去江夏向劉琦求救，讓劉琦趕快派兵接應，會軍江陵。這邊再派張飛斷後，趙雲保護家小，盡快撤離。

曹操一路進逼，劉琮獻了荊州。曹操大封荊州文武，卻遣劉琮去任青州刺史，於路上將其殺死。曹操調理好荊州，遂想起諸葛亮兩把火的仇恨，他命令手下去隆中抓捕諸葛亮的家小。但是諸葛亮早已從徐庶之母被擄中吸取教訓，出山之前就將家小安排到安全穩妥的地方了。曹操自然一無所獲，只能恨恨不已。

探知劉備只跑出三百餘里，曹操命手下鐵甲騎兵火速追趕，限一日一夜趕上擒拿。

諸葛亮知道一場大潰敗已經無可避免。這一場潰敗足以擊潰他此前兩次火攻取勝樹起的威信。

諸葛亮見劉備死活不肯放棄百姓，他決定，自己一定要先離開了。

他這樣做，並不能說完全是貪生怕死，獨自逃生。他只是想保存實力。諸葛亮的算計是十分精妙的。曹兵趕上，劉備就是想保百姓也保不住。而有張飛、趙雲兩員悍將在旁，劉備自己也是戎馬出身，性命一定是能保住的。但是他自己——諸葛先生——雖然滿腹經綸，但畢竟只是個文人，危難之際，誰能保證他的絕對安全呢？

諸葛亮不得不為自己謀劃脫身之計。這一計非常重要，絕對不能讓人認為諸葛先生見勢不妙先溜了。這對諸葛亮的聲譽影響至關重要，如果給整個組織留下這樣的印象，以後就很難開展工作了。

這當然也難不住諸葛亮。

諸葛亮來到劉備面前，輕輕歎了口氣，說：「雲長去劉琦公子那裡討救兵，怎麼到現在還是音信全無啊！」

劉備一聽，也著急起來。畢竟，劉琦手下的那兩萬精兵，是目前唯一可依靠的力量啊。但劉琦憑什麼要拿出他最後的本錢來救自己呢？關羽和劉琦又基本沒什麼來往，讓關羽去求救，把握確實不大。劉備想了想，只有一個人最有可能說動劉琦，這個人就是諸葛亮。

還記得「互惠原理」吧？當初諸葛亮可是有恩於劉琦的。要不是諸葛亮給劉琦出了個去鎮守江夏的主意，說不定劉琦已經死於後母蔡氏之手了。

對，就是諸葛亮。只能派諸葛亮去了。

劉備立即說：「看來得麻煩軍師您親自走一趟了。劉琦感激你此前點撥之恩，必定會知恩圖報，速發救兵的。」

諸葛亮微微一笑：「既然主公如此吩咐，我哪裡敢推辭啊！」

諸葛亮當即帶著劉封和五百軍兵火速趕往江夏。從劉備目前的兵力來看，諸葛亮帶的這點人馬是劉備能所能夠分派出來的最大的保護力量了。諸葛先生的生命是很寶貴的，無論是劉備還是他自己，都很看重這一點。

諸葛亮走後，曹兵馬不停蹄趕上。劉備一敗塗地，百姓慘遭血腥屠殺，劉備的老婆糜夫人也死在亂軍中。劉備唯一的兒子阿斗，是趙雲七進七出長坂坡，才救回來的。

曹操大軍趕上，張飛在當陽橋頭一聲斷喝，威勢霸天，竟然嚇退了曹操百萬大軍，為劉備贏得了難得的喘息之機。

但曹兵的撤退也只是暫時的。曹操回過神來，繼續逼近，要將他最忌憚的對手劉備趕盡殺絕，斬草除根。

且說諸葛亮一到江夏，劉琦果然知恩圖報，立即將麾下精兵盡數派出，分為兩路：一路由關羽率領，從陸路進發；另一路由他自己和諸葛亮率領，從水路進發，趕來營救劉備。

兩路援兵齊出，在心理上觸動了曹操。曹操暫時按兵不動，先著手處理荊州的內部事宜。

這是曹操一輩子中最大的戰略失誤。這個時候，他本該一鼓作氣，將劉備、劉琦悉數殲滅。但他在得了荊州之後，竟然暫時放過了劉備，而且對江對岸的東吳孫權動了心思。

荀攸獻計說：「丞相可派使者去江東，請孫權會獵於江夏，共擒劉備，分割荊州之地，永結盟好。孫權知道丞相兵馬雄壯，必受驚擾而來投降。如此則不戰而屈人之兵，大事成矣。」

荀攸的計策前半部分確實是好計。如果曹操確實是先和孫權結為同盟，那劉備、諸葛亮真是死無葬身之地了。等收拾了劉備，曹操再慢慢來對付最後一個對手孫權，也是十拿九穩的事情了，如此，則天下歸於一統。但荀攸之計的後半部分卻是一個極大的敗筆。這個敗筆，留給諸葛亮絕境求生、驚天逆轉的一個縫隙……

> 心理感悟：施惠是一門最考驗眼光是否長遠的學問。

# 赤壁之戰

誰是誰的稻草 / 一瓶上好的鈣片 / 危險的捧殺 /
道德是一顆原子彈 / 按自己的方式出牌 / 給脆弱的神經加加壓 /
吊起你的胃口來 / 讓人弱智的壞心情 / 師伊長技以制伊 /
四門大開迎小偷 / 醒悟得晚了一點點 / 空手套白狼的本事 /
知覺的較量 / 形式主義的必要性 / 激將法該怎麼用

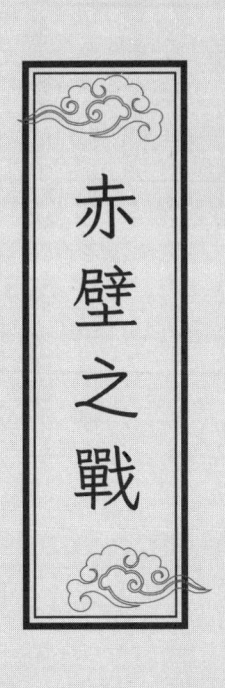

## 14 誰是誰的稻草

諸葛亮原本計畫先謀取荊州，再以此為資本與東吳聯合。但現在荊州已經被曹操攻占，再要和東吳談聯合已經是鏡花水月了。形勢的惡化，遠遠超出諸葛亮的預期，這個時候足智多謀的諸葛亮幾乎也是束手無策了。

但正所謂謀事在人，成事在天。正當劉備、諸葛亮窮途末路之際，陰霾的天空突然露出了一絲亮色——東吳孫權主動派魯肅借弔唁劉表之名來探聽消息。

諸葛亮正如落水之人，緊緊抓住了魯肅這根稻草。

魯肅為什麼會主動送上門呢？

很多人以為魯肅老實有餘，能力不足。但其實魯肅是三國謀士中最具雄心的一個。像諸葛亮、周瑜之輩，一直是以「興復漢室」為抱負的，但魯肅卻一直鼓勵孫權代漢而立，自稱帝王。魯肅認為，荊襄九郡與東吳鄰近，地勢險要，沃野千里，士民殷富，是最好的帝王之資。

曹操席捲荊襄後，魯肅認為必須盡快和劉備聯合，合力擊退曹操。這樣，既可以避免曹操覬覦江東，又可趁勢取而代之，坐擁荊州。事成後，劉備兵微將寡，是無法和東吳匹敵的。

魯肅的算盤打得挺好。他到江夏來見劉備，哪裡是要給諸葛亮機會，而是想借力劉備，實現東吳稱帝的藍圖。諸葛亮在打孫權的主意，而魯肅卻在打劉備的主意。

但不幸的是，魯肅遇到的是諸葛亮。

諸葛亮聽說魯肅來訪，不禁大喜。他立即打好了算盤，要說服魯肅，帶上自己去江東，用自己的三寸不爛之舌，說動曹操、孫權兩虎相鬥。孫權勝，則可將曹操驅回北方，自己坐擁荊州；曹操勝，則可借機取江南之地。

諸葛亮一生謹慎，這次卻要孤身一人冒險前往東吳。這是為什麼呢？很簡單，這是他出山以來遭遇的最險惡局面，非冒險不足以力挽危局，非冒險不足以保全名聲。這也是人在危急關頭本能的應激反應。一旦危急局面過去，諸葛亮自會恢復他謹慎保守的本性。

早已說過，諸葛亮最善於利用第三方力量來推崇、包裝自己。這次魯肅來訪，也不例外。諸葛亮對劉備說：「等魯肅來了，如果探聽曹操虛實，主公只推不知。等他再三問時，就將一切推在我身上。」

諸葛亮這麼做，絕非故弄玄虛！其目的有二：

第一，抬高自己的地位，讓自己成為天下唯一的「治曹專家」。

第二，讓魯肅覺得諸葛亮在劉備心目中的地位極為尊崇。

只有做到了這兩點，魯肅才可能對諸葛亮肅然起敬，諸葛亮到東吳的人身安全才有保障，說服孫權聯手抗曹才有保障。後來也正是魯肅出力，多次保得諸葛亮平安。諸葛亮即便是在冒險，也盡可能對每一個細節審慎對待，未雨綢繆。這正是諸葛亮的偉大和精明之處。

魯肅來到，與劉備賓主相見。諸葛亮則避而不見（這也是他的自我包裝計畫中的一環）。

魯肅說：「我聽說皇叔與曹操會戰數次，我想了解一下曹操兵馬約有多少？猛將有誰？是否有意吞併天下？」

劉備早得諸葛亮提醒，只是一問三不知。

魯肅說：「皇叔在新野，剛剛和曹操交過鋒，怎麼會不知道呢？」

劉備說：「我兵微將寡，一聽說曹操來了，立即逃到夏口。哪裡知道曹操的情況啊！」

魯肅見劉備祕而不宣，更是好奇，急道：「我經常聽渡江到東吳的人說，皇叔在新野，兩把火燒得曹操魂飛魄散。這恐怕是曹操新近最大的失敗了。皇叔，您就別謙虛了，趕快把詳情說一說吧！」

劉備推搪不過，只好說：「你要真想知道詳情，只有問我的軍師諸葛亮了。這一切都是他謀劃安排的！」

魯肅急急求見諸葛亮。劉備吊足了魯肅胃口，這才吩咐請諸葛亮出來相見。

魯肅一見諸葛亮，劈頭就是一句：「我是諸葛子瑜的老朋友。早就聽說先生您的才德，無緣相見，今日有幸相會，希望能夠聽先生講講當下的安危形勢啊！」

誰要是再說魯肅是個老實疙瘩，那可真是看走眼了。魯肅的這句話絲絲入扣，包含了三層意思，可謂是教科書式的開場白。

魯肅和諸葛亮素不相識，卻有求於他。一般情況下，這種破局是有難度的，不可能輕鬆快速地達成。但魯肅的使命很急，容不得他舒緩以圖，所以，他開門見山地說「我是你哥哥的好朋友」，透過一個雙方都熟悉、關係親密的第三方中間人作為仲介，立即就拉近了自己和諸葛亮的距離。

緊接著，就給諸葛亮戴了一頂大高帽。千穿萬穿，馬屁不穿，這也是有心理學依據的。當你被別人公開定義為一個能力超強的高人，你出於「一致性」的內在要求，就想努力保持這種外在形象，從而透過宣示某些東西來證明自己確實是高人。

最後，魯肅直截了當地提出了自己的直接目的，絲毫不給諸葛亮拒絕的機會。

諸葛亮早已洞察魯肅的動機，加上時機確實緊急，稍縱即逝，也就不再繞圈子，只是微微一笑，說：「曹操的底細，我全都知道。只是可恨力量薄弱，只好暫時避他鋒芒！」

魯肅問：「接下來，劉皇叔有什麼打算呢？」

諸葛亮說：「皇叔與蒼梧太守吳巨有舊，正打算去投奔呢。」

標準的「不情願賣家」策略再次出現！劉皇叔有的是選擇，不一定要和你東吳聯合的。這是暗逼魯肅主動伸出橄欖枝，發出聯合抗曹的邀請。

魯肅果然中計，說：「吳巨糧少兵微，自身難保。皇叔去投，恐怕也難長久吧。」

諸葛亮一副胸有成竹的樣子，說：「沒什麼，這也不過是權宜之計，到時候，我們另有打算。」

魯肅憋不住了，連忙說：「江東孫討虜，聰明仁惠，敬賢禮士，占據江東六郡，兵精糧足，文武兼備。皇叔為什麼不派人去和他聯合呢？」

諸葛亮淡淡地道：「皇叔和孫將軍素無交情，去了怕也是白費口舌。」

魯肅說：「先生長兄就在江東，深得重用。魯肅不才，願請先生和我一起到東吳去見孫將軍。你意下如何？」

魯肅為什麼要主動發出諸葛亮做夢寐以求的出訪邀請呢？

魯肅並不是存心要為諸葛亮做嫁衣裳。魯肅判斷，曹操志在天下，所向披靡，絕不會征服了荊襄就收手，下一步必然會對江東下手。但孫權從未經大事，諸謀士也是久享太平，不樂思戰，「投降」之議很可能成為主流輿論。魯肅自己是希望孫權一統天下自立稱帝的，但他覺得，單靠自己的力量，勢單力薄，很難說服孫權和其他眾多謀士向曹操宣戰。

而諸葛亮是最理想的、最具說服力的人選。他連續以少勝多，以弱勝強，可謂是曹操的剋星。如果由他出面說服孫權，那自然是手到擒來。魯肅的這個想法，也是對「第三方說服」策略的一種運用。

但劉備一聽，卻坐不住了。諸葛亮是他最為倚重的謀士，此刻險象環生，更是須臾離不開。劉備更加擔心，諸葛亮兄長就在江東，如果諸葛亮到東吳一看，那裡的環境要好得多，再加上諸葛瑾以兄弟之情加以勸說，諸葛亮很可能會滯留不歸。

劉備一想到這兒，連忙出言阻止，說：「孔明是我的軍師，片刻不可相離。怎麼能夠跟你去東吳呢？不行，不行！」

劉備的這一下真情流露，正好大大助力了諸葛亮的「不情願賣家」策略。魯肅只好使出渾身解數來勸說。

諸葛亮看看火候已到，自己樹立權威、確保平安的目的基本達到，就對劉備暗示道：「事情已經很緊急了。我還是到江東去一趟吧。」

諸葛亮知道，這次不冒險是不行了。自己的平生大志、旁人對自己的景仰稱頌，全在這一次冒險上。如果不去冒險，結果必然是灰飛煙滅，身敗名裂。而如果去冒險，雖然不能確保成功，但總還有一線希望。

諸葛亮面對危機的這種抉擇心理，已經被現代的心理學實驗所驗證。有意思的是，他的這種抉擇心理，和一江之隔的孫權幾乎如出一轍（留待下節詳解）。

曹操大軍壓境，孫權會做何選擇呢？

如果孫權選擇投降，那麼，諸葛亮的這一次冒險就只能以慘敗告終。但如果孫權選擇宣戰，又哪裡需要劉備這一點微不足道的兵力呢？諸葛亮難道真的能僅僅靠三寸不爛之舌來和孫權合夥分紅嗎？

我們只能說，諸葛亮此去，雖然雄心萬丈，但前景一點也不樂觀……

心理感悟：機運是超越一切的力量。

## ⑮ 一瓶上好的鈣片

魯肅和諸葛亮一起動身，乘舟前往東吳。

路上，魯肅猛然警醒，心想：「諸葛亮是個能言善辯之士，這次我帶他去江東，要是惹出什麼是非來，豈不是要歸罪於我？」念及此，魯肅頗有些後悔。

這也從反面說明了諸葛亮要劉備故弄玄虛、抬高自己的必要性和重要性。魯肅剛一上路就開始後悔，若非前番的「不情願賣家」策略的充分鋪墊，說不定魯肅根本不會邀請諸葛亮同去江東。

魯肅尋思半晌，終於鼓起勇氣對諸葛亮說：「先生這次去見吳侯，一定不要講曹操兵多將廣。如果吳侯問你曹操是否要下江南，你只推說不知。」

諸葛亮微微一笑，魯肅的小算盤他看得一清二楚，心想：「請神容易送神難。你既已決定請我去江東，那要我回來可就沒那麼容易了。我的目的不達到，是決不會回來的。」口中卻含糊說道：「子敬無須叮嚀，我心裡有數，到時自有應答之語。」

魯肅放心不下，叮囑再三，諸葛亮只是含笑，不置可否。魯肅此時已經起意，不讓諸葛亮去見孫權了。

到了江東，魯肅將諸葛亮安置在驛館中，自己則整束衣冠，來見孫權。

孫權正聚集文武，在大廳上議事，聽說魯肅趕回，立即將他召入。

曹操的檄文已於前一天送到：

孤近承帝命，奉詞伐罪。旄麾南指，劉琮束手；荊襄之民，望風歸順。今統雄兵百萬，上將千員，欲與將軍會獵於江夏，共伐劉備，同分土地，永結盟好。幸勿觀望，數賜回音。

曹操的檄文，透露出來濃重的威脅恐嚇之意，讓孫權及所有江東之人內心波瀾激盪。

魯肅急問孫權意下如何。孫權遲疑道：「未有定論。」

魯肅心中一塊石頭落了地。但張昭卻站出來說：「曹操乃虎豹之人。現又率百萬大軍，打著天子的旗號，所向披靡。現在我們所能借力的只有長江天險，而曹操攻克荊州後，荊州水軍的精銳已經全部落入他的手中。這樣，長江之天險他也能夠利用，我們哪裡還有什麼優勢呢？依我愚見，不如向他投降吧。」

張昭倒也不是毫無骨氣的投降派，他的分析也是從雙方實力對比的客觀實際出發的，其出發點也是為了在這種情勢下，最大可能地維護東吳和孫權的利益。張昭是謀士之首領，他這樣一說，其他謀士紛紛附和贊同。

孫權當然知道張昭說的是實情，但還是沉吟不下。為什麼組織內部已經出現壓倒性的傾向意見，孫權卻沒有表示贊同呢？

因為孫權內心深處是想冒一冒險的。他的心情和此前諸葛亮的心理頗為相似。

特沃斯基和康納曼在1981年曾經做了一個實驗。

在這個實驗的第一部分，被試要從選項A和B中選出一個：

A：肯定會獲得二百四十美元。

B：百分之二十五的機率獲得一千美元，百分之七十五的機率什麼也得不到。

同樣，在實驗的第二個部分，被試也要從選項C和D中選出一個：

C：肯定會輸掉七百五十美元。

D：百分之七十五的機率輸掉一千美元，百分之二十五的機率什麼也不會輸掉。

特沃斯基和康納曼發現，在第一部分中，人們更喜歡選擇A，有百分之八十四的被試選擇了這一個項。在第二部分，人們則更喜歡選擇D，有百分之七十三的被試選擇了這一項。

也就是說，當人們面臨獲利時，往往喜歡規避風險，傾向於得到比較固定的收益。而面臨損失時，人們則更喜歡冒冒風險，賭一把運氣。

諸葛亮和孫權實際上都面臨著損失。諸葛亮的損失會是他一貫精心營造的「光暈效應」。如果他不能想出辦法幫助劉備抵禦住曹操，那麼他就會聲名掃地。所以，諸葛亮選擇了冒險，隻身來到東吳，希望說動孫權出兵，自己好從中漁利。而孫權的損失是他父兄辛辛苦苦打下來的江山。如果直接投降，那麼就損失了全部家當。反之，如果冒險抵抗，說不定還有保全的可能。

所以，孫權內心是傾向於賭一把，向曹操開戰的。但是，曹操畢竟太強大了。而更重要的是，孫權自接掌政權以來，幾乎沒有經歷過大的戰爭，毫無指揮重大戰役的經驗。這也讓他不敢輕易表露自己的「賭博傾向」。

現在，魯肅從劉備處探聽消息回來，孫權就急切地想聽他的意見。

前面已經說過，魯肅的志向遠大，絕非常人可比。「投降」兩個字根本不可能進入他的思維。但魯肅也知道張昭勢大，如果自己公開表示反對，恐怕會被他們一群人噴出的口水淹死。而更壞的結果則是，孫權會屈服於群體壓力，而聽不進自己的意見。所以，魯肅暫且忍住，直等到孫權去上廁所，才悄悄跟在後面。

孫權領會了他的意圖，就在屋簷下等他走過來，然後握著他的手，急切地問：「卿意下如何？」

人總是要經歷成長的。誰能想到，這個日後神威凜凜的東吳大帝，這個時候卻像一個無助而孤獨的孩子，他非常需要一點充滿陽光的鼓勵。

魯肅給了孫權他想要的東西。

魯肅說：「他們這些人，是存心要耽誤將軍你啊！所有的人都可以向曹操投降，唯獨將軍你不能向曹操投降啊！」

魯肅的這句話語出驚人，很有分量。孫權驚問其故。

魯肅說：「像我魯肅投降曹操，還是能夠當個從事的官，還能乘著牛車，帶著從人，交遊士林。經年累月後，也許還能升遷至州郡的長官。將軍你如果投降了曹操，最多不過封你一個侯，而你現在就已經是侯了。車不過一乘，馬不過一匹，從人不過十人，再想南面稱孤，如這般逍遙自在，豈不成為泡影？」

實際上，魯肅還留著半句話沒有說出來，那就是「你不妨看看劉琮投降之後的悲慘命運」。

魯肅的這番話，採取了一種非常高明的說服策略，叫做「相反立場」策略。每個人都有自己的立場，一般人也都是從自己的立場出發思考行事的。但是，如果你從自己的立場出發，爭取自己的利益，就很難說服別人。反之，如果你從對方的立場出發（即你自己的相反立場），為對方的利益考量，就比較容易說服對方。

魯肅的立場和利益與張昭等人大致相仿，投降曹操之後，不會有太大的損失。但魯肅沒有為了自己利益考慮，而是站在孫權的立場為他分析利弊得失，自然是深得孫權的認可。

孫權也就說出了心裡話：「諸公的意見讓我大失所望，唯獨子敬你的想法和我一樣啊。這真是上天把你賜予我的啊！」

魯肅的話雖然契合了孫權的內心，但還不足以讓孫權下定決心向曹操宣戰。孫權就像一個嚴重缺鈣的孩子，急需補鈣以強健身心。可惜的是，魯肅自己也沒有經歷過大的戰爭，也缺乏經驗。他只能撫慰孫權孤獨的心靈，讓他感到自己不是孤軍作戰，但卻無法為孫權提供充足的「心理鈣片」，讓他奮起而戰！

魯肅知道，自己手中正有一瓶絕佳的「鈣片」。他本來已經打定主意不讓這瓶「鈣片」發揮作用了，但孫權的微妙心理卻讓他不得不將其拿出來。因為，僅僅靠他自己，還沒有這麼大的信服力來說服孫權。

魯肅手中的「鈣片」正是諸葛亮。諸葛亮連續兩次以少勝多，火燒曹兵，不但帶給了他顯赫的名聲，也給了他勇敢面對曹操的無限勇氣。而這種勇氣，正是孫權最需要的「鈣片」！

魯肅知道，只有讓諸葛亮來到孫權面前，輕描淡寫地告訴他，曹操不過是紙老虎，不堪一擊。不久前，我以幾千人馬，就擊敗了他十萬大軍。將軍你還擔心什麼呢？只要諸葛亮這麼一說，孫權的精氣神立即就會大漲，就會毫無畏懼地直面大戰。

事已到此，魯肅不再隱瞞了，他對孫權說：「我這次去劉備那裡探聽情況，順便帶了一個人回來。這個人深知曹操虛實，主公不妨聽聽他的意見。」

孫權問：「這個人是誰？」

魯肅答：「是諸葛瑾的弟弟諸葛亮！」

單是諸葛亮的名字就能起到強心針的作用，孫權立即容光煥發，說：「好，今天天色已晚，明天我聚集文武，再來接見他！」

魯肅告辭，立即去驛館見諸葛亮，他想再鄭重叮囑諸葛亮，千萬不要說曹操兵強馬壯，千萬要鼓足孫權的迎戰勇氣！

> 心理感悟：經歷乃人生之鈣。

# 16 危險的捧殺

魯肅見了諸葛亮，千叮嚀萬囑咐：「先生明日去見吳侯，絕對不要說曹操兵多將廣啊！」

諸葛亮心想：「我要是把曹操說成不堪一擊，確實能鼓起孫權的勇氣。但是我到東吳來不就成了為你做嫁衣裳之人了嗎？我主公劉備就得不著好處了。」諸葛亮就此打定主意，見了孫權，不但不說曹操兵少，反而要添油加醋說曹操厲害。只有這樣，他自己和劉備才能顯得有價值，孫權也才會聯合己方共同抗曹。

當然，這一層意思，諸葛亮是不會和魯肅說明的，所以，諸葛亮對魯肅說：「我自會見機行事，絕不會誤了你的事。」

諸葛亮又打聽了一下東吳文武的表現。魯肅說起以張昭為首的謀士集團意見高度一致，都是「投降派」。諸葛亮心裡一沉，知道自己的說服難度不知道又增加了多少倍。要說服一個孫權不難，但江東謀士中頗多智謀權變之士，要說服他們可著實不容易。諸葛亮向來是個謹慎細緻的人，從來不做無準備之事，這一夜，他在心裡反復揣摩，該如何說服東吳的眾謀士。

再說張昭等人探知魯肅請了諸葛亮前來，頓時明白魯肅是要借助第三方權威人物的力量來幫助他自己說服孫權。在他們看來，東吳內部的事情就不該有外人插手。張昭等人也不是善茬，聚在一起，連夜商議如何滅滅諸葛亮的威風，讓他在見到孫權之前就灰溜溜地滾回夏口去。

組織中的衝突一般可以分為兩類。一類是C型衝突（cognitive type conflict），指對於實質性問題的認知不同；另一類是A型衝突（affective type conflict），指針對個人的意見不同。C型的衝突往往是建設性的、理性的，而A型衝突則往往牽扯到很多感情因素，理性的成分很少。

拿東吳目前的情勢來說，魯肅和張昭一夥人之間的衝突就是C型衝突。他們是同一組織裡的人，相互間對各自的品行性格並無反感之處，只是在對如何應對曹操的問題上認知不同。而諸葛亮和張昭等人之間的衝突則是A型衝突。不論諸葛亮提供什麼樣的意見，張昭等人都會先驗地否定諸葛亮。

總之，不管諸葛亮說什麼，張昭他們的目的就是要打擊他、否定他，直到將他趕出東吳。由此可見，諸葛亮的這一次冒險實在是險得很。

張昭等人議定，第二天一大早就到議事廳裡堵住諸葛亮，用言辭將他「噴」一個灰頭土臉，讓他無顏去見孫權。

而魯肅也擔心張昭一夥人會滋事，所以早早地來叫諸葛亮去等候孫權，以避張昭等人的鋒芒。

無巧不成書。兩夥起早的人在議事廳裡遇到了，就在孫權還在呼呼大睡的當兒，諸葛亮開始了他「舌戰群儒」的精彩表演。

張昭是東吳謀士陣營的頭牌人物，經過一夜商議，自覺有了必勝的手段，就不再矜持，率先發起了進攻。

張昭說：「我張昭不過是江東微不足道的人物。我早就聽說先生在隆中隱居，好為《梁父吟》，經常自比管仲、樂毅。不知道這是不是真的啊？」

張昭不愧是謀士之首，這兩句話極見功力。他明明是江東數一數二的人物，卻偏偏自低身價，把自己定位在「微末之士」，這樣就進可攻，退可守。辯論勝了，自是可喜；就算輸了，也有退路，不會丟盡顏面。而他詢問諸葛亮經常以管樂自比的真實性，就是對諸葛亮的試探性進攻。

一般來說，諸葛亮只能有兩種回答：否認或承認。如果諸葛亮否認，就在氣勢上輸了先手。如果諸葛亮承認，張昭則早已準備好了極其厲害的殺招在等著諸葛亮。

諸葛亮一聽，來者不善，心裡立刻警覺起來。他出牌向來是不按常理的。常規的回答只有兩種，諸葛亮卻給出了第三種解決方案。

諸葛亮哈哈一笑，說：「這不過是我的小可之比罷了。」我承認我經常說這樣的話，但這不過是我謙虛的說法。我的能力比管樂還要大得多呢！

反擊！氣勢極大！

張昭也感覺到了，諸葛亮這樣的回答雖然出乎他的意料，但仍然逃不過他伏下的殺招。於是張昭繼續發問鋪墊：「最近我聽說劉豫州三顧茅廬，請先生出山。劉豫州頓有『如魚得水』之感，每每想奪取荊襄九郡。可沒想到，現在荊襄卻全部被曹操占據了。請問，這是為什麼啊？」

張昭的用意至此已經完全露出。他的殺招就是「捧殺」！他首先讓諸葛亮承認確實說過自我溢美之詞，然後再用無情的反向的客觀事實來攻擊諸葛亮，讓諸葛亮的光輝形象轟然倒地！

事情正在向張昭預料中的方向發展。諸葛亮不但痛快地承認常常自比管樂，而且當眾將「牛皮」吹上更高一層樓——這不過是我平生的小可之比。既然你如此之牛，你的光輝業績又體現在哪裡呢？

張昭的發難，也是對「說服的中心途徑」的運用。諸葛亮要解答他的疑惑，就必須拿出過硬的論據，來證明自己的能力。

諸葛亮心想：「今天要想順利過關，不擺平張昭是不可能的了。張昭雖然擺出了一副低姿態，但確是江東謀士的領軍人物。不殺殺他的銳氣，怎麼能震懾其他謀士呢？」

諸葛亮清了清嗓子，也借機在腦海中飛速地理了一下思緒，朗聲說道：「要取荊襄九郡，不過是易如反掌的事情。只是我主公劉備仁義過人，不忍心奪取同宗族兄的基業。這才導致劉琮將荊州獻給了曹賊。這也沒什麼大不了的。」

張昭見諸葛亮還是嘴硬，不肯承認自己能力低微，沒能輔佐劉備奪取荊州，就使出了自己的撒手鐧，展開新一輪更為厲害的進攻。

張昭說：「先生這麼說，可就言行不一了！想那管仲，九合諸侯，一匡天下，成就了齊桓公春秋第一霸的偉業。再想樂毅，以一己之力，輔助弱燕，連下齊國七十餘城。這兩個人可謂是濟世之才。現在曹操橫行，四處征伐，戰無不勝，攻無不克。先生你在草廬中，笑傲風月，自比管樂。現在你輔佐劉豫州，就應該幫助他興利除害。況且劉豫州沒有先生幫助的時候，尚能縱橫天下。等到請出了先生，就應該復興漢室，殲滅曹賊了。可為什麼曹兵一出，玄德公反而丟盔棄甲，望風而逃了呢？先生自比管樂的本領到哪裡去了呢？聽說劉豫州近來棄新野，走樊城，敗當陽，奔夏口，幾無容身之地，有燃眉之急。這是自得了先生，反而不如先前了。你的功績，恐怕連管樂的萬分之一也比不上吧！諸葛先生啊，我是個粗鄙之人，說話喜歡直來直去，得罪之處，還請海量包涵！」

張昭的殺招果然厲害，張昭的這一番話，事實俱在，毫不留情，直刺諸葛亮自尊心最脆弱的軟肋，偏偏最後還來個了「請海量包涵」，簡直是狠毒到了極點。抗擊打能力差點的人，聽了他這番話，恐怕早就氣昏過去了。

但諸葛亮如果連張昭的這一番話都不能應對的話，他確實沒資格憑口舌之利來說服孫劉聯合抗曹，並瓜分戰果。

對付這樣的言辭攻擊，嘴必須要硬上加硬，決不可在氣勢上輸人。

諸葛亮先是昂然而自信地大笑。笑，在這裡成了非常好的武器。經由這一笑，一方面切斷了張昭一氣呵成、咄咄逼人的氣勢的連貫性；另一方面，行為改變態度，自信的笑，確實可以給自己平添許多的底氣，來反制對方。

諸葛亮不僅笑，而且繼續「吹牛」，起首就是一句：「燕雀安知鴻鵠之志也！」

這句話一說，張昭殺氣騰騰的長篇大論反倒成了無知愚昧之徒的狂言亂語了。

「就像那得了重病的人，應該先用小米粥餵食，再用平和的藥來調節。等到心腑調和，形體漸復，再餵食肉食，加猛藥以療治，這才能拔去病根，保全性命。如果不待氣脈緩和，就痛施猛藥硬食，這個人就很難活了。我主公劉豫州，向日兵敗於汝南，寄身於新野小城，兵不滿千，將只不過關羽、張飛、趙雲，像極了病重之人。在這樣的情況下，我火燒博望、新野，讓夏侯惇、曹仁之輩聞風喪膽。這樣的戰績，即便是管樂復生，又哪裡能比得上呢？我曾經數次讓劉豫州奪了荊州，他只是不忍。劉琮投降，豫州事先不知。當陽雖然大敗，但劉豫州還是不忍捨棄數十萬扶老攜幼一路跟從的百姓。這都是大義的表現。再說了，兵法有云：『寡不敵眾，勝敗乃兵家常事。』哪裡有必勝的道理。當年韓信輔助高祖，也不是全勝，後來經垓下一戰而成就大業。我輔助劉豫州，也正是如此，目下正是軟食和藥的調和階段。我心中一切有數，等到時機成熟，硬食猛藥一下，畢其功於一役也。這哪裡是那些只懂得誇誇其談、沽名釣譽的人能夠了解的呢？我這人心直口快，子布先生莫怪啊！」

針對張昭從「中心途徑」發起的進攻，諸葛亮也從「中心途徑」發起反擊。劉備目前的處境當然是很慘的，但這不是我造成的。而且，如果沒有我，劉備還要輸得更慘。你不是說我沒能耐嗎？那我火燒博望坡和新野城的這兩場以少勝多的戰役又說明什麼呢？是不是就能堵住你的嘴呢？當然是可以的，這是極有說服力的論據！

現在回過頭來看，這兩場僅有的勝利是多麼的重要啊，儘管這兩場勝利並沒有力挽狂瀾，卻不但幫助諸葛亮樹立了在組織內部的威信，也讓他在應對外部挑釁的時候遊刃有餘。

而且，諸葛亮還用「治病救人」的例子做了一個形象的比喻，並援引韓信扶漢的例子，將劉備的當陽慘敗輕輕揭過，視為偉大勝利進程中的一個小小波折。

就這樣，張昭精心準備的殺招被諸葛亮消弭於無形。但是別忘了，到目前為止，諸葛亮可圈可點的戰績也就這麼兩場，而東吳人才輩出，如果再有人發起進攻，諸葛亮又該如何抵擋呢？

> 心理感悟：要善於發現並包裝逆境中的積極因子。

# 17 道德是一顆原子彈

張昭是東吳謀士之首，他的一番言論定下了基本論調。那就是抬高曹操以貶低諸葛亮，讓諸葛亮灰頭土臉，斯文掃地。當然，東吳謀士的本意倒不是為了抬高曹操，他們抬高曹操，只是貶低諸葛亮的一種手段而已。

但這種手段的殺傷力也非同小可，尤其是在東吳這方人多勢眾，而諸葛亮孤身一人的時候，威力就更加強大。因為東吳方只需稍加改變言辭，就可以另換一人用同樣的方式發起新一輪的攻擊，而諸葛亮顯然不能一遍一遍重複使用剛才應對張昭的辯詞。

果然，當諸葛亮用「說服的中心途徑」擊退了張昭的首輪進攻後，座間又一人高聲發問：「現在曹公屯兵百萬，猛將千員，龍驤虎視，平吞江夏，公以為何如？」

諸葛亮一看，這個人是餘姚人虞翻虞仲翔。諸葛亮從未到過江東，為什麼一眼就能認出虞翻呢？

這就是他事先的準備工作做得好了。作為一個深謀遠慮的政治家，諸葛亮早就判定，自己到東吳不可避免地要和東吳的精英群體打交道。如果事先不了解他們的基本情況，就很難打開局面。所以，他從和魯肅渡江開始，就有意卻不著痕跡地探聽東吳主要的文臣武將的姓名、長相、籍貫、喜好及主要經歷等。魯肅哪裡知道諸葛亮的用意，在不知不覺中就把己方的老底交給了諸葛亮。諸葛亮自然是熟記在心。所以，他一看說話人的容貌神態，就知道是誰了。

虞翻的做法和張昭並無二致，他還是透過美化曹操來設定語言圈套。諸葛亮心知肚明，但也只能反駁，而不能苟同：「曹操收攏了袁紹的殘兵敗將和劉表的烏合之眾，軍無紀律，將無謀略，即使有數百萬兵士，也不足為懼！」

虞翻哈哈大笑：「軍敗於當陽，計窮於江夏，動輒求救於人，還敢說不足為懼。真是『掩耳盜鈴』啊！」

諸葛亮知道對方車輪大戰的目的了。對方人多勢眾，如果自己每次都是用中心途徑來應對，就算是說得口乾舌燥，也難以抵擋。諸葛亮決定改弦更張，換一種方式反擊。

東吳方一再抬高曹操，已經將曹操「打造」成一件分量極重的說服武器了。但凡事有利必有弊，這件武器不但能傷了諸葛亮，也留下了一個重大的漏洞。只要諸葛亮發現了這個漏洞，就能反過來用「曹操」打擊東吳群英。

諸葛亮敏銳地發現了這個漏洞。既然曹操如此厲害，儘管劉備如此不堪，但劉備還是鼓起勇氣奮力與曹操抗爭。這是何等的勇氣和氣概！反觀江東，兵精糧足，又有長江之險，卻仍然要向曹操屈膝。這是何等地無能和懦弱！

這等於是用東吳群英打造出來的強力說服武器來對付他們自己了。當然，實際上，諸葛亮是偷換了辯論的概念。

諸葛亮說：「我家主公劉備只有數千仁義之師，怎麼能抵擋百萬殘暴之眾呢？退守夏口，只是靜待時機罷了，有什麼可以恥笑的？現在你們江東兵強馬壯，人才輩出，還有長江天險，易守難攻，可你們為什麼還要勸你們的主公屈膝向曹操投降？這也太可笑了。這樣看來，還是劉豫州能算得上不懼怕曹操了。」

諸葛亮這番話也有捧殺的妙處。他先是抬高了江東的實力，然後反戈一擊，譏笑江東群儒坐擁如此實力，猶不敢奮然迎戰。強烈的反差帶來了強烈的羞恥感，素以能言善辯著稱的虞翻無言可對。

儘管如此，諸葛亮要想就此過關，也還是不可能。座上有的是不服氣的人。果然又有人應聲而出，說：「孔明你是仿效蘇秦、張儀之輩，想用三寸不爛之舌來遊說江東嗎？」

諸葛亮一看，認出是淮陰人步騭步子山。

步騭一看苗頭不對，抬起曹操這塊石頭會砸了自己的腳，就棄「曹操」不用，轉而搬出「蘇秦」、「張儀」，將諸葛亮比擬成舌辯之士想以此貶低諸葛亮。

步騭的方法是對的，但顯然選錯了「工具」。他實在不應該選擇蘇秦、張儀這兩個人。這兩人在戰國時期均建立了不俗業績，用這兩個人來比擬諸葛亮，不但貶低不了諸葛亮，反而是讚美了諸葛亮。

諸葛亮立即抓住了這一點，反脣相譏：「你雖然知道蘇秦、張儀是舌辯之士，卻不知道他們是豪傑之輩。蘇秦曾經擔任六國丞相，張儀也兩次擔任秦國丞相。這兩個人都有匡扶社稷之能，哪裡是那些守株待兔、畏刃懼劍之徒所能比的。你們剛剛聽到了曹操的誇大偽詐之詞，就嚇得猶豫不決，哪裡能和蘇秦、張儀相比呢！」

步騭不用「曹操」，只用「蘇張」，諸葛亮卻兩者並用，形成強烈反差，一下子又將江東群儒推向了膽小怕死、百無一用的恥辱臺上。步騭無言以對。

但還是有不服氣的。這個人是沛郡的薛綜薛敬文。前面步騭已經看出美化曹操，只能讓己方處於被動，但薛綜卻還不死心。他認為美化曹操的程度還不夠，還不足以擊敗諸葛亮。他要做的是神化曹操。

薛綜發問道：「孔明，你認為曹操是個什麼人啊？」

諸葛亮心裡冷笑一聲，這個不知死活的傢伙，前面我已經多次說過了，還想用「曹操」來折騰我，不是自取其辱嗎？

諸葛亮決定索性「醜化」曹操到底，說：「曹操乃漢賊也！」

薛綜立刻反擊道：「你這句話可說錯了！我聽古人說：『天下者非一人之天下也，乃天下人之天下也。』所以，堯會把天下禪讓給舜，舜會把天下禪讓給禹。成湯放桀，武王伐紂，列國相吞，漢承秦業，以至於今。現在曹操已經有天下三分之二，人人歸心，只有劉豫州不識好歹，非要和他作對。正是以卵擊石，哪能不敗呢？」

為了神化曹操，薛綜真是大費周章，不惜搬出來「堯舜禹湯」來當鋪墊的工具，並用歷朝歷代的更替來說明天命已歸曹操。所有和曹操作對的人，都是不知天命、不識時務的。

為了達到合法的目的，不惜採用非法的手段。很多人在狗急跳牆、走投無路的時候，往往會使出這一招。

薛綜自以為得計，料定諸葛亮無可反駁，畢竟，誰能夠抗拒天命的安排呢？

但薛綜這番話一說完，江東群儒競相側目，心中紛紛質疑：難道這個人竟然是曹操派來的內奸？連他們自己也覺得薛綜過分美化、神化曹操了。

薛綜忽略了一點，天命與天數當然是人力所不能抗衡的，但宣揚天命與天數的人卻不能免於被一種武器所攻擊。

這種武器就是「道德」！道德向來具有兩面性，不同立場的人都能將「道德」作為自己的武器，而使用者自身水準的高下決定了道德攻擊的威力。

對薛綜來說，不幸的是，諸葛亮恰好是一個使用道德攻擊的高手。這只是他第一次出手，他最厲害的一次道德攻擊，還要在很多年以後。那一次，他活生生地將一個也算是能言善辯的高手當場氣死。

諸葛亮大聲呵斥道：「你這個無君無父之人！人生於天地之間，以忠孝為立身之本。我以為你累代食漢室之水土，一定是思圖報答漢室。一旦聽說有奸賊禍害國家，立即會發誓共同戮殺。現在曹操的列祖列宗叨食漢祿已經四百多年，不思報效，反而懷有篡逆之心，天下共惡之，你竟然卻認為天數歸之，真是無君無父之人！我連和你說話都覺得羞恥！不再多說了！」

諸葛亮這一番話鏗鏘有力，死死抓住了薛綜的道德上的缺陷，狠狠地加以打擊！

薛綜滿面羞慚，說不出話來。

平心而論，薛綜的話確實是有道理的。天下哪裡是一家的私貨呢？朝代更替是很正常的事情。只是這句話不該由薛綜來說，薛綜本是漢臣，俗話說「吃人的嘴軟，拿人的手短」。你薛綜的歷代祖宗吃也吃了，拿也拿了，從互惠原理的角度，是有責任有義務加以回報的。同樣，曹家祖宗歷代，出自名門，吃得更多，拿得更多，顯然應該回報更多。現在不但不回報，反倒要抄了人家的家，據為己有，這於情於理（道德）都是不合適的。而你薛綜，竟然堂而皇之為其鼓吹，不是直接把自己推到了道德的槍口上嗎？不打你打誰？不罵你罵誰？

歷史上以臣子身分篡位的不在少數，這些人一直都承受著巨大的道德壓力。為了緩解壓力，平復輿論，他們往往要假託謠讖，製造出許多天諭神示，利用神祕力量來宣示自己篡位的合法性。或者至少也要將原先的君主進行「非道德化」的描黑醜化。而像薛綜這樣，毫無依憑，就直接宣揚篡位合法性的，還真是鳳毛麟角。所以，他今天所受的這一番凌辱，真可謂自取其辱，怪不得諸葛亮。

心理感悟：「道德」是威力最大的說服武器。

## ⑱——按自己的方式出牌

江東群儒雖然也覺得薛綜所說太不像話，但外群體偏見是無處不在的。諸葛亮和己方畢竟屬於兩個群體，決不能眼睜睜看著己方這個群體就這樣被諸葛亮一人挫敗，於是，又有一個人挺身而出，發起攻擊。

「曹操雖然挾天子以令諸侯，但卻是相國曹參之後。你的主公劉豫州雖然自稱中山靖王的後裔，卻無據可考，天下人只知他是一個織席販履之庸夫，哪裡能和曹操相抗衡呢?!」

這傢伙另闢蹊徑，從「血統論」下手，但其宗旨還是沒有脫離抬高曹操，貶低劉備（以間接貶低諸葛亮）。

諸葛亮看了一眼，認得是吳郡陸績陸公紀。

多認識人還真是有好處啊，諸葛亮要是沒認出他來，還得費點口舌擊退他。但是既然諸葛亮認出他來了，擊敗他就易如反掌了。

陸績可是一個大名人，在六歲的時候，就紅遍大江南北了。當時，這個童年才子去九江見袁術。袁術用紅橘招待他，他偷偷拿了幾個裝在懷裡。辭別彎腰作揖時，紅橘從懷中滾落在地，袁術笑他：「你是我的貴客，怎麼還偷柑橘呢？」陸績不好意思地回答說：「我是想拿回去給母親嘗個新鮮。」這個故事就此廣為流傳，後來還被收入《二十四孝》一書，是為「陸績懷橘」。

諸葛亮呵呵一笑，用手做了一個往懷裡放橘子的動作，說：「您不就是那個在袁術宴席上偷橘子的陸郎嗎？呵呵，且坐好了，聽我慢慢說……」

陸績一聽，頓時羞紅了臉。

陸績當年的行為，本屬於「小偷小摸」的行為，但一來他年僅六歲，二來是出自對母親的一片孝心。所以，人們也就不以為意。在將他的事蹟收入《二十四孝》時，人們為了美化他，還故意用「懷」字取代了「偷」字。但不論如何，這件事就算不違道德，也是孩子氣的行為。

諸葛亮當眾提出這段公案，就等於將陸績定格為一個「小兒」，而非東吳鼎鼎有名的士大夫。這樣，兩者之間就不再是平等交往的關係，而是諸葛亮（大人）遠高於陸績（小兒）了。而且諸葛亮還話中有話，隱隱含有「連一個偷拿橘子的孩子都能成長為東吳傑出的謀士，為什麼還要以出身和血統來羞辱別人呢」的意思。在這樣的情況下，諸葛亮根本無須再多加辯解，就足以讓陸績羞愧難言了。

諸葛亮連駁四人，說順了嘴，一時也煞不住車，就繼續說了下去：「當年漢高祖，出身也不過是泗水亭長，卻開創了大漢四百年的基業。我的主公，就算不是漢室宗親，但他仁慈忠孝，天下皆知，為什麼要以織席販履為恥呢？你這不過是小兒（注意這兩個字的分量）之見，不足與高士論辯。難道你自己不覺得羞恥嗎？」

陸績為之語塞。

但江東畢竟人才輩出，立即有人接過來話茬：「雖然我江東才俊，都被你強詞奪理，我倒要問問你，你研讀過什麼經典？」

說話的是彭城嚴畯。這幾乎是東吳方固定的辯論套路了。先是拋出一個貌似無關痛癢的問題，卻提前為你不經意的回答設好了一個陷阱。

經過幾個回合，諸葛亮早已熟諳他們的辯論套路，就不再和他們玩你來我往的回合了，而是直截了當地跳過那個鋪墊的回合，直奔主題：「尋章摘句，世之腐儒也！哪裡能興邦立事？古有伊尹、姜子牙、張良、陳平之流，都有匡扶宇宙之才，卻不知道他們生平研讀何樣經典？哪裡像那些書生，只能在筆硯之間數黑論黃、舞文弄墨！」

嚴畯垂頭喪氣，無言以對。

江東群儒見諸葛亮面不改色，對答如流，滔滔如江河之水，不覺黯然失色。但猶有張溫、駱統等人想要發難。

諸葛亮此時已經進入了最佳的辯論狀態，哪裡還會害怕呢？但如果諸葛亮沉浸於此，將全盤精力用上，反而於己不利。因為他今天起早的目的不是為了和江東群儒辯論，而是要說服孫權聯手抗曹的。舌戰群儒只是一種手段，一種為說服孫權而爭取輿論的手段。但所謂當局者迷，旁觀者清，諸葛亮也迷失在將手段視為目的的誤區了。

幸好從外面來了一個人，一聲斷喝，解了諸葛亮的羈絆。這個人正是老將黃蓋。黃蓋素來和魯肅交好，也是主戰派的骨幹。黃蓋說：「孔明是當世奇才，前來幫我們抗曹。大敵當前，你們不去好好想怎麼應對曹操，卻在這裡用口舌難為孔明，是何道理？現在吳侯已經在等諸葛先生了，請先生快快前往相見吧。」

諸葛亮就坡下驢，跟著黃蓋出來，去見孫權。黃蓋對諸葛亮說：「先生的這些金玉之言，為什麼不去對吳侯說，跟這幫酸儒辯論有什麼用呢？」

一語驚醒夢中人！諸葛亮頓時明白了過來。是啊，抗曹的決定權掌握在孫權手中，就算江東群儒全部被自己言辭擊敗，難道他們就能轉而抗曹了嗎？顯然是不可能的。人的觀點一旦公之於眾後，越是被別人辯駁，反而越是會維護自己的立場，這是「一致性原理」在作怪，很難倖免。

再說魯肅早已等在門口，一見諸葛亮來了，連忙說：「諸葛先生，你去見吳侯，可千萬別忘了我當初提醒你的話啊！」

魯肅的意思是，你千萬不要如實描繪曹操的實力，一定要貶低他，只有這樣，孫權才有可能扔下畏懼之心，奮起迎戰。

諸葛亮當然明白魯肅的意思，但諸葛亮會按照他的想法去說嗎？

諸葛亮是不可能這樣做的。如果他按照魯肅所想的，對孫權說，曹操實在不堪一擊，我們不久前僅僅以數千人馬，就打了兩個大勝仗。現在你們江東兵強馬壯，又有長江天險，怕他何來？

這樣，孫權當然會勇氣滿溢，立即宣戰。但對諸葛亮，對劉備又有什麼好處呢？既然曹操如此差勁，我們東吳自己就可以完勝，根本用不著劉備幫忙了。

所以，諸葛亮出於自己的立場，非但不能說曹操實力孱弱，反而要添油加醋述說曹操十分強大，非得孫劉聯手，才有可能與其對抗。只有這樣，劉備和諸葛亮才能名正言順地從勝利果實中分一杯羹。

但諸葛亮這樣說，也有很大的風險。這就是魯肅此前擔憂的。孫權此時還沒有見過世面，如果將曹操說得超級強大，很容易嚇著他，加上張昭等眾謀士「和」風勁吹，說不定孫權很快就會走到另一個極端，向曹操投降了。

而這樣的結果對劉備就更慘了。孫權一旦投降，曹操就基本一統天下了。那麼，天下再大，也沒有劉備的立足之地了。

由此可見，說服孫權聯手抗曹的難度極大。這是對諸葛亮的最大考驗！

箭在弦上，不得不發，諸葛亮此來本就是險中求勝，沒有退路的。在緊要關頭，再謹慎的人也會選擇冒險。

孫權與諸葛亮相見，請諸葛亮落座。諸葛亮再三謙讓，遂坐於側。

孫權說：「我多次聽子敬提起你的德行，今日有幸相見，還望先生多加教誨啊。」

諸葛亮說：「不才無學，有辱明問。」

孫權直入主題，說：「聽說你近來在新野輔佐劉備，和曹操多次交手，不知勝負如何？」孫權這也是明知故問，卻是開啟話題的一種高明手法。他事先早已經知道，諸葛亮用兵如神，以少勝多。但他這樣說，選擇了談話對象最得意的事情設問，等於是施惠於人，給人一個很大的面子，讓人可以順勢暢談自己的得意之舉而沒有炫耀之嫌。

話匣子一旦打開，就很難停住。孫權也就可以趁勢了解更多的資訊。

不過，諸葛亮沒有按孫權的套路來。主動權始終控制在他自己手中。

諸葛亮不鹹不淡地說了一句：「劉豫州兵不滿千，將只三四人，加上新野城小無糧，怎麼能抗拒曹操呢？」

孫權一愣，心想：「你所說的，怎麼跟魯肅對我說的不一樣呢？」

孫權繼續發問：「曹操共有多少兵馬啊？」

諸葛亮說：「馬步水軍共有一百多萬。」

魯肅在旁聽了，氣得鼻子都歪了，心想：「我千叮萬囑，要你往少裡說，你怎麼偏偏反其道而行之呢？」本指望諸葛亮能夠堅定孫權抗曹之心，沒想到諸葛亮就像是曹操派來的勸降說客。魯肅萬分後悔自己帶諸葛亮來見孫權。

孫權倒吸一口涼氣，但還抱有僥倖心理，說道：「哪裡會有這麼多兵馬呢？其中不會有詐吧？」孫權自己其實只有精兵數萬，如果曹操真的有一百多萬人馬，那還打什麼呢？趕緊投降吧。

諸葛亮微微一笑，說：「我擔心嚇著你們江東人，這還是往少裡說的呢！不信，我就來給你們算算帳！」

> 心理感悟：你孜孜以求的目的，也許僅僅是別人的手段！

# ⑲——給脆弱的神經加加壓

諸葛亮道：「曹操本來就有青州軍四五十萬；平了袁紹，又得兵四五十萬；中原新招之兵，何止二三十萬；今得荊州之兵，又是二三十萬。這樣算來，連一百五十萬都不止呢。」

孫權將信將疑，又再問道：「那麼，曹操手下戰將謀士有多少呢？」

諸葛亮說：「何止一兩千人！」

孫權想想自己這邊拿得出手也就幾十人，不由黯然。但孫權還是有點不甘心。作為獨霸一方的諸侯，孫權心裡當然傾向於獨立自主。所以，儘管眾謀士眾口一詞勸他投降，他也一直不表態，因為內心還存有一定的幻想。所以，孫權繼續發問，以期從諸葛亮那裡撈到一棵救命的稻草。哪裡料到諸葛亮就是要讓你走投無路，再指點你一條生路。

孫權說：「現在曹操平了荊楚，還有什麼打算嗎？」

諸葛亮說：「當然是要一鼓作氣，攻取江東了！」

孫權歎了口氣，說：「既然如此，戰與不戰，請先生為我決斷吧！」這句話說明孫權此刻尚還幼嫩，還承擔不起一方之主的重責，關鍵時刻還是想把決策寄託在別人身上，以減輕自己的心理壓力。

諸葛亮用來說服孫權的辦法和江東群儒如出一轍，都是抬高曹操，把曹操當工具。但同樣是抬高曹操，諸葛亮的目的卻不是為了貶低孫權，而是為了抬高劉備和自己，讓孫權覺得抗曹少了劉備絕對不行。

從孫權的話頭來看，諸葛亮覺得火候還沒到，還不能吐露自己的真實意圖，還需要再次給孫權脆弱的神經加加壓。

諸葛亮說：「現在曹操已經快要平定天下了，劉豫州也不是他的對手，將軍你繼承了父兄的基業，你還是自己量力而為吧。如果能夠與曹操抗衡，那麼就早點和他決裂；如果不能夠與他抗衡，我倒是有一個辦法可以保全。」

諸葛亮設好了一個語言陷阱，孫權果然一頭扎進來，說：「請問先生有何辦法？」

諸葛亮微微一笑，說：「何不聽從眾謀士的話，投降曹操呢？」

孫權垂頭不語，心裡暗生悶氣：「就這個計策，還用你大老遠跑過來告訴我啊？我要是想投降，何必向你請教呢？」

沉默是金，也是對付伶牙俐齒的最佳武器。如果就此冷場，諸葛亮的目的就要泡湯了。所以，諸葛亮趕緊火上澆油：「將軍你如果不早做決斷，就來不及了。」

孫權還是沉默不語。諸葛亮只能繼續「挑逗」：「古語有云，寡不敵眾，弱難勝強。將軍如果不早日投降曹操，那麼江東士民勢必生靈塗炭了！」

孫權終於哼了一聲，說：「既然曹操如此強大，那為什麼劉豫州不投降呢？」

諸葛亮臉色一端，一本正經地說：「劉豫州怎麼能夠向曹操投降呢？田橫是齊國的壯士，尚且守義不降。何況劉豫州是王室之胄，英才蓋世，眾士仰慕，如水歸海。目下雖然事業未成，但怎麼能屈膝事人呢？」

諸葛亮抬高曹操，是為了抬高劉備。而抬高劉備，則是用以貶低孫權來達到激怒他的目的！

孫權本就血氣方剛，諸葛亮的這番話，讓他覺得自己給劉備提鞋子都不夠格，他的自尊心怎麼能夠受得了！但孫權還算是控制力強的，沒有當場發火，只是一揮袍袖，一語不發，走入後堂去了。

魯肅見狀，十分生氣，過來責備諸葛亮：「諸葛先生，你是怎麼說話的？要不是我們吳侯寬宏大量，你今天麻煩大了！」

魯肅生氣，卻沒想到諸葛亮比他還生氣。諸葛亮說：「哼，堂堂吳侯，怎麼如此不能容人？我明明有破曹良策，卻不來問我。那還要我來幹什麼？」

諸葛亮的意思是，孫權根本不應該問「是戰是降」，而是應該問「如何破曹」，孫權問錯了問題，諸葛亮當然不待見了。這就是名士之風！

以氣制氣，勝過千言萬語的辯護解釋。其實，事情都是諸葛亮一手挑起來的，但諸葛亮盛「氣」凌人，反而讓魯肅覺得孫權虧待他了。魯肅立馬就蔫了，連忙說：「先生果然有破曹良策，我馬上去見主公，讓他來向您好好請教！」

諸葛亮鼻子裡哼了一聲，說：「曹操的百萬兵馬，在我看來，不過是一群螞蟻罷了。只要我舉舉手，一切化為齏粉！」這句話聲音不大，卻極為自信，魯肅魯子敬一聽，正所謂是「肅」然起「敬」，立馬跑到後面向孫權匯報去了。

魯肅來見孫權，孫權滿腔怒火就要對他發洩：「子敬，你看看你，真是帶了個『高』人啊！」

魯肅哈哈一笑說：「主公，你弄錯了！我剛才也責怪諸葛亮了。沒想到他說主公你不能容人呢。他明明有破曹之策，你不去問他，反而問他『是戰是降』，他還老大不高興呢！」

魯肅這句話雖然不中聽，卻正是孫權孜孜以求的「救命稻草」。如果能破曹，那麼他就可以安然無恙，永霸江東了。孫權一聽，立即來了精神，回嗔作喜，說：「原來孔明有良謀，怪我，怪我，沒有好好向他請教，幾乎誤了大事！」

孫權立即整束衣冠，再度出來，與諸葛亮相見。孫權連忙道歉：「剛才我一時性起，冒犯尊嚴，還請先生寬宥！」

諸葛亮一看孫權已入自己圈套，也便就坡下驢：「剛才我言語冒犯，請恕我不敬之罪！」

賓主再度言歡。此時此刻，諸葛亮前期的充分造勢已經埋好伏筆，孫權覺得自己有愧於諸葛亮，出於互惠回報的心理，主動就提出了要和劉備聯合抗曹的想法。當然，孫權也希望透過和劉備的聯合，能夠讓諸葛亮的「良謀」充分足量地為自己所用。儘管他連良謀的邊兒都還沒有見識到。

不過，孫權畢竟不是傻子，他心中還有一點疑問。他剛才明明聽諸葛亮親口說劉備只有數千人馬，戰將也只數人。這麼一點實力，怎麼能和自己聯合呢？

但諸葛亮一張嘴，情形就起了翻天覆地的變化。他說：「劉豫州雖然新敗於長坂坡，但戰士生還者不在少數。關羽率領的精兵就有一萬人，劉琦手下的江夏人馬也有一萬。而最重要的是，曹操之眾，遠來疲憊，已經是強弩之末。加上北方之人不習水戰，荊州兵馬雖精水戰，卻和曹操並不齊心。這樣看來，曹兵雖多，何足為慮？」

諸葛亮的前半段話，是為了突出劉備的實力和孫權方是相差不大的。二者聯合，如果不是勢均力敵，將來「分贓」也就很難均衡。他的後半段話，則是魯肅以前最想讓他對孫權說的。以前他不說，是因為時機不成熟。現在，孫權已經承諾孫劉聯手，那麼，就該「貶低」曹操，以增強孫權的自信了。畢竟，正面抗曹的重任大部分是要東吳人馬來承擔的，信心是戰而勝之的重要保證。

孫權終於聽到了「朝思暮想」的話語，不由心花怒放，當即傳令說：「吾意已決，聯劉抗曹，再不覆議，即日起兵。」選擇性傾聽是人類的一種痼疾，孫權當然是不能倖免的。

諸葛亮也終於聽到了「朝思暮想」的話語，不由一陣輕鬆。其實，他今天面對孫權的出色發揮，還有一大半是張昭等人的功勞呢。張昭等半路攔截住他，逼得他舌戰群儒。但這一場車輪大戰，反而成了諸葛亮最好的熱身運動。在張昭等人厲辭的激發下，諸葛亮進入了最好的競技狀態，終於憑藉出色的發揮說服了孫權，達到了此行的目的。

諸葛亮回到館驛，心情愉悅而輕鬆，以為自己的冒險行動已經大功告成。但他不知道，艱難的旅程才剛剛起了一個頭，前面還有更多的艱難險阻在等著他。如果他稍有不慎，非但不能為劉備從破曹中漁利，甚至連他自己能否全身而退都還不得而知呢。

再說張昭等人，聽到孫權傳令，不由連歎「中了諸葛亮之計」。一夥人商議一番，又連袂入宮，去見孫權。如此這般，又說了一通。

孫權剛才被諸葛亮一時激起的豪情有所消退，態度不再那麼決絕。但畢竟自己剛剛宣布了命令，不能馬上出爾反爾，只能沉默不語。

魯肅聽說後，也連忙去見孫權，如此這般，也表達了一通。

孫權聽得十分煩悶，對魯肅說：「你容我再想想。」

不是孫權優柔寡斷，而是在重大決策面前，即便是一個很有經驗的人，也經常會患得患失。諸葛亮剛才其實有點掉以輕心了，沒有趁熱打鐵，讓孫權舉行一個盛大而隆重的儀式，來廣為宣傳「孫劉聯手抗曹」的重大決策。須知，越是公開的承諾，越是具有強大的約束力。而孫權不過只是口頭傳達了自己的意見而已，約束力顯然還不夠抵擋自我內心的動搖以及外部的強烈反對。

心理感悟：破解「生氣」的最好辦法是「以氣制氣」。

# 20 吊起你的胃口來

孫權在後堂，寢食不安，猶豫不決。母親吳夫人得知後，心疼兒子，就來探看。吳夫人問道：「兒子，你為什麼事操心成這樣啊？」

孫權說：「現在曹操屯兵於江對岸，有吞併之心。我問諸位謀士，有的說要投降，有的說要作戰。有心和曹操一戰，又擔心寡不敵眾；有心要投降，又擔心曹操不能相容。所以猶豫不決。」

吳夫人不由得笑了出來：「傻孩子，你怎麼忘了我姐姐臨終前的話呢？我是夙夜不忘，你怎麼就想不起來了呢?!」

孫權一聽，如夢方醒！

吳夫人姐妹兩人共事孫堅。孫堅早死，長子孫策奮力創下江東基業，但也不幸英年早逝。孫策死前曾經留下一句遺言：「內事不決問張昭，外事不決問周瑜。」吳夫人姐妹倆都將這句話牢記在心。此後，吳夫人之姐過世前，又再次轉述了孫策的這句遺言。吳夫人對這句話可是念茲在茲，時刻銘記。孫權卻忘了個一乾二淨。

一經吳夫人提醒，孫權立即想了起來，不由得大喜過望。這一根「稻草」顯然比諸葛亮給他的那一根靠譜得多！

同樣是這句極其重要的遺言，為什麼吳夫人牢記不忘，孫權卻需要提醒才能想起來呢？

人的記憶分為外顯記憶和內隱記憶兩種。

所謂內隱記憶是指，人並非有意識地知道自己擁有這種記憶，它只在對特定任務的操作中自然而然地表現出來，這種記憶也被稱作無意識記憶或潛意識記憶。而外顯記憶則是有意識地從自己的記憶中調取出自己先前存儲而此刻需要的資訊。

內隱記憶在以下幾個方面與外顯記憶有明顯的差別。

第一，保持時間。在保持的時間上，內隱記憶要明顯長於外顯記憶。

第二，干擾形式。內隱記憶不容易受外在刺激的干擾，而外顯記憶容易在干擾後發生遺忘。

第三，記憶負荷。外顯記憶在記憶項目增多的時候，會導致記憶數量和準確性的下降，而內隱記憶不受這種影響。

吳夫人對孫策及其姐遺言的記憶就屬於內隱記憶，已經深深滲入她的潛意識中，隨時隨地都能想起來。這是因為這兩次臨終囑託對吳夫人而言是最為重要的人生大事。吳夫人不斷在內心重複這一句重要的話，自然就轉為潛意識了。而且，吳夫人對張昭、周瑜都非常熟悉，感性的認識遠勝過孫權，也就能更加形象而深刻地理解這句遺言的意義。而孫權在孫策死時還不滿二十歲，此前他根本沒想到年富力強的長兄會英年早逝，他還一直抱著大樹底下好乘涼的依賴性想法。猝不及防間，就要替代孫策承擔起一方霸主的重責，千頭萬緒的事情湧來，加上孫權對張昭、周瑜還不是很熟悉，自然就容易將遺言拋諸腦後了。而且，孫權繼位後，一直沒發生什麼「重大外事」，他也就根本不會想起周瑜的重要性。所以，孫權對此的記憶屬於外顯記憶。當然，由於臨終遺囑的重要性，他是不會忘記的，只要一提醒，很快就能想起來。

外事不決問周瑜！周瑜，這個即將改變天下大勢的風雲人物就要登場了。那麼，此刻周瑜在哪裡呢？俗話說「說曹操，曹操就到」，但此刻對孫權來說，卻是「說周瑜，周瑜就到」。

周瑜本來在鄱陽湖訓練水軍，聽說曹操引兵相向，早已星夜回奔柴桑，就在孫權想他的當兒，周瑜船已到岸。孫權聞報，大喜過望。

魯肅與周瑜交情最厚，聞訊後立即去迎接。魯肅知道周瑜的分量，如果他能和自己同一條心，力主抗戰，那麼大事可諧。

魯肅對周瑜訴說了前番情事，周瑜說：「子敬不要擔心，我自有主張。你還是早點請諸葛亮來見我吧。」

張昭等人聽說周瑜回來，也前去遊說，以爭取周瑜支持。周瑜說：「我也早就想投降了，咱們意見完全一致。」

程普、黃蓋等一班戰將來訪，周瑜照方抓藥，說：「我也早想奮力一戰了，咱們意見完全一致。」

周瑜為什麼要這樣故弄玄虛呢？

道理很簡單，張昭等人唯恐劉備、諸葛亮分利，周瑜也早看到了這一點。他之所以不表明真實態度，就是要「破壞」諸葛亮精心謀劃的聯合抗曹策略。

周瑜是個堅定的主戰派。早前東吳還天下太平的時候，他就未雨綢繆到鄱陽湖演練水軍，就說明了這一點。如果他早要投降，那千辛萬苦練兵幹嘛？

但是，周瑜少年得志，也附帶培養出目空一切的壞毛病。每個人都有認為自己的能力高於平均水準的傾向，像周瑜這樣多才多藝的人更是如此。周瑜根本沒有把擁兵百萬的曹操放在眼裡，自然更不會將孤窮劉備麾下的諸葛亮放在眼裡了。周瑜認為，憑藉東吳的力量和自己的能力，足以擊退曹兵，根本用不著劉備、諸葛亮來幫忙，所以，周瑜決定深藏不露，以柔克剛，讓諸葛亮自覺沒趣，黯然而退。

周瑜沒法公開下逐客令，是因為魯肅告訴他，孫權已經傳達了聯劉抗曹的命令。周瑜讓諸葛亮早點來見他，也是想早點了斷這樁事情，以便留出充足的時間來備戰。

魯肅不知就裡，急匆匆地去請諸葛亮。三人見面，分賓主落座。

魯肅不知周瑜意圖，急著發問：「將軍意欲何為？」

周瑜一本正經地說：「曹操勢大，不能力敵。我早已打定主意，明天面見吳侯，就勸他遣使納降。」

魯肅根本沒想到周瑜會說出這種話來，愕然道：「君言差矣……」嘰嘰咕咕說了一大通，周瑜只是微笑不語。

諸葛亮一看這架勢，早已心知肚明。但他也是沒有退路的，他平生第一次甘冒大險，孤身前來，不分點好處是絕對不會打退堂鼓的，而且好處小了也不行。

但他該如何破解周瑜的「逐客之計」呢？笑，唯有冷笑，能夠贏得主動權。

果然，諸葛亮一冷笑，周瑜就受不住了，連忙問：「先生何故哂笑啊？」

其實周瑜要是沉住氣，管他諸葛亮是冷笑還是熱笑，置之不理，諸葛亮就一點機會也沒有了，但諸葛亮也判定周瑜是受不了別人的冷笑的。因為驕傲已經融入他的血液之中，周瑜明明知道自己揚言投降是裝出來的策略，但他還是受不了別人對他的言行的負面表示。周瑜覺得，自己的才華勝過任何人，要是自己被他人誤認為是貪生怕死的無能之輩，他的自尊心是無論如何也承受不了的。

所以，周瑜會發問。但是他沒料到，眼前的這個人，並不是因為愚蠢到看不出他的真實意圖而發笑，而是因為深刻窺知了他的內心活動而故意發笑以引蛇出洞。

如果諸葛亮出言不遜，周瑜就可借題發揮，驅逐其出境。但他怎麼也想不到，諸葛亮竟然會「真心擁護」他的主張！

諸葛亮說：「我不笑別人，專笑魯子敬不識時務啊！」

魯肅再度愕然。面前的這兩個人，都是他十分佩服的精英人才，但他們今天的說法卻讓魯肅無所適從。

魯肅不解地問：「諸葛先生，我怎麼不識時務了？」

諸葛亮徐徐答道：「曹操極善用兵，即便孫臏、吳起復生，也不過如此。天下英雄莫能當之。公瑾主張降曹，可以保妻子，可以全富貴，真是高見啊！」

魯肅大怒，說：「諸葛先生，你怎麼變了一副嘴臉？剛剛還勸我家主公迎戰，怎麼這會兒又要勸我東吳投降了？」

諸葛亮卻不理他，自顧自地說了下去，當然是衝著周瑜說的。諸葛亮說：「我有一個好辦法，並不需要牽羊備酒，只要派一個文官，駕一葉扁舟，送兩個人到曹營。曹操一看，必然立即退兵，江東可保也。」

周瑜以為諸葛亮惱羞成怒了，故意說要將孫權和周瑜兩人送去曹營。孫周是江東首腦人物，這兩個人送到了曹營，曹操當然是心花怒放要退兵了。

周瑜先是一怒，隨後又是一喜。怒的是諸葛亮竟敢當面戲弄自己，喜的是如果諸葛亮真敢這麼說，自己就有理由大光其火，不但可以毫不客氣將他趕走，甚至可以砍了他的頭。

諸葛亮這麼謹慎的人，就算是冒險，也是經過精心籌畫的。如果沒有把握，如果不能達到預定的效果，他會這麼說嗎？他會給周瑜留下這麼大的把柄或漏洞嗎？

答案當然是不可能的。

這兩個人肯定不是孫權和周瑜，而是另外的兩個人。但諸葛亮還不會這麼痛快就報出這兩個人的名字，他還要吊一吊周瑜和魯肅的胃口。最重要的是，他還要再鋪墊烘托一下氣氛，否則他將要使用的計策的效力就沒有那麼霸道了。

諸葛亮將要使用的計策是「壞心情策略」！

> 心理感悟：人往往不是敗給對手，而是敗給自己的自尊心。

# 21 讓人弱智的壞心情

當一個人處於憤怒狀態的時候，往往會放鬆心理防線，而將自己對憤怒源的不滿傾瀉而出。利用這一心理規律來讓人說出真實想法的策略就是「壞心情策略」。

諸葛亮就是要故意激怒周瑜，讓他放棄偽裝，迫不及待地要和自己聯手抗曹。

周瑜強抑興奮，問道：「哪兩個人，可退曹兵？」

諸葛亮見周瑜已經上鉤，故意先不說這兩人名姓，而是繼續誘導周瑜進入憤怒軌道：「江東少了這兩個人，就像大樹落兩葉，千倉減一粟，這兩人雖然無足輕重，但卻極稱曹操之心啊！」

周瑜有點急了，問道：「到底是哪兩個人？」

諸葛亮不緊不慢地說道：「我在隆中的時候，曾經聽說曹操在漳河邊上建了一座銅雀台。曹操平生素好女色，早就豔羨江東喬公的兩個女兒——大喬和小喬。這兩個女子有沉魚落雁之容，閉月羞花之貌。曹操曾經許願說，我一願得天下以成帝業，二願得江東二喬……」

諸葛亮正說之間，周瑜臉色已然鐵青，強自抑制，而陪坐的魯肅早已嚇得臉色煞白。諸葛亮卻自顧自說了下去：「……置於銅雀台，日夕陪伴，頤養天年，雖死無恨也！將軍何不去尋訪喬公，以千金買此二女，差人送給曹操，曹操心滿意足，必然星夜撤回鄴城。這就是當年范蠡獻西施的美人計啊。」

大喬、小喬分別是孫策和周瑜的老婆。任何一個有血性的男人都無法容忍把自己的老婆送給敵人來避免戰禍，像周瑜這樣顧盼自雄的人，聽了更是憤怒不已。但他畢竟英才過人，對於如此有辱自尊的事情，還是要先問一個明白。到底曹操有沒有這樣宣揚過？如果諸葛亮只是信口雌黃，那麼這筆賬就要算到諸葛亮的頭上。

周瑜問：「你這樣說，可有什麼根據？」

諸葛亮說：「當然有啊。曹操與卞氏的三兒子曹植，曾經奉曹操之命寫過一篇《銅雀台賦》，這裡面就寫明了。」

周瑜說：「你可還記得？」

諸葛亮本是有備而發，怎麼會不記得呢？於是朗朗上口，從頭背起：「從明後以嬉遊兮，登層台以娛情。見太府之廣開兮，觀聖德之所營。建高門之嵯峨兮，浮雙闕乎太清。立中天之華觀兮，連飛閣乎西城。臨漳水之長流兮，望園果之滋榮。立雙台於左右兮，有玉龍與金鳳。攬二『橋』於東南兮，樂朝夕之與共。俯皇都之宏麗兮，瞰雲霞之浮動……」

周瑜不及聽完，就跳了起來，指著北面大罵：「老賊欺我太甚！」

諸葛亮功夫做足，連忙起身制止，說：「當年匈奴屢次侵犯我疆界，大漢天子許以公主和親，元帝還曾經以明妃嫁之，將軍何必憐惜民間兩個女子呢？」

周瑜怒道：「雖然是民間之女，但大喬是孫伯符將軍之妻，小喬是我妻。」

諸葛亮連忙說：「死罪，死罪，我實在是不知情啊！」

周瑜道：「我和曹賊勢不兩立！」

諸葛亮反而開始拉後腿：「將軍要三思而行啊。」

周瑜怒氣頭上，衝口而出：「我意已決！請孔明先生助我一臂之力，共破曹賊！」

諸葛亮心中大喜，忙道：「承蒙將軍不棄，我願效犬馬之勞！」

諸葛亮的「壞心情策略」大功告成，一下子挑起周瑜的怒火，逼出了周瑜的真心話，諸葛亮自此才算是立住了腳跟。

「壞心情策略」的使用非常不容易，其關鍵之處在於導致對方心情不快的因素一定不能來自說服者本身。否則，如果是諸葛亮自身的因素激發了周瑜的怒火，那麼周瑜必然會以諸葛亮為發洩對象。而諸葛亮則是巧妙地利用曹操來激怒周瑜，自己卻假裝毫不知情，自然就讓自己置身事外，冷眼旁觀周瑜大罵曹操了。

諸葛亮採用這個策略，也是迫於無奈，非如此不能立足。這其實是他在東吳停留期間最大的一次冒險，比他後來草船借箭、借東風後逃脫等都要凶險得多。

為什麼要這樣說呢？

其實，他所背誦的曹植的《銅雀台賦》中根本就沒有提及曹操貪慕二喬美色，想要據為己有的用心。銅雀台共有三棟樓，左為玉龍、右為金鳳、中為銅雀。三樓之間有兩座橋相連，所謂的「二喬」不過是「二橋」罷了（「喬」姓古時本作「橋」，後來作姓氏時才變為「喬」）。

曹子建文采名揚天下，他的名篇傳頌天下，周瑜也是一員儒將。一旦被周瑜發現，諸葛亮的下場會極慘。所以說，這是他江東之旅最大的一次冒險。

諸葛亮這樣明目張膽地「移花接木」，難道就不怕被周瑜發現嗎？

實際上，諸葛亮從剛才自己略一冷笑，周瑜就按捺不住判定周瑜雖然智謀出眾，卻是城府不深，沉不住氣。而一個沉不住氣的人，一旦被激怒，就會立即失去理智的思考。所謂察言觀色，像諸葛亮這樣做才是上品。

而隨後諸葛亮一氣呵成，抑揚頓挫背誦曹子建的華章也是一個關鍵因素。如果諸葛亮支支吾吾，似是而非，用幾句「大概、可能」的話語，周瑜就會有時間來考慮一下其中的真實性，但諸葛亮連貫背誦，出乎自然，就讓周瑜覺得十分可信。

諸葛亮冒險一試，終告成功。

如果周瑜靜下心來想一想，就會發現裡面的問題。就算曹操真的是想將二喬據為己有，曹植作為他的兒子，怎麼可能會把父親的這種不算光彩的心思寫入詩篇呢？難道是想讓天下人都知道曹操的好色之心嗎？所以，這是不符合為尊者諱的基本邏輯的。但周瑜在怒氣勃發的時候，是不會想到的，這也是諸葛亮之所以敢冒險的原因。

但是，周瑜畢竟不是傻子，事後他冷靜下來，還是會想起這件令他極為惱火的事情。等他把曹子建的文章找來一看，就會發現諸葛亮對他的戲弄。周瑜明白真相後，當然是大光其火，對諸葛亮惱怒萬分，但他再也不能聲張，以免被更多的人知道自己受了諸葛亮的愚弄。不過，周瑜也不會就此吃了啞巴虧，他大權在握，總是可以找到假公濟私、公報私仇的機會的。周瑜後來之所以屢屢給諸葛亮出難題，有很大的一部分原因就在於今天諸葛亮的「壞心情策略」，這也許是諸葛亮始料不及的。

周瑜抗曹之心更為堅決。第二天來見孫權，闡明自己的意見。

周瑜提出了抗擊曹操並能戰而勝之的四點理由。

第一，曹操大本營的北方有馬超、韓遂未平，是曹操的後患；第二，曹操所部，擅長步戰，卻要和東吳在水上開戰，必然落了下風；第三，時節即將隆冬，兵缺寒衣、戰馬缺少草料；第四，中原之士卒，遠涉江湖，不服水土，必然生病，導致戰鬥力下降。

有這四個因素，曹操雖強，也不可怕。東吳兵少，也必可戰而勝之。

孫權一聽，真是心花怒放，就像是吃了定心丸一樣。前番諸葛亮因為對曹操先揚後抑的緣故，只是泛泛地說曹操並不可怕，而今天周瑜的分析，有理有據，確是極其典範的中心途徑說服。如果周瑜早一點回來，對孫權說了這番話，那麼諸葛亮真的就沒有任何機會摻和其中了。

這也說明，周瑜年紀輕輕就能擔當東吳的軍事主帥，確實有他的過人之處。

周瑜知道，孫權的特點就是狐疑不定，當即補上一句：「我必定為將軍奮力血戰，萬死不辭，只是擔心將軍猶豫啊。」

孫權當即拔出佩劍，用力砍下面前奏案一角，大聲說道：「如諸將、官吏再言降曹者，與此案同！」

諸葛亮沒能辦到的事情，周瑜辦到了。孫權用拔劍斬案為自己的承諾加上了一道重重的保險。此後，他只能按照「承諾─一致」原理，沿著抗曹的道路，一條道走到黑了。

周瑜回到住處，興沖沖地將這一好消息告訴了等在此處的諸葛亮。

諸葛亮聽了周瑜如何說服孫權，不由暗自佩服，覺得自己還真是小看了周瑜。周瑜的這一番分析還真是自己沒有想到的，如果自己當初就能想到這四點，那麼孫權當天就應該揮劍斬案，而不用輾轉反側，等著周瑜回來了。

所謂高手，就是悟性極高，極善於向他人學習的人，諸葛亮就是這樣的人。此後，他在劉備新喪、劉禪初繼位的時候，就是用周瑜的這套思路，「安居平五路」，將魏國發起的五路大軍的進攻消弭於無形之中。

周瑜本來也可以從與諸葛亮的交往中學到很多東西。但可惜的是，嫉妒與羞憤占據了周瑜的內心，讓他沒法靜下心來體味諸葛亮那非同一般的智慧。

> 心理感悟：嫉妒最能蒙蔽學習的眼睛。

## ㉒ 師伊長技以制伊

周瑜從魯肅處詳細了解了諸葛亮的才能後，第一個念頭就是：劉備在這種人才的輔助下，必將成為東吳的大患。

周瑜與魯肅說起自己的遠憂，魯肅想起了諸葛亮的兄長諸葛瑾。當初，周瑜向孫權推薦了魯肅，魯肅又向孫權推薦了諸葛瑾。

魯肅說：「諸葛瑾是諸葛亮的親兄長，不如讓他以兄弟之情去勸說諸葛亮一同為吳侯效力，豈不美哉？」

周瑜連連稱善，這是化敵為友的最好辦法。他當即請來諸葛瑾，要他去勸諸葛亮「跳槽」。諸葛瑾領命而去，左思右想，要如何說服兄弟。諸葛瑾當然了解兄弟的口才和能力，江東群儒的車輪大戰都勝不過他，何況自己口拙嘴笨呢？但諸葛瑾的殺手鐧是「手足之情」，他決定「以情動人」。

諸葛瑾來見諸葛亮，一見面，尚未說話，就先流淚哭了起來。

諸葛亮和兄長分開也有挺長一段時間了，也不免動了感情，兩人訴說離別之情。

諸葛瑾抽泣著說：「兄弟啊，你可曾知道伯夷、叔齊這兩個人的手足之情嗎？」

在這個敏感的環境中，諸葛亮保持了高度的警覺——他頓時明白過來，心裡暗想：「一定是周瑜讓阿哥來勸我歸附東吳了。」

諸葛亮當然不會歸附東吳的。如果要投東吳，他早就可以過來了，何必等到現在。但手足之情的說服力是巨大的，該如何拒絕又不傷害兄長的自尊心呢？諸葛亮一邊緊張地思考，一邊不動聲色地回答說：「伯夷、叔齊是古時候的賢人啊。」

這兩人是商末孤竹君的兒子，感情極好。孤竹君遺命立次子叔齊為繼承人。孤竹君死後，叔齊讓位給伯夷，伯夷不受，叔齊也不願登位，先後都逃到周國。周武王伐紂，二人叩馬諫阻。武王滅商後，他們恥食周粟，采薇而食，餓死於首陽山。

諸葛瑾說：「伯夷、叔齊這哥倆，活在一起，死在一起。我和你也是一母同胞，卻各事其主，早晚不能相見。想想伯夷、叔齊，真是萬分羞愧啊！」

諸葛亮想到了自己和兄長之間幾乎完全對等的境況，辦法也就隨之而來。

這種辦法就是「鏡像反制」。既然雙方的境況情形是對等平衡的，那麼，你準備用來說服我的所有理由，都可以被我用來說服你。但我的真實目的並不是要說服你，而只是要抵制你對我的說服。這種辦法不但能夠輕易達到效果，而且柔軟無傷。

諸葛亮說：「阿哥啊，我有一個辦法，能夠讓咱倆忠孝兩全，朝夕相守！」

諸葛瑾以為兄弟被自己打動了，一陣歡喜，連忙說：「說來聽聽。」

諸葛亮說：「我和兄長都是漢室之臣。劉皇叔是中山靖王之後，漢景帝玄孫。如果兄長能夠放棄東吳，和我一起侍奉劉皇叔，這就是全忠了。咱們父母墳塋都在北方，如果兄長和我一起回歸江北，那麼早晚祭祀拜掃，也就很方便了，這就是全孝了。你意下如何呢？」

諸葛瑾一聽，心裡涼了半截：「本來是我來勸他的，怎麼反倒被他勸了去呢？」

而且，諸葛亮的話裡還埋下了很厲害的伏筆，如果諸葛瑾還是要強行開口，那麼，不忠不孝的罪名隨時就可以反扣過去。這裡，諸葛亮暫時先點到為止。

諸葛瑾應變的能力本來就不很強，這時也無話可說了，只能悻悻而去。

諸葛瑾將此事回報周瑜。周瑜心想，既然諸葛亮不肯改換門庭，那麼為了東吳的利益不被分肥，就不能讓他繼續留在東吳了，必須給他出難題，讓他知難而退，早點回去。周瑜左思右想，想出了一個極大的難題。周瑜當下升帳，派人請諸葛亮來議事。

雙方坐定，周瑜擺出一副請教的姿態問道：「當年曹操在官渡怎麼能以少勝多，擊敗袁紹呢？先生精通兵法，能否賜教啊。」

諸葛亮的警覺性很高，知道必然是因為阿哥勸我不動，又想法來為難我，想讓我知難而退。你可知道，請神容易送神難，我既然來了，不達到我的預期目的是不會回去的。一旦達到了我的目的，你就是留我，我也不肯多做停留的。

諸葛亮說：「我聽說大概是曹操採納了許攸的計謀，燒了袁紹的烏巢之糧，所以一戰成功。」

周瑜裝出恍然大悟的樣子，說：「先生所言極是啊！看來，燒毀糧草是以少勝多的保證啊。現在曹操有八十三萬軍馬，我們只有三萬軍馬，怎麼能阻擋呢？必須先燒了曹操的糧草。我聽說曹軍的糧草都在聚鐵山，先生你久居漢上，熟悉地理。既然咱們兩家聯合，我也就不客氣了，就請先生率領一千兵馬，星夜前往聚鐵山去燒曹操的糧草！」

這擺明是在為難諸葛亮。諸葛亮當然可以推託，但一推託，就落下了無能、不肯出力的口實，將來即便破曹大贏，也就沒有資格談分紅了。所以，諸葛亮不能推託。但不推託，又該如何完成這個天大的難題呢？用一千軍馬去燒曹操八十三萬大軍的糧草，怎麼可能做到呢？曹操是個行兵布陣的大行家，當然知道糧草的重要性，怎麼會不派重兵把守呢？

諸葛亮該何去何從？

只見諸葛亮滿面笑容，胸膛挺起，自信滿滿地站起身來接令，歡欣至極地離去，嘴裡還念念有詞，說：「哈哈，沒想到破曹第一奇功竟然落在我的身上，哈哈！」

周瑜見狀，心中有些狐疑，又擔心諸葛亮只是在故弄玄虛，等眾人散去，單獨囑咐魯肅去探聽諸葛亮的動靜。

魯肅正為諸葛亮擔憂，急忙來見諸葛亮，卻見諸葛亮整點軍船就要出發。魯肅不忍見諸葛亮去送死，急問：「先生此去能成功否？」

諸葛亮微微一笑，說：「我水戰步戰、馬戰車戰，無不精通，何愁不能建這大功？等我燒了曹操的糧草，曹操必然很快退兵，那麼破曹首功不就得記在我諸葛亮的身上了？哈哈，這可真是名垂青史的榮耀了。子敬不要耽誤我立功啊，等我回來再敘……」

諸葛亮轉身待走，又回頭對子敬說：「這件功勞也只有我一個人能建。我早聽聞江南小兒謠云『伏路把關饒子敬，臨江水戰有周郎』。你呢，擅長陸地伏路把關，周郎只強於水戰，這一次燒糧，需要水陸並用，也只有我一個人能行啊……」

魯肅急忙回報周瑜，周瑜一聽，心想：「我本來是想為難他的。如果讓他憑空得了這場大功，那反而正好成全了他。不行，這個功勞絕對不能讓諸葛亮得了。更可惡的是，這小子竟然蔑視我，說我不能陸戰！不行，我得自己去，既可立此大功，也讓這小子看看我的厲害。既然你帶一千兵馬就能成功，我再多帶點，帶他個一萬人馬，不就手到擒來了？」

周瑜立即派魯肅緊急傳令，讓諸葛亮停船不發。諸葛亮交割完畢，一陣輕鬆，又是放聲大笑。魯肅十分詫異，心想，轉眼間你的破曹第一功就沒了，怎麼還笑得出來？

諸葛亮說：「周郎讓我去燒糧，不過是想讓我知難而退罷了。如果我迎難而上，就借曹操之手除了我。曹操一貫善於燒別人的糧草，自己怎麼能不嚴加防備？別說我帶一千人馬去，就是周郎自己帶一萬人去，也是有去無回。子敬，你回去轉告周郎一句，別老是想著討巧取勝了，還是好好謀劃一下正面水上作戰吧。另外，還請轉告，目下孫劉聯合，可要注意同心協力啊！」

周瑜本來是以「燒糧」來為難諸葛亮的。為什麼諸葛亮能反過來讓周瑜相信「燒糧」是一件唾手可得的大功勞呢？

這就是「自信的表達方式」起到的說服作用。

面對難題，諸葛亮沒有絲毫猶豫，直截了當地欣然接受，然後大張旗鼓，大肆渲染自己必然成功，並揚揚自得於成功即將帶來的名利雙收。自信具有強大的感染力，哪怕是假裝出來的自信，也同樣如此。問題的關鍵在於，假裝自信一定不能留下任何猶疑的蛛絲馬跡。而諸葛亮火上澆油，對周瑜施以自己最擅長的「激將」，更是極大地助添了說服力。

周瑜聽了魯肅的回報，覺得再度受了諸葛亮的愚弄，內心的挫折感油然而生。此前，他冷對、排擠、為難諸葛亮主要還是出自組織利益的考量，唯恐劉備借力東吳掠美，這亦屬正常。但是當周瑜多次和諸葛亮較量都落了下風後，事情的性質就起了變化。周瑜心底的嫉妒之火就被點燃了，矛盾的重點不再著眼於組織利益之爭，而是畸變為個人能力之爭。

這不能不說一件遺憾的事情。周瑜、諸葛亮，號稱一時瑜亮，都是當時最傑出的人才。一旦他們將主要的精力用於鬥智內耗，那麼破曹大業就岌岌可危了。

所幸的是，儘管周瑜咄咄逼人，諸葛亮卻始終保持清醒。但是他的日子卻日趨艱難，既要有效保護自己，又要盡力將內鬥之爭轉化為對敵鬥爭，其難度可想而知。而周瑜態度的轉變，也進一步堅定了諸葛亮「故弄玄虛」的決心。若不如此，他的正確意見很難被採納；若不如此，他的合理功勞也無法得到承認；若不如此，日後劉備方就不能名正言順地從破曹中分得利益。

而此時的周瑜，已經想出了一個針對諸葛亮的釜底抽薪的惡計。一旦此計得逞，任諸葛亮才高八斗，冠絕天下，他的一腔心血、苦心經營也將全部付諸東流。

心理感悟：自信是達致他信的捷徑。

## ㉓ 四門大開迎小偷

周瑜的毒計是祕密請來諸葛亮的主公劉備，將其殺掉，那麼，諸葛亮就成了無源之水、無本之木。這一計也足以說明周瑜的足智多謀。既然我正面交鋒鬥不過你，那麼我就從你的本原或周邊下手，撿軟的柿子捏。

劉備不知是計，再加上思念諸葛亮，欣然前來。幸得關羽假扮侍衛，嚇得周瑜不敢動手，劉備這才保得平安而去。

周瑜的釜底抽薪沒有成功，恰好曹操遣使來下戰書。周瑜將一腔怒火盡情發洩到曹操的使者身上，連戰書都不看，當即撕毀，並將使者斬首。曹操大怒，發起進攻。

雙方首戰，規模不大，周瑜得勝。曹操怒責水軍都督、原荊州降將蔡瑁，蔡瑁不敢怠慢，使出十二分解數操練水軍。

周瑜得知，連夜收拾一艘樓船，直奔曹軍水寨觀看操練。這一看，周瑜不禁大吃一驚。原來蔡瑁、張允二人精通水戰，先前在劉表手下，就能與江東抗衡而不落下風。如今受了曹操嚴責，更是拚命。周瑜看完，悶悶不樂。

卻說曹操折了一陣，挫了銳氣，大感意外，立即召集文武商議。

帳下幕賓蔣幹主動站出來說：「我自幼和周瑜是同窗好友，情同手足，我願意到江東去，憑著三寸不爛之舌，說動周瑜來降。」

曹操頗為識人，蔣幹的能力他是了解的。但是蔣幹「自信的表達方式」發揮了作用，曹操見他胸有成竹，竟不由自主被他說動。

蔣幹綸巾青袍，駕一葉小舟，徑直來見周瑜。

周瑜正在沒計議時，聽說蔣幹來訪，一條妙處當即湧上心頭。他吩咐手下諸將幾句，便帶領他們，整束衣冠，出門迎接蔣幹。

剛一見面，周瑜就當眾高聲說道：「子翼兄遠涉江湖，用心良苦，是不是給曹操當說客來了？」

蔣幹一陣愕然，良久才回過神來，說：「我與足下離別日久，聽說你名揚東吳，特意來敘敘舊的啊！」

從蔣幹與周瑜的第一個回合，就可以判斷出蔣幹絕非一個好的說客。作為說客，要善於應對各種意外的情形，做到泰山崩於前而面不改色。

像這樣被周瑜直接揭破此行目的後，蔣幹決不能遲疑半晌才辯解說為敘舊而來，而是應該哈哈大笑，以轉移周瑜的注意力，並利用這短暫的緩衝想好應對之策。

蔣幹一開始就被周瑜牽住了鼻子，進入了周瑜預設的軌道，而周瑜準備採用的辦法就是像銅牆鐵壁一般強行抑制蔣幹的需求，讓他滿腹的「勸降之語」在心中積壓凝聚，卻得不到發洩之處。當然，這並不是周瑜的最終目的。周瑜的目的是借此設好一個圈套，讓蔣幹在極度壓抑的狀態下，別無選擇且又如獲至寶般鑽入這個圈套。

周瑜毫不放鬆，繼續施加強壓：「我雖然沒有師曠之聰，卻能聞弦歌而知雅意也！」

蔣幹再笨，也聽得出周瑜言中的懷疑之意，只好以退為進：「既然公瑾如此看待我，那麼我還是告退吧。」

周瑜哈哈一笑，上前拉住蔣幹的手臂，說：「我只是擔心你為曹操當說客，既然子翼沒有此意，何必這麼快就離去呢？咱們還是好好敘敘舊吧。」

周瑜傳令，要江東文武齊聚，舉行盛大的宴會款待蔣幹，是為「群英會」。

周瑜是真心要好好招待蔣幹嗎？非也非也。周瑜的這一做法叫做「疲勞戰術」。心理學家丹尼爾・吉伯特透過實驗發現，人在疲憊的時候，判斷力和警覺性都會下降，從而更容易被說服、被欺騙。

最常見的「疲勞戰術」的應用就是在審訊領域。當審訊者採用「睡眠剝奪」這種最極端的疲勞戰術後，即便是鐵打的漢子也抵擋不住。

周瑜聚齊文武，不是給蔣幹面子，而是讓這些人輪番與蔣幹交洽，或恐嚇，或糾纏，或插科打諢，或無理取鬧，目的就是讓蔣幹疲勞不堪，身心交瘁。

周瑜當眾宣示：「這一位蔣幹蔣子翼，是我同窗好友，雖然從江北而來，卻不是曹操的說客，大家不要生疑啊。」

周瑜又叫過太史慈，把自己的佩劍給他，令他擔任監酒，酒席之上只能敘舊，凡提及曹操與東吳軍旅之事者，立斬不赦！

這等於是給蔣幹戴上了緊箍咒，令他分毫不敢提及勸降之事，只能在肚內強自壓抑。滿座歡聲笑語，觥籌交錯，唯獨蔣幹內心淒苦，卻又要強打精神對付東吳群英。正是，冠蓋滿東吳，斯人獨憔悴！

周瑜飲到酣處，站起身來，拉著蔣幹的手，步出帳外。周瑜環顧左右兵士，只見個個全副武裝，持戈執戟肅立。周瑜問道：「我的士卒雄壯否？」蔣幹只好順著他說：「虎狼之兵也！」

周瑜再引蔣幹到帳後一看，糧草堆積如山。周瑜問：「我的糧草足備否？」蔣幹只能說：「兵精糧足，名不虛傳啊！」

蔣幹之所以順應周瑜，內心還是想借機打開勸降的缺口。但周瑜哪裡會給他這個機會！周瑜此時的炫示，也只是一個鋪墊，要讓蔣幹覺得自己志得意滿，沾沾自喜，從而讓蔣幹相信周瑜的自我感覺良好是一種真實的流露。

周瑜拉著蔣幹的手（其實一點感覺也沒有），豪情勃發地說：「子翼，當初九江同窗時，想不到我周瑜會有今天吧？」

蔣幹奉承說：「以你的大才，這也不足為奇啊！」周瑜哈哈大笑，暢悅無比。蔣幹正要乘隙而入，周瑜卻又說道：「大丈夫在世，遇到知己之主，外托君臣之義，內結骨肉之恩，言必行，計必從，禍福共之。假使蘇秦、張儀、陸賈、酈生復出，口似懸河，舌如利刃，安能動我心哉！」

蔣幹徹底絕望了，心中只有一個念頭，就是趕快結束這一場鬧宴，打道回府。

但周瑜不會讓他這麼容易就走的。周瑜又把蔣幹拉回帳內，大聲發令：「今日之會，乃是江左豪傑之會，不醉不休！」滿座回應，歡聲雷動。

蔣幹強打精神，卻是寸心欲碎，好容易熬到夜深席散。周瑜還是沒放過他，說：「今日久別重逢，咱們抵足而眠吧。」

來到寢帳，周瑜卻已醉得不能解帶，倒頭就睡，不時嘔吐，狼藉滿床。蔣幹雖然睏極，卻又無處可睡，這一份煎熬，真是無語可述。

軍中鼓打二更，周瑜鼻息如雷。蔣幹看看帳中案上文件書信堆疊，不由得起了偷看之意。翻動片刻，只見有個信封上寫著「蔡瑁、張允謹封」，不由大驚。哆嗦著拆開一看，更是面無人色。只見上面寫著：「某等降曹，非圖仕祿，迫於勢耳。今已賺北軍困於寨中，但得其便，即將操賊之首，獻於麾下。早晚人到，便有關報。幸勿見疑。先此敬覆。」

蔣幹驚而後喜。喜的是雖然勸降不成，卻探聽到了蔡張與東吳勾結的鐵證。蔣幹急忙將密信藏於衣內，再看周瑜，睡意正濃，不時還口出夢語：「子翼，我讓你看曹賊之首！」

蔣幹急忙和衣躺下，忐忑不安，心跳加劇，哪裡能睡得著？

周瑜深知蔣幹是個懦弱無能卻不自知的人。如果沒有此前的「需求抑制」和「疲勞戰術」，就是再借他一個膽，蔣幹也不敢偷竊密信。

蔣幹偷信完畢，已近四更。只聽有人入帳呼喚：「都督醒否？」周瑜故作夢中初醒，驚問：「我床上怎麼睡了個人？」蔣幹急閉雙眼，裝作沉睡。

那人道：「都督昨晚請同窗蔣幹共寢，怎麼忘卻了？」

周瑜懊悔不已，歎氣說：「唉，我從來不喝醉，昨天真是酒後誤事啊。我有沒有說過什麼被蔣幹聽去了？」

那人放低聲音，說：「江北有人來了。」周瑜輕喝：「低聲點！」蔣幹凝神一聽，只模模糊糊聽見：「蔡張二都督說急切間不能下手……」

周瑜回身，呼喚蔣幹。蔣幹裝睡不應。周瑜解衣再睡，鼾聲頓起。蔣幹心想：「周瑜是個精細之人，等他醒轉，必然查信。那時我就走不得了。」當即起身，偷偷趕回江北。

實際上，周瑜安排後半段來人喚醒的那段對話，有畫蛇添足之嫌，因其內容與密信雷同，蔡張無須再冒險派人來重複。如果蔣幹是出於神志清醒而精力充沛的狀態，是不難判斷出來的。但「疲勞戰術」已經奏效，蔣幹的判斷力已經降到了極低的水準，上當受騙也就在所難免了。

蔣幹趕回曹營，來見曹操。曹操喜問：「先生可曾成功？」

蔣幹說：「雖然未說動周瑜，卻為丞相打聽了一件大事。請丞相屏退左右，容我密稟。」

曹操從之。蔣幹拿出密信，將各項情形一一詳述。

曹操聽後大怒，道：「二賊如此無禮！」當即下令，喚蔡瑁、張允來見。

蔡張見丞相一大早就來傳喚，不知究竟，慌慌張張，急忙趕來。曹操冷然問道：「練兵練得怎麼樣了？」蔡瑁說：「尚未純熟，不敢輕進。」

曹操怒道：「等你水軍練得純熟了，恐怕我的腦袋就已經獻給周郎了！」

曹操白以為這樣說揭穿了蔡張與周瑜勾結的密謀。但旁人聽了這句話，卻可以理解為曹操的一時氣話。

蔡張二人本來就畏懼曹操如虎，要不也不會望風而降，這時見曹操發怒，更是不知所措，這反倒驗證了曹操的懷疑。曹操當即下令，將二人推出斬首！

與蔣幹相比，曹操神志清醒，精力充沛，為什麼也會做出錯誤的判斷呢？

> 心理感悟：當你被逼得只有一條路可走的時候，還是要先想一想這是不是圈套。

## 24 醒悟得晚了一點點

曹操並不是因為身心疲憊而上當受騙的。曹操的這個錯誤判斷，根源在於「錯覺相關」。所謂「錯覺相關」，就是指人們非常容易在本來毫無聯繫的事情之間建立聯繫，而這種聯繫貌似還經得起邏輯推理。

1969年，查普曼做了一個很有名的實驗。他要求三十二位心理醫生使用墨跡測驗來診斷男同性戀者（當時，同性戀普遍被認為是心理疾病的一種，此一觀點現在已經被否定）。

墨跡測驗是最著名的投射法人格測驗，由十張經過精心製作的墨跡圖構成。其中七張為水墨墨跡圖

（五張為黑白墨跡圖，兩張在黑白墨跡圖上附有紅色墨跡），三張為彩色墨跡圖。這些圖片在被試面前以特定的次序出現，主試者簡單詢問被試「這看上去像什麼？」、「這可能是什麼？」、「這使你想到什麼？」以誘導出被試的生活經驗、情感、個性傾向等心聲。被試在不知不覺中便會暴露自己的真實心理，因為他在講述圖片上的故事時，已經把自己的心態投射入情境之中了。

這些心理醫生觀察了大量的測驗結果，認為相對於其他男性而言，男同性戀者更加傾向於將墨跡解釋為：臀部或肛門，生殖器，女性打扮，性別模糊的體態，同時具有男性和女性特徵的體態。

事實上，這些反應與同性戀之間並沒有必然的聯繫。查普曼據此認為，絕大多數的心理醫生是基於對同性戀的刻板印象而形成了這一種「相關錯覺」。

回到曹操的話題。

曹操本就多疑，蔡瑁、張允二人不戰而降，曹操對他們的忠誠品格早就打上了問號。相反的例子可以參看關羽。關羽投降前後的舉動，充分表現了他的忠義之心。這樣的人，曹操才不會懷疑。

曹操連勝劉備、劉表，對於戰勝東吳抱有很高的期望，但卻首戰告負。這本是一個隨機事件，這一次的勝負也不能決定整場戰役的結果，但卻讓曹操覺得蔡張沒有盡力。這背後自然存在疑點。

再加上蔣幹偷回的密信起到了導火線的作用。蔣幹為了邀功，必然添油加醋地描繪自己此行的艱辛與不易，而且蔣幹頗善於運用「自信的表達方式」來強化自己的說服力。他此前正是憑藉這一招取得了曹操的信任，在慣性的錨定下，曹操顯然傾向於聽信蔣幹的密報。

當曹操把這幾個因素貫穿起來，很容易就把不忠誠這個特質和蔡張二人聯繫起來，從而得出了符合邏輯的結論：蔡張確實在和周瑜勾結。

而蔡張二人在曹操的質問下，表現慌張，更加驗證了曹操的判斷。

另外，當時帳內沒有其他謀士在場，不能為曹操提供第三方的客觀意見。倉促之間，蔡張的人頭已經落地。蔡張人頭剛落地，曹操就醒悟了過來，但是出於維護面子（自身行為的前後一致性）的需要，曹操並不會認錯。面對下屬的疑問，曹操只是說：「這兩人怠慢軍法，遷延日久，故而斬之。」

曹操只好任命毛玠、于禁為水軍都督，替代蔡張。

消息傳來，周瑜大喜。他一手策劃的「蔣幹盜書」，成功誘騙曹操自毀長城，斬了蔡張二人，這對戰爭的未來走向將起到關鍵性的作用。

人都是有炫耀心理的，尤其是那些在自尊心上受到過極大壓抑的人，一旦功成名就，必然要「衣錦還鄉」，向所有人，尤其是那些曾經蔑視過自己、曾經打擊過自己的人宣告。所以，蘇秦掌了六國相印後，要回家羞辱一番惡嫂；劉邦稱帝後，要戲問老爹自己和二哥的產業到底誰的更大。

從心理學角度來看，這就是「人人高於平均水準」的傾向性。具體到某一個個體，就是：我肯定高於平均水準，進而擴延至我是天下第一。

周瑜也是如此。他一路少年得志，春風得意，但近來卻接連被諸葛亮挫敗，甚至是戲耍，周瑜的自尊心受到了很大的傷害。現在，周瑜終於有一個好機會可以好好炫示一番了，這也是周瑜沉不住氣的一種表現。性格決定命運，正是這一點，最終導致了周瑜的悲慘命運。

周瑜找來魯肅，讓他去探聽諸葛亮的動靜。如果諸葛亮對此妙計一無所知，識看不破，就足可證明自己還是高他一籌的。

魯肅領命，來找諸葛亮。諸葛亮開口就是一句：「恭喜都督啊！」

魯肅一驚，忙問：「何喜之有？」

諸葛亮說：「周郎派你來探聽我知不知道的，就是這件喜事啊。」

魯肅更是吃驚，急忙問：「先生如何得知？」

諸葛亮說：「周郎使的妙計，只能瞞過蔣幹，讓曹操斬了蔡張，哪裡能瞞過我啊？」

諸葛亮怎麼會知道得這麼清楚呢？

實際上，正是魯肅的到來讓諸葛亮做出了最後的正確判斷。周瑜探看曹軍水寨後的擔心，諸葛亮是知道的。如果有精於水戰的蔡張在，東吳是很難占到上風的。蔣幹一來，周瑜必然要利用這一機會。但諸葛亮並沒有把握周瑜能否利用好這一大好機會，實際上，他自己也沒有想好能夠用足這一機會的良策。

但魯肅匆匆而來，內心充滿了好奇，他是個不善作偽的人，喜怒哀樂全部寫在臉上。諸葛亮察言觀色，從魯肅的身體語言就可判斷出周瑜的計策已經成功。加上他從此前數次鬥智中加深的對周瑜性格的了解，諸葛亮就知道周瑜是派魯肅來探聽自己是否知曉，以達到炫耀的目的。

當然，當諸葛亮詳盡了解了周瑜之計後，還是由衷地表示佩服的。周瑜如此急智，諸葛亮也自愧不如。

魯肅支吾幾句，就要回報周瑜。諸葛亮叮囑：「子敬，你千萬別把這些言語告訴公瑾。他要是知道了，恐怕要尋隙害我啊。」

魯肅就是來探聽這個的，怎麼能不向周瑜回報呢？所以，諸葛亮這句話說與不說，都不能改變他向周瑜匯報的必然性。但諸葛亮說這句話絕非畫蛇添足，而是別有深意。

諸葛亮本來完全可以假裝不知，滿足周瑜的炫耀欲，順便緩和一下雙方的關係。但是兩人各為其主，為各自組織的利益而交鋒是無可避免的。該來的遲早會來，躲是躲不過去的。如果諸葛亮俯首示弱，周瑜當然會放他一馬，但日後的戰爭紅利就別想多要了。所以，諸葛亮必須強悍地宣示自己的強大，一定要壓住周瑜。即便這樣做會激怒周瑜，也在所不惜。

諸葛亮對魯肅說這句話，其目的是要造成魯肅的愧疚感。周瑜本來就是要加害諸葛亮的，和魯肅匯報與否並無因果關係。但諸葛亮事先點明後，會讓魯肅覺得是自己的匯報導致了這一結果而心有不安。讓別人對你感到愧疚，實質上也是一種施惠。你可以利用別人的這種愧疚心理，索取適當的回報。

魯肅回報後，周瑜果然大怒，妒火猛升，決意立斬諸葛亮。

次日，周瑜升帳，開門見山地問諸葛亮：「水路交戰，以何種武器為先？」

諸葛亮知道周瑜不懷好意，但在沒有摸清他的真實意圖之前，只好正常應對：「大江之上，弓弩為先！」

周瑜大喜，說：「先生之言，正合我意！現在軍中正缺利箭，我煩請先生監造十萬支箭備用。我們兩家聯合抗曹，請先生不要推辭啊。」

周瑜這句話也很厲害，「聯合抗曹」的大帽子一扣過來，任何人都是無法推卻的。

諸葛亮只能說：「沒問題。不知都督什麼時候要這十萬支箭呢？」

周瑜說：「兩軍交戰，迫在眉睫。十日之內，能否完成？」

十日之內？那就是要日產萬支了。造箭是一項技術活，不是每個人都能做的，也就是說不可能靠增加人手來克日完成的。以當時的工藝水準，以當時東吳的箭匠人數，日產萬箭簡直是天方夜譚。

但周瑜有「軍情緊急」和「兩家聯合」這兩把「尚方寶劍」，諸葛亮是無法推託的。眼看諸葛亮在劫難逃。

一般人的應對是，接受命令（實際上不接不行），但在工期上討價還價，多爭取一點時間，但其實還是沒用。

周瑜的這一招，屬於「殺人不見血」的暗招。就算你多爭取了工期，他照樣可以讓你人頭落地。因為他還有很多環節可以暗中使壞，比如箭匠的配備，材料配件的供給等。總能讓你無法如期完工，從而以一個光明正大的理由砍掉你的腦袋。

但是周瑜過於強調「光明正大」地殺人，反而自我設限了。如果是曹操，殺人不眨眼，根本不需要理由，十個諸葛亮也被殺光了。正是周瑜這樣的「心理局限」，讓諸葛亮一次次死裡逃生。

那麼，這一次，諸葛亮又該如何應對呢？

> 心理感悟：有時，滿足他人的自尊需求，是我們的一項重要義務。

諸葛亮最清楚曹操兵力和實力的強大，那麼，他為什麼還是自信滿滿地來到東吳，想要憑藉一己之力為劉備贏得立身之基呢？到底是什麼讓他底氣十足呢？

以弱勝強，不能憑空而勝，必須借助外界的資源。這一點諸葛亮深有體會，此前他能兩次擊敗曹兵，就是借助了火攻之威。這正是諸葛亮的拿手好戲，這一次也不例外。所以，諸葛亮的戰略考量始終是圍繞著「火燒曹兵」而展開的。

火須借風勢。時值隆冬，刮的是西北風，而曹操在北岸，在南岸放火只能燒了自己，而不能傷曹操分毫。諸葛亮對天氣進行了仔細的研算，算出了有兩次異常天氣可供利用。一次是十一月二十日至二十二日的風向逆轉，刮東南風。另外一次則是這之前的濃霧天氣。

大霧之日，諸葛亮本擬棄而不用。因為如果一利用，就可能導致刮東風時不能盡情「故弄玄虛」，增加自己的神祕感。但現在周瑜這麼一逼，諸葛亮立即想到了可以利用大霧做一做文章。

諸葛亮最是精通「光暈效應」，既然要利用霧天，那麼他必定會充分地「故弄玄虛」，以塑造自己神鬼莫測的高大形象。

諸葛亮說：「兩軍即將交鋒，十日恐怕太長，可能會耽誤大事。」

周瑜一陣狂喜，以為諸葛亮自己往槍尖上撞。但往往在這種時候，最需要做一下逆向思考，事情太順利了，往往隱藏了未知的消極因素。

周瑜問：「先生認為幾天可以完成？」

諸葛亮知道三天之後必起大霧，就說：「只需三日即可。」這是一個不可能完成的任務。故而周瑜一廂情願地認為諸葛亮主動鑽進了自己設下的光明正大殺他的圈套。周瑜當即和諸葛亮立下了軍令狀，諸葛亮辭別而去。

如果你是周瑜，此刻你會怎麼想？諸葛亮必然是強撐面子，然後尋機逃跑。如果是這樣，周瑜倒也不是非殺他不可。因為第一，諸葛亮主動認栽，丟了面子，周瑜的面子就找回來了；第二，諸葛亮跑了，抗曹的勝利果實也就沒資格分享了，東吳可以獨家享用。這正是周瑜想要看到的局面。

如果周瑜不是抱著這樣的想法，諸葛亮就死定了。

周瑜還是照方抓藥，派魯肅去看諸葛亮的動靜。說起來，魯肅其實成了這兩人鬥智的重要工具，沒有魯肅，資訊根本不可能流動，兩人也就不可能進行智力交鋒。

魯肅來見諸葛亮，埋怨他自尋死路。諸葛亮卻說：「我明明囑咐你不要將我的話告訴周郎，但是你偏偏不聽，結果惹急了他。現在他故意要將我置於死地，就是你把我推進了火坑！」

臨時抱佛腳是抱不到的。諸葛亮前面埋下的伏筆發揮了作用，這一番話讓魯肅內疚不已，就像他欠諸葛亮一個恩惠沒還一樣。當諸葛亮向他提出要求時，魯肅是無法拒絕的。這也是無處不在的「互惠原理」的作用。

諸葛亮說：「三天造十萬支箭，真是駭人聽聞。我必死無疑，還望子敬救我一命。」

魯肅說：「你已經立下了軍令狀，我怎麼救你呢？」

諸葛亮說：「我只要你借我二十艘船，每艘船上配三十名軍士，船上用青布為幔，每船還要稻草束一千個。三天後，我請你到江邊看箭吧。」

魯肅的第一反應是諸葛亮雖然嘴還是硬，但總之還是要借船開溜了，之所以借二十艘船，就是為了布疑兵之陣。魯肅內心歎了口氣，心想：「諸葛亮，你雖然足智多謀，但還是鬥不過周瑜啊。」

諸葛亮還說：「子敬，這次你可千萬別告訴周郎，否則我的妙計就不能成功了。」

魯肅心懷愧疚，無法拒絕諸葛亮的請求。但他還是不敢輕易答應，因為事關諸葛亮立下的軍令狀，如果他乘了魯肅的船半路逃跑，魯肅是要吃不了兜著走的。

所以，魯肅回來還是向周瑜如實匯報了。周瑜沉吟片刻，也判定諸葛亮別無他法，只能開溜了。至於借二十艘船，多半是要設疑兵之計。諸葛亮開溜正是周瑜樂見的結果，於是，周瑜同意魯肅借船給他，希望諸葛亮就此消失，永不再見。

諸葛亮有了船，內心安穩，接連喝了兩天酒，到了第三天的四更時分，他叫上魯肅一起上路。

諸葛亮為什麼一定要叫上魯肅呢？魯肅是必須帶上的，這是一件鎮船之寶。因為這二十艘船上都是魯肅的部下，主將魯肅在場時，必然是同進同退，絕不會不聽號令。否則，等到曹軍箭如雨下之際，不明就裡的軍士恐怕會掉轉船頭回撤，諸葛亮就是有通天的本領也指揮不得。

但魯肅早已判定諸葛亮是要溜回家去了，怎麼肯陪諸葛亮回家呢？關鍵看諸葛亮怎麼來說服。

諸葛亮對魯肅說：「子敬，請跟我去取箭！」自信的表達方式真是一件法寶，魯肅不但相信，而且好奇。魯肅問：「箭在何處？」難道你家主公劉備那裡箭多得不得了，你準備回家去拿？

諸葛亮說：「你不用多問，去了就知。」魯肅誤以為諸葛亮這一次大丟其臉，不肯細說，為了保全他的面子，也就不再追問。

大霧彌江，船隻悄然靠近了曹軍水寨。諸葛亮命令船上擂鼓吶喊。魯肅這才驚覺，諸葛亮竟把他帶到曹營跟前了。

正常人的反應必然是找死來了。就這麼二十艘船，如果曹兵齊出，諸葛亮、魯肅等全部得成為俘虜。很多人也以為，諸葛亮此刻必然是心事重重，壓力很大。但其實不然，草船借箭的這一刻，幾乎是諸葛亮在江東獨立奮鬥過程中最為放鬆愉悅的時刻。

為什麼這樣說呢？原因有三：

第一，人的第一需求就是自身的安全需求。當不確定的危險迫近時，人的本能反應就是逃避，或阻隔危險向自己靠攏。曹操本來就是個多疑之人，對自身安全的需求更勝他人。他曾經故意在臥室裡殺死侍衛，卻偽裝不知，還廣而告之說自己善於在睡夢中殺人，以此來恐嚇想趁其睡覺時行不軌之人。此刻，大霧中伸手不見五指，曹操摸不清東吳底細，必然以為東吳方趁著大霧發起了突襲。敵方有備而來，己方練兵不成，絕對不能隨便出擊迎敵。那麼只剩下阻隔一法，而射箭逼退則是最好的阻隔之法。

第二，曹方蔡瑁、張允已死，毛玠、于禁是臨時替代的外行，從來沒有在霧中水戰的經驗，根本判斷不出東吳方到底有多少人馬前來進攻。不熟悉的事情也是一種潛在的危險，所以，在資訊不充分的條件下，毛玠、于禁也會求穩自保，待了解了情況再做決定。

但曹營中弓弩手不在少數，先是三千人施射，後又增加到一萬人。十萬支箭其實無須多長時間就射完了。等到天色將明，曹操及毛于等人清醒過來，諸葛亮早已功德圓滿，開始撤退了。

但是，一旦曹兵隨後來追，諸葛亮勢單力孤，是不是很容易被擒獲而前功盡棄呢？

事實上，諸葛亮早就考慮到了這一點。作為一個優秀的戰略家，如果不能事先考慮好執行中的每一個細節，那麼，執行必然是不成功的。當時，東南風尚未「借來」，刮的還是西北風。諸葛亮去時逆風，回程則是順風。這樣，草船雖因借了箭而增加了重量，但所謂順風順水，諸葛亮此行肯定是功成身退。

諸葛亮估摸十萬支箭已經差不多，就掉轉船頭撤退，然後讓人高呼：「多謝曹丞相賜箭！」曹操聽見，方才明白，再派人去追，諸葛早已飄然遠走。

魯肅擔驚受怕了半天，現在卻對諸葛亮佩服得五體投地，驚為神人。以前，他對諸葛亮雖然佩服，但還沒有到五體投地的地步。經過這次切身感受，親眼看著諸葛亮在萬箭齊發中談笑自若，瀟灑飲酒，順利「借」來十萬支箭而自身毫髮無損，魯肅不由得對諸葛亮頂禮膜拜。

而對諸葛亮來說，借箭不過是「廢物利用」（這個「異常」的天象他本來是要棄之不用的）而已，借箭亦不過是他的一個手段，而他的目的顯然不在於此……

> 心理感悟：要善於在他人心裡而不是自己心裡製造愧疚。

## 26——知覺的較量

諸葛亮借著草船借箭的驚人之勢，對魯肅說了一番鏗鏘有力的話。

諸葛亮說：「為將而不通天文，不識地利，不知奇門，不曉陰陽，不看陣圖，不明兵勢，是庸才也。亮於三日前已算定今日有大霧，因此敢任三日之限。公瑾教我十日完辦，工匠料物，都不應手，將這一件風流罪過，明白要殺我。——我命繫於天，公瑾焉能害我哉！」

諸葛亮的話裡有三層意思。

第一，把為將的最高素質當成基本素質，用來貶低周瑜。有了草船借箭的成功案例烘托，諸葛自然是符合要求的為將之人，但諸葛亮將其定為基本素質後，所有不如他的人就成了「庸才」。

第二，大霧天氣是諸葛亮早就推算出來的。但諸葛亮卻說是三日之前算定有大霧，意指當周瑜故意以造箭為難之際臨時的神機妙算，這顯然會增加諸葛亮的神祕感和權威感。這是諸葛亮為自己立威所做的鋪墊。

第三，揭破周瑜的陰謀，並透過宣揚「我命繫於天」來進一步神化自己。這句話他不能直接對周瑜說，只有藉由魯肅這個傳話筒傳遞給周瑜。

成功真是一個好東西。當周瑜看到十萬多支箭如期搬到中軍帳裡交差，又聽了魯肅細說原委後，不由得深深地被折服了。這一刻，諸葛亮在他眼裡幾乎成了一個神。在神面前，凡人怎麼還可能心生嫉妒呢？

周瑜恭恭敬敬地出了營寨，以對待老師的禮節來迎接諸葛亮。見面的第一句話就是：「即便是古代的孫武、吳起，也趕不上先生您啊！」

諸葛亮微笑道：「雕蟲小技，不足為奇啊。」

這兩個曠世奇才之間的關係，第一次如此融洽。周瑜恭恭敬敬向諸葛亮請教破曹之計。諸葛亮謙讓一番，周瑜說：「我有一計，不知可否，請先生論之。」

諸葛亮急忙攔住周瑜：「都督先別說，咱們兩人各自寫在手內，看看是否所見略同。」

周瑜一笑，同意了，叫人取來筆墨。

諸葛亮這樣做是不是多此一舉呢？既然周瑜要說，你就讓他說好了。

絕對不是。

諸葛亮心細如髮，心如電轉。他早已經定好了火攻之計，如果周瑜也想到了，並先行說了出來，那麼將來的首功就是周瑜的。這就像現在專利權並不是頒給最早發明的人，而是頒給最早申請的人。

前面已經分析過，諸葛亮必須處處爭功，時時立威，以便為將來分紅打基礎，所以，他一定要阻止周瑜。而當兩人同時寫在手上，即便相同，也是共用「專利權」。一旦周瑜之計不如火攻，那麼，諸葛亮的功勞就更大。

所以，諸葛亮必然要耍上這麼一個保贏不輸的把戲。

兩人寫畢，各自伸掌一看，都是一個「火」字！兩人相視大笑。周瑜笑的是自己的妙計竟然與「神人」諸葛亮完全一致，足見自己英明；諸葛亮笑的是，沒有被周瑜搶注「專利權」，並且讓事情進入了自己的預設軌道。

這個時候，周瑜還沒有想到風向的問題。一旦想到了，他是要吐血的。但諸葛亮早就知道了必刮東風，他也知道，到時候自己必可利用東風大做文章。

在這個問題上，可以看出周瑜是後知後覺的，而諸葛亮是先知先覺的。而他們的共同對手——曹操，則是隨知隨覺的。這三個人的排名是諸葛亮、曹操、周瑜。

曹操採納了龐統的連環計，將戰船連在一起，果然如履平地。但此時程昱進言說：「船連在了一起，固然是平穩了，但如果敵人用火攻，就無可逃避了。」

曹操哈哈一笑，說：「凡用火攻，必借風力。方今隆冬之際，但有西風北風，安有東風南風耶？吾居於西北之上，彼兵皆在南岸，彼若用火，是燒自己之兵也，吾何懼哉？若是十月小春之時，吾早已提備矣。」

曹操的這番話，和諸葛亮教育魯肅的那番話何等相似！曹操的軍事才能確實是很了不起的，否則也不可能統一中國北方。

可惜的是，他遇到了比他更厲害的諸葛亮。

諸葛亮與周瑜大笑之後，深入一想，不由得嚇出來一身冷汗，並開始後悔自己此前對魯肅說的那番話了。

那是一番過頭話。當時，諸葛亮確實有一點得意忘形了。

過頭就在一個「算」字上。「亮於三日前已算定今日有大霧」，也就是說，大霧是必定有的，只是諸葛亮比別人提前算到了。既然如此，將來的突刮東風，也是可以提前算出來的。東風當然是火攻曹操的關鍵，但如果東風只是算出來的，也算不得多少大的功勞。東風要刮三天，即便是不會算的周瑜，也會當機立斷，在刮起東風的當天，甚或是第二天發起火攻。反之，將本來就要「刮」的東風，包裝成靠自己神力

「借」來的東風，情況就大大不同了，破曹的功勞一大半是要記在借來東風的諸葛亮身上的。過猶不及，言多必失。諸葛亮教訓魯肅確實是過足了嘴癮，但也給自己的未來謀劃埋下了禍根。

諸葛亮努力控制住自己內心的懊悔，與喜氣盈面的周瑜告別，回去苦思如何彌補這個巨大的漏洞。

再說周瑜，既然定好了「火攻之計」，就緊鑼密鼓地部署起來。他和黃蓋商量好苦肉計，讓黃蓋詐降。隨後又利用蔣幹再次來訪的機會，讓龐統跟隨而去，說服曹操採納連環計——將大小戰船用鐵環串聯在一起。

這一天，周瑜在山頂觀望曹軍水寨，突然看見一陣大風將軍寨中央的黃旗吹折。周瑜看著旗杆倒向的方向，突然想起了一件事情，當即口吐鮮血，往後而倒，不省人事！左右親近急救回營。

萬事俱備，只欠東風。

周瑜就是因此而病。如果沒有東風，一切謀劃都是水中花，鏡中月！而隆冬之際，哪裡會刮東風呢？看來，連老天都在幫曹操啊！這對周瑜的打擊實在太大了，他無法承受。

周瑜在破曹的關鍵時刻，一病不起。東吳人心惶惶。諸葛亮心知肚明，卻先不點明。東吳的這一場危機，正是他再次自高身價的大好時機。東吳上下，越是著急，就越顯出諸葛亮之能。拖得時間越長，就越顯出諸葛亮之功。

看著火候差不多了，再拖下去東風就快來了，諸葛亮才找來魯肅，說：「都督的病，我藥到病除。」

魯肅雖然從來沒聽說過他能治病，但對他早已頂禮膜拜，深信不疑，權威的力量是橫跨一切領域的。魯肅立即將他帶到周瑜病榻之前。

諸葛亮對周瑜說：「連日不見，沒想到都督病得如此嚴重。」

周瑜歎了口氣：「人有旦夕禍福啊。」

諸葛亮立即對了一句：「天有不測風雲啊。」這句話一語雙關，周瑜是多麼機敏的一個人，怎麼能聽不出諸葛亮話中有話呢？

周瑜之所以會病得如此沉重，和諸葛亮上次宣揚他預先算出大霧天氣有關。這一點，周瑜是深信不疑了。當他看到曹軍旗杆被北風刮倒後，突然想起北風會讓他引火自焚。而此時，他判斷諸葛亮事先也沒有料到這一點，但他絕不敢讓諸葛亮來算一算會不會刮東風。因為只要一問諸葛亮，事情就大白於天下了。周瑜的自尊心接受不了自己的奇計良謀轉眼之間變得奇臭無比，這是他維護面子的需要。

但諸葛亮的這句話一說，周瑜知道已經瞞不住了，只能再次請教諸葛亮。

諸葛亮請人拿來紙筆，魯肅以為他要開藥方。沒想到諸葛亮只寫了十六個字：

「欲破曹公，宜用火攻；萬事俱備，只欠東風。」

周瑜見諸葛亮果然識破自己的心思，雖然有些難堪，但事情不解決始終是不行的，他也沒有別的辦法，只能請諸葛亮賜教。

「請先生算一算何時會刮東風！」

諸葛亮最為害怕的問題終於冒了出來。如果周瑜早一點提出來，諸葛亮還真不知該如何回答，但此刻諸葛亮已經想好了應對之策。

諸葛亮沉重地點了點頭，說：「我早已算過了，這個冬季不會刮東風。」這個回答在諸葛亮心裡已經翻滾了無數遍。這是他苦心思考後，對自己當初信口開河而留下的漏洞的修補之策。

這個回答因其符合一般人的生活常識，其可信度是極高的。大霧之天，是冬季常見的，而東風在冬季則幾乎是不可能刮的。

周瑜聽到這個回答，心中近乎絕望，直挺挺又向後倒去，嘴裡只是念叨：「先生，你不是說天有不測風雲嗎？」

諸葛亮神情嚴肅地說：「都督不用著急，我還有一個辦法。」

> 心理感悟：過猶不及，人人皆知，但人人卻難以避免。

## 27 形式主義的必要性

諸葛亮有什麼辦法呢？

他其實根本不用想什麼辦法，周瑜最需要的東風會自己刮起來。冬季刮東風，雖然罕見，但也不是絕無僅有。重要的是，諸葛亮知道刮東風的具體日期，而其他人都不知道。這就給他一個故弄玄虛的好機會。

諸葛亮說：「我曾經遇到過一個異人，蒙他不棄，傳授了《八門遁甲天書》給我。我也因此學會了呼風喚雨、役鬼驅神。都督如果需要東風，倒也不難。只要在南屏山建築一座七星台，我在上面作起法來，可以借三天三夜東風！」

周瑜一聽，訝異不已，簡直不敢相信自己的耳朵。此前，諸葛亮提前算定了大霧天氣，成功地加以利用，為己方借來十萬羽箭，已經讓周瑜佩服不已，並全面改觀了對諸葛亮的態度。但畢竟大霧天成，諸葛亮不過是測算得準，尚屬可信範圍。如今，諸葛亮竟然說他可以在隆冬之際，透過作法祈禱借來東風，可信度實在不高。

但周瑜此時已經無法可想，看看諸葛亮說得自信坦然，也只好死馬當成活馬醫，先試一把了。周瑜當即撥派五百軍士去幫諸葛亮築壇。

諸葛亮絲毫不敢馬虎，度察地勢，選定地點，然後命軍士取東南方赤土築壇。這個壇方圓二十四丈，分三層，每層高九尺。第一層插二十八宿旗，第二層插六十四卦旗。最上一層用四人，各人戴束髮冠，穿皂羅袍，鳳衣博帶，朱履方裾。前左立一人，手執長竿，竿尖上用雞羽為葆，以招風信；前右立一人，手執長竿，竿上繫七星號帶，以表風色；後左立一人，捧寶劍；後右立一人，捧香爐。壇下二十四人，各持旌旗、寶蓋、大戟、長戈、黃鉞、白旄、朱幡、皂纛，環繞四面。

諸葛亮自己也選定吉時，沐浴齋戒，身披道袍，跣足散髮，來到壇上，仗劍作法。

諸葛亮明明知道就算不築壇作法，東風也必定會來，為什麼還要煞有介事地大搞形式主義呢？

這就是諸葛亮的高妙之處！呼風喚雨實在是一件太過神奇的事，要想讓人相信非常困難。但諸葛亮不但要讓東吳的人深信不疑東風確實是他借來的，而且還要讓人覺得借東風極為不易。只有這兩個條件都滿足了，諸葛亮才有資格理直氣壯地將破曹的首功歸在自己名下。

諸葛亮的這種做法，正好契合了人類心理認知機制上的「易得性直覺」。

所謂易得性直覺是指，如果某一類資訊是形象而生動的，就更容易被我們感知，也更容易被我們判斷為相關的事情發生得更頻繁。

比如，我們通常認為在各類交通工具中，坐飛機的風險最大。荷蘭籍的足球明星博格坎普甚至有飛機恐懼症。凡是需要坐飛機去客場比賽時，他總是拒絕和隊友同行，而是選擇單獨駕車或搭乘其他交通工具，費盡周折前往。

其實這種看法是不符合事實的。根據美國聯邦安全委員會1991年的調查，發生汽車事故導致死亡的機率是飛機失事的二十六倍。那麼，為什麼人們會認為坐飛機最危險呢？這是因為空難的慘烈情形最容易被感知，所以我們會高估飛機失事的機率和危險性。

回到諸葛亮的話題。

諸葛亮絕對不能說自己算定東風會來，只能說東風是自己憑藉神力借來的。而這個借的過程非常複雜煩瑣，容不得一絲馬虎。只有這樣，諸葛亮才能將這個神祕而抽象的過程形象化、高大化、可信化。也只有這樣，諸葛亮才能在自己頭上再次罩上一個更大的光暈，讓人們對他的神祕偉大更加景仰崇拜，讓人們把他的神祕偉大傳播得更遠更廣。

諸葛亮還吩咐守壇將士：「不許擅離方位。不許交頭接耳。不許失口亂言。不許失驚打怪。違令者斬！」

這一做法既是出於利用「易得性直覺」的需要，也是諸葛亮埋下的另一個伏筆。

這個伏筆就是為自己的私自出逃做好準備。諸葛亮早已算計好了，只等東風一起，就立即跑路開溜，趕快回夏口。這些守壇將士不得亂動，諸葛亮跑的時候就沒人阻攔了。

諸葛亮來時，是魯肅陪著光明正大而來的。諸葛亮回去時，為什麼要偷偷摸摸回去呢？很多人認為，諸葛亮知道周瑜嫉妒自己，一見風起，過河拆橋，就要派人將自己殺掉，所以要事先安排好了。

其實不然。周瑜對諸葛亮的態度在「草船借箭」後有了一百八十度的大轉變，對諸葛亮以師禮事之，不再暗中陷害了。

諸葛亮的真正目的是趕快回家去部署兵將，趁著東吳和曹操力戰之際，趕快爭奪戰利品。東西就那麼些個，東吳人多勢眾，如果劉備一方老老實實等曹操完全敗退後再去爭奪，恐怕就撈不到什麼好處了。所以，一見風起，諸葛亮就必須立即趕回去。

再說周瑜，一直在帳中等待風起，左看也沒動靜，右看也沒動靜，就對魯肅說：「我還是太相信諸葛亮了。看來他是沒有借來東風的能耐的。」這倒也是周瑜意料之中的事情。但是，到了三更時分，忽聽風聲響動，旗幡搖動，周瑜出帳一看，東風竟然真的刮起來了！

真是非同小可！周瑜對諸葛亮的態度就在這個瞬間又起了一個一百八十度的大轉變。

周瑜駭然想道：「諸葛亮竟然真的能夠呼風喚雨。這樣的人，勝過我太多了。如果留著他，以後東吳就無寧日了！」

你可以比別人強，但如果你強悍得讓別人一點機會、一點希望也沒有，你就會遭到因你而徹底絕望之人最慘烈、最卑鄙的暗箭！

殺掉諸葛亮就此成了周瑜此刻最重要的大事。夢寐以求的東風雖然已經刮起，但周瑜沒有先忙著部署軍事，而是先命令徐盛、丁奉二將率領二百兵士，趕到南屏山七星台，拿住諸葛亮，不問長短，殺了再說。

徐盛、丁奉趕到，諸葛亮卻早已腳底抹油開溜了。徐丁二人打聽清楚諸葛亮已經乘船離開，連忙也上船追趕。

徐盛吩咐扯起風帆，一路緊追慢趕。遙遙望見前面一船，正是諸葛亮所乘之船。

徐盛大聲呼喊：「軍師別走，都督有請！」

諸葛亮出來站在船尾，大聲回應道：「請二位將軍回去告訴都督，東風已起，好好用兵。我先回夏口，他日再相見。」

諸葛亮見徐盛、丁奉二人全副武裝，這才知道是周瑜派來殺他的。說實話，這一點倒是他萬萬沒有想到的。這一事件對諸葛亮的影響是很大的，甚至可以說從根本上改變了諸葛亮對周瑜的看法。

此前，雖然周瑜屢次為難他，要「光明正大」地害他，諸葛亮都覺得是在正常的、可接受的範圍之內。大家各為其主，諸葛亮自己也是懷著「不可告人的目的」去東吳的。但諸葛亮這一次卻被深深地傷害了，也被深深地激怒了。

諸葛亮認為，不管怎樣，東風是他「借」來的，他的功勞是大大的。現在周瑜不但沒有感謝的表示，竟然還派人來殺自己。這無論如何是說不過去的。就在這一刻，諸葛亮下定了決心，一定要用最解恨的方式來「回報」周瑜，絕不手軟！

諸葛亮向來是個謹慎的人，他在東吳的這段經歷是他一生中罕有的冒險經歷。但就在這一次冒險結束的時候，諸葛亮還是做了最謹慎的安排。

這一艘來接他回去的快船上有一個人，一個足以讓徐盛、丁奉膽寒的人，這個人就是趙雲。現在看來，讓趙雲來接人，真的沒有浪費人力資源。

徐盛、丁奉還待追趕，趙雲站上船尾，拈弓搭箭，大聲叫道：「我乃常山趙子龍！奉命來接諸葛先生。你若再來追趕，我箭上可不長眼睛！要是一箭射死了你，顯得兩家失了和氣。你且看看我的手段！」

話音剛落，一箭怒射，正中徐盛船上的拽篷索！

徐盛、丁奉聽過趙雲的威名，再也不敢追趕，只好回去向周瑜匯報。

周瑜一時也顧不上這件事了，機不可失，時不再來，他立即開始部署，對曹操發起總攻。

赤壁火起，英雄了半世、縱橫了半世的曹操，就這樣被一把火燒敗！

而諸葛亮回到夏口之後，也開始了部署。此時的諸葛亮和去東吳之前的諸葛亮已經大不一樣了。他已經有了足夠的威信和自信來面對劉備手下的這幾個虎狼之將了。尤其是關羽，諸葛亮覺得到了該收服他的時候。

諸葛亮決定，這一次，不但要坐收曹操的漁利，而且還要借這個機會，讓關羽對自己心服口服。

諸葛亮心裡又激盪起那首出山之前經常吟誦的《梁父吟》：

步出齊城門，遙望盪陰里。里中有三墳，纍纍正相似。問是誰家墓，田疆古冶子。
力能排南山，文能絕地紀。一朝被讒言，二桃殺三士。誰能為此謀，國相齊晏子。

晏子，他差得有點遠了。這麼好的三個勇士，用兩個桃子就殺掉了。以後國有大事，又到哪裡去找勇士呢？

心理感悟：故弄玄虛是最好的自我神化方式。

## 28 激將法該怎麼用

激將是需要資本的。一個無足輕重的人，對他人負面或低估的評價，絲毫激不起他人做出相反方面言行的衝動。

諸葛亮知道這一點。所以，儘管他對激將法情有獨鍾，但他並沒有一開始就貿然使用。諸葛亮從東吳逃回後，覺得時機已經成熟。他知道，雖然自己在博望坡和新野的兩把大火燒敗了曹兵，也收服了張飛和趙雲等人，但關羽始終冷眼旁觀，傲視無禮。諸葛亮認為自己這一次火燒赤壁，讓曹操百萬大軍灰飛煙滅，其功績之偉大，百倍於此前的戰績。以這樣不可思議的巨大成功做資本，來對關羽運用激將法，應該是很有底氣的。

諸葛亮的自我感覺相當良好，但他實際上犯了一個錯誤。諸葛亮分派諸將的時候，東風剛起，東吳對曹操的總攻尚未發起。諸葛亮由於盡得天機，最終的結果全部已經在他算計之中。而劉備營中除他之外的所有人，都還不知道事態會如何發展，會發展到何種地步。

這種資訊不對稱帶來的時間錯覺，讓諸葛亮感覺良好，而他人卻無動於衷。至少在關羽看來，此刻的諸葛亮和此前從夏口去東吳時的諸葛亮並沒有不同。所以，當諸葛亮針對關羽的激將大計一一展開時，關羽仍是原來的態度。

諸葛亮先派趙雲在烏林埋伏，再派張飛在葫蘆口埋伏，專等曹操敗逃而來。諸葛亮又派麋竺、麋芳、劉封三人，趁著東吳追殺曹兵之際，到江上剿擄敗兵，搶奪船隻器械。這三人本領平常，但趁火打劫的任務還是勝任的。

諸葛亮分派已定，卻全然不睬關羽。關羽看著諸葛亮這一番裝腔作勢，知道他是針對自己而來的，心中怒氣陡生，但軍令大權掌握在諸葛亮手中，又有什麼辦法呢？

辦法其實是有的。關羽可以借助權威的力量來應對諸葛亮的激將挑戰。具體做法很簡單，關羽只要當著諸葛亮的面，心平氣和地對劉備說：「大哥，我要向你告辭了。」劉備必然大為吃驚。只要劉備一追問，關羽就可以借勢說：「我能力有限，在這兒也派不上大用場，就不待在這裡妨礙大家了。」

如果關羽這樣做，等於是反過來將諸葛亮一軍。劉備一干涉，諸葛亮此前的激將謀劃就泡了湯，關羽就能在與諸葛亮的較量中占上風。諸葛亮要想用好關羽，就不能再用激將之法，而得另想他法。

但關羽沒有想到這一個辦法。他按捺不住，直接對諸葛亮發出質問，這樣做氣勢很盛，但作用遠不及「以退為進」。

關羽說：「我自從跟隨兄長征戰以來，從來都是第一個領兵抗敵。今天遭逢大敵，軍師為什麼不肯見用？這是什麼道理？」

關羽是借力於慣例（每次都是第一個被委以重任）來加強自己的說服力。但諸葛亮不會和他在這等細枝末節上糾纏，而是早就設好了一個大圈套。

諸葛亮採用的是「先捧後殺」的辦法：「雲長公，我哪裡是不想派你出征啊。我本來有一個極為重要的隘口，非你不能把守。但是又想到有一些不方便的地方，所以不敢有勞你啊。」

關羽受激不過，追問：「有什麼不方便，說來聽聽。」實際上，諸葛亮的這種說法明顯是一個語言陷阱。最好的應對之策是絕不追問，只需冷笑幾聲。但只要你一追問，就掉入了陷阱，接下來就很難自拔，只能沿著人家預設的說服軌道前行了。

諸葛亮說：「當年曹操待你不薄，你發誓要好好回報。今天曹操兵敗，必然從華容道逃來。如果讓你去把守，恐怕你會放他過去。因此不敢派你去。」

關羽怒道：「這是什麼話！軍師你也太多心了。曹操雖然對我有恩，但我斬顏良誅文醜，已經報答他了。如果在華容道遇上，我怎麼會放過他！」

適可而止，過猶不及。實際上，這個時候諸葛亮已經可以收手了，但他又追問了一句：「如果你放了曹操，又怎麼樣呢？」

關羽這個時候已經沒有退路了，只能硬著頭皮說：「我願意軍法從事。」

諸葛亮還是不依不饒：「那麼就立下軍令狀吧。」

口說無憑，白紙黑字，書面承諾的威力是很大的。這一招似乎是從周瑜那裡學來的，周瑜就曾讓諸葛亮立下軍令狀，在三天之內製造十萬支箭。如果不能完成，就可以光明正大地砍諸葛亮的腦袋。

關羽當即寫下軍令狀，而作為丟了面子的反撲，關羽對等要求諸葛亮寫下軍令狀，一旦曹操沒有從華容道而來，那麼，他也要砍下諸葛亮的腦袋。

事情到了這一步，諸葛亮其實有點作繭自縛了。立了軍令狀，表面上是對關羽的強力束縛，但實際上對諸葛亮最為不利。

首先，諸葛亮認為曹操此刻還不能死，甚至也不能活捉。曹操一死，中原群龍無首，東吳就可借機吞併，這樣就可能造就東吳的一統天下，劉備兵微將寡，無法和其交鋒。如果活捉了曹操，就成了燙手的山芋，殺了他，曹操死忠舊部必然將劉備視為死敵，就算投靠孫權之後也要竭力剷除劉備為他報仇；不殺他，曹操的舊部早晚也要發兵前來施救。總之是麻煩不斷。所以，最好的辦法就是放了曹操。

其次，在關羽放了曹操後，軍令狀就成了一個兩難問題的禍首。有劉備在，關羽是殺不掉的。而且，殺關羽也就淪落到晏子的水準了，諸葛亮是不屑為之的。那麼，不殺關羽，人人知道諸葛軍師的軍令狀是做不得數的，這非常不利於諸葛亮的管理權威。

最好的做法應該是這樣的：

諸葛亮也用不著大張旗鼓地對關羽激將，只需直接將鎮守華容道的任務分派給關羽，並簡短而莊重地吩咐一句：「將軍以國事為重，不可私而忘公！」

這樣，關羽在放了曹操之後，內心必然十分愧疚。回來交令時，肯定要主動向諸葛亮請罪。此時，諸葛亮再大度地來上一段：「將軍無罪。亮夜觀天象，發現曹操命不該絕。此乃天意，非人之罪。將軍不負舊約，寧可身負軍法，也要遵守前誓，真是大忠大義之人啊！」

如此這般，既能將關羽違令帶來的對諸葛亮管理權威的挑戰用天意消弭於無形，又保全了關羽的面子，這是對關羽極為深重的施惠。關羽怎麼能不感激涕零，心悅誠服，誓死以報呢？

關羽知恩圖報的心理遠比一般人強烈，他能在華容道放了敵對陣營的曹操就是一個典型的例子。而諸葛亮是他同一陣營的，都在為劉備效力，兩人的立場一致。諸葛亮本來有更大的可能收服關羽。但他的這一次激將，卻成了「激僵」，兩個人的關係就此埋下了令劉備走向衰亡的伏筆。

劉備見立了軍令狀，擔心關羽會放了曹操。諸葛亮用「天象說」解釋曹操命不該死，樂得送關羽一個人情。但等到關羽回來交令，諸葛亮卻似乎忘了他曾和劉備說過的這一番話。

諸葛亮要用軍令狀來壓制關羽，讓他低頭。關羽儘管還沒有到視死如歸的程度，出於面子，也不肯低頭服軟，雙方陷入僵局。關羽可以視軍令狀為兒戲，但諸葛亮自己不能視為兒戲。他只能硬著頭皮喝令將關羽推出斬首，以此把難題推給劉備。

劉備當然是要出來阻擋的。劉備的做法倒是非常高明，他首先承認關羽的錯誤，以此來維護諸葛亮的權威。緊接著，劉備為關羽求情，並提出將功贖罪的緩衝策略。諸葛亮也就借坡下驢，放了關羽。

事情到了這一步，諸葛亮精心設計的激將之法，非但沒有起到預期的效果，反而釀成了更大的尷尬。關羽對諸葛亮的成見更深了，而諸葛亮的這一次失手，反而更挑起了他的好勝之心。激將法是他在隆中時反復思量「晏子二桃殺三士」的錯失而想出來的破解之法，怎麼能輕易放棄呢？諸葛亮決定，繼續等待時機，加以運用。

回過頭來再說周瑜。吳兵將曹操擊敗後，鳴金收兵，周瑜決定，乘勝追擊，將攻擊目標對準了曹仁把守的南郡。

周瑜得知，劉備已經屯兵油江口，立即知道這是出自諸葛亮的謀劃。周瑜心想：「我東吳費了這許多兵力心血，才將曹操擊敗。你劉備現在卻想趁機奪取南郡，真是可惡至極。只要有我周瑜在，你就別想得逞。」

周瑜大勝之後，信心勃發，決定前去油江口，面見劉備，要將劉備的占便宜之心扼殺在搖籃之中。

心理感悟：過猶不及是人人無法避免的言行慣性。

# 瑜亮鬥智

先手還是後手 / 抵賴的訣竅 / 成功的道具 /
政治家猛於虎狼 / 感情這種工具 / 錦囊外的祕密 /
踢不好的臨門一腳 / 鐵鍊拴不住大象 / 眼淚模糊了誰的視線

# 29 先手還是後手

對於諸葛亮來說，僅僅在曹操敗逃之路上設伏掩殺是遠遠不夠的，更重要的任務是盡快攻取荊襄之地，為劉備奪得真正屬於自己的地盤。但周瑜不是傻子，不會眼睜睜地看著諸葛亮攻城掠地而無動於衷。其實，周瑜和諸葛亮的想法如出一轍，也是要搶奪後曹操時代的荊襄九郡。

兩個曾經的結盟者在擊敗共同的頭號大敵曹操後，很快就要走上反目成仇的道路了。

周瑜決定先下手為強。出於強大的自信心理，周瑜決定光明正大地告訴劉備，不要妄圖染指我看中的東西。周瑜這個人多才多藝，智謀膽略過人，但唯獨追求「光明正大地做事」這一點限制了他的更大成就。所以，他最多只能成為偉大的軍事家，而無法成為偉大的政治家；而無法成為偉大的政治家，反過來又限制、抑制了其作為軍事家的偉大。

周瑜引兵來見劉備。他的想法是，如果劉備不識相，那麼就先結果了劉備，再圖荊襄九郡。

諸葛亮知道周瑜的來意，更知道劉備的心意，而這兩者正是針鋒相對的。要想讓主公劉備滿意，就不能照顧周瑜的心情；而要按周瑜的想法辦事，劉備又極不甘心。諸葛亮身在劉備陣營，當然首先要滿足劉備的需求。但諸葛亮也很清醒，眼前絕對不能和周瑜硬碰硬火拼（從實力對比來看，相差懸殊），相反，前面火燒赤壁，沾周瑜的光，得了不少便宜，現在要攻取荊襄之地，還是要著落在周瑜身上，將他作為可以借力的資源。

諸葛亮很快想好了對策，突然又想到，這一對策是一箭雙雕的好辦法，不但能夠借周瑜之力取得荊裏，還能狠狠地打擊報復周瑜，為自己出一口惡氣。

諸葛亮根據自己的謀劃，將應對周瑜的言辭教給了劉備，劉備設宴款待周瑜。

周瑜說：「玄德公移兵在此，莫非是想攻取南郡啊？」這句話出乎劉備和諸葛亮的預料，也說明周瑜的思辨力是非常不錯的。這個問題有且只有兩個答案。一個是「是」，一個是「否」。答「否」則正中周瑜下懷，是你們自己說不打的，那麼我們要打，你們就別來摻和了；答「是」，就給了周瑜一個罵人的口實，劉備、諸葛亮趁著東吳與曹操正面交鋒，撈了不少實惠，但赤壁之勝，主要出力的是東吳，這一點是不能否認的。周瑜只要以此譴責，向來為「仁義道德」束縛住手腳的劉備是無言以對的。

但劉備卻給出了第三種答案，這不能不讓人佩服他的應變之快。劉備說：「我聽說足下要攻取南郡，所以前來相助。如果都督不取南郡，那麼我是一定要攻取南郡的。」

這個回答不但得體而不傷和氣地回答了周瑜的問題，而且，寓攻於守，反過來將了周瑜一軍，將整個談話拉到自己預設的軌道上。

周瑜說：「我怎麼會不攻取呢？我東吳早就想這樣做了。現在南郡已經是我囊中之物，如何不取！」周瑜話裡有話，表明了這次我方可不想和你們聯合了，憑我們自家的實力，足能搞定一切，你們再想占便宜，那是沒門的。

劉備在諸葛亮的點撥下，早已經知道周瑜最大的軟肋就是「受不得激將」。所以，劉備不緊不慢地跟上一句：「勝負難料啊，哪裡有必勝的事情呢。現在曹操派曹仁留守，此人勇不可當，我是為都督擔心勞而無功啊！」

周瑜心中一氣，心想：「曹仁再勇，我也用不著你們來幫忙。幫忙是假，分利是真。誰不知道你們的想法啊？」但周瑜一受激，自負心就出來了，說：「若我攻取不了南郡，那就聽憑你去攻取！」

這句話是不能說的，劉備等的就是這句話。劉備絕對不會放過這個機會，連忙說：「都督，這可是你說的。子敬、孔明都在這裡為證，你可不要反悔！」

周瑜聽到劉備這樣說，想想「詭計多端」的諸葛亮，心中略有後悔之意，但這種公開的承諾又哪裡能夠撤回呢？只有在承諾的外殼上再加上一層堅固的護套：「大丈夫一言既出，駟馬難追，何悔之有！」

諸葛亮也不會放過這樣的機會，連忙進一步明確說：「都督此言甚是公論。先盡東吳去取，如果攻取不下，主公再取之無妨。」

話已經說到這個份兒上了，周瑜只能認帳。但他也沒有太大的不快。承諾對雙方都是有約束力的，只要自己擁有了攻取南郡的優先權，一切都不在話下，劉備、諸葛亮就算有什麼陰謀詭計，總也不能明著違背約定，搶先去取南郡吧。

周瑜告辭而去。劉備也有些後悔了，對諸葛亮說：「先生剛才讓劉備如此說。但想劉備孤窮一身，無立足之地。現在好不容易有一個南郡之地可以用來容身，如果讓周瑜先攻取了，我又到哪裡去安身呢？」

諸葛亮大笑道：「主公不必多慮，我自有安排。」

再說周瑜，調兵遣將，與曹仁交鋒，先是攻取了夷陵，又將南郡團團圍住，猛力攻打。曹仁眼看難以抵擋，突然想到曹操撤退之時，曾經留下一個詐敗之計。於是依計而行，將周瑜誘進城池。一陣亂箭，射傷了周瑜。周瑜只能引兵而退。箭上有毒，周瑜痛不可當。眾將為其安危考慮，任曹仁如何挑戰，只是按兵不動。

周瑜在病榻之上，聽到曹兵搦戰之聲，受激不過，喚來程普等人，責問道：「你們收兵不戰，到底是想怎麼著？」

程普說：「眾將擔心都督身體，都想收兵回江東，等都督箭瘡平復，再來攻打。」

周瑜心中一陣愴然，真是被劉備的烏鴉嘴言中了。現在不取南郡，劉備就要出兵，東吳就喪失機會了。如果真是這樣，周瑜的自尊心是無法承受的。周瑜奮然躍起，大聲說：「大丈夫既食君祿，當死於戰場，馬革裹屍而還。豈可為吾一人而廢國家大事乎！」

這句話鏗鏘有力，千載之下，仍然擲地有聲，讓人為周瑜的忠肝義膽欽佩不已！

周瑜強自披甲上陣，引兵直攻南郡。周瑜的這一番舉動，其根源還在於他和劉備的約定。如果沒有這個約定，他盡可養好箭傷，再來圖南郡。

現在則只能捨命攻打。周瑜雖然迫於無奈，但他畢竟足智多謀，自己的箭傷也成了一個可供利用的資源。

曹仁出戰，吩咐諸將大罵周瑜。周瑜在陣上口吐鮮血，被手下搶回營中。其實這不過是周瑜的詐死之計。他吩咐將士遍傳自己的死訊，全營掛孝。

曹仁果然上當，乘夜來偷襲，卻被周瑜事先設好的伏兵擊潰。周瑜心懷大暢，就要乘勝攻取南郡。

當周瑜到了城下，卻見大門緊閉，城牆上旌旗飄揚，卻是劉備的旗號！周瑜這一驚非同小可。只聽城樓上趙雲人叫道：「都督得罪了。我已經奉軍師的將令，將南郡攻取了！」

周瑜聽明白了真相，轉驚為怒！這是一次典型的「不光明正大」的背約行為。雙方明明約定，只有周瑜兵敗不能攻取，劉備這邊才能出兵攻打。而現在周瑜眼看就要成功，諸葛亮卻派趙雲不費吹灰之力趁機襲取了南郡！諸葛亮的成功，其實是在周瑜正面與曹仁作戰，牽制了曹仁的主要兵力和注意力的前提下，偷襲得手的。否則，就算劉備方擁有攻打南郡的優先權，硬碰硬地和曹仁交兵，恐怕也沒有必勝的把握。

諸葛亮的這一行為，確實是有負道義的。但我們始終不要忘記一個前提，我們不能用某一時刻的靜態觀點來看待事物。諸葛亮的這一「惡行」，其實是對周瑜先前惡行的一個報復。所謂以牙還牙、冤冤相報就是這個道理。

首先，大家各為其主，為了劉備的利益，諸葛亮即便是和周瑜刀兵相見，也是可能的。在這個大前提下，採用「欺騙」的手法也無可厚非。

其次，報復在什麼樣的情況下能達到最大的效力？就是在透過「事前欺騙」取得報復的結果後，然後透過「事後解說」把報復的謀劃及實施過程一覽無餘地展示給你的報復對象。

「事前欺騙」加「事後解說」，諸葛亮正是這樣做的！如果不是為了達到攻擊成本最小化和報復效力最大化這一雙重目標，諸葛亮完全不用唆使劉備和周瑜定下先後攻取的約定。大家攤開牌，一起攻打或各自攻打，看誰的運氣好。這樣，即便諸葛亮先行得手，周瑜也不會像現在這樣因受了事前的欺騙而怒氣勃發。而趙雲奉命所做的說明，更是將周瑜所受的愚弄公之於眾，廣為人知，讓周瑜的自尊心備受摧殘！

諸葛亮的報復還不止於此。他得了南郡之後，用曹仁的兵符詐調荊州守軍前來救援南郡，卻讓張飛乘虛而入，攻下荊州。又用兵符去夏侯惇把守的襄陽，偽詐求救，如法炮製，叫關羽拿下襄陽。這樣一來，荊襄大半就落入了劉備之手。

諸葛亮的快樂是建立在周瑜的痛苦之上的。周瑜聞知後，大叫一聲，箭瘡迸裂！

心理感悟：世界上可能有無緣無故的愛，但一定沒有無緣無故的恨。

# 30 抵賴的訣竅

周瑜氣迸箭瘡，半晌方醒。周瑜的怒氣在於諸葛亮再一次借助東吳之力謀得了領地利益。所以，周瑜醒過來的第一句話就是：「不殺了諸葛村夫，難解我胸中怨氣。」這實在不是周瑜心胸狹窄，換了任何人，受了這樣的愚弄與打擊，都是要反擊報復的。

但是魯肅攔住了他。說實話，魯肅是東吳第一個，很可能也是唯一一個不願意看到孫劉交兵的人。因為事情最初就是由他引發的。如果不是他主動將諸葛亮帶到江東，一切的恩怨得失就不會以這樣的方式展開，而最重要的是，這一切也就和魯肅沒有任何瓜葛，他足以置身事外了。但現在魯肅既然牽涉其中，出於維護自身行為一貫正確的需要（這是一致性的內在需求），魯肅自然要在維護所屬陣營利益的大立場的間隙維護一下自己的小立場了。

魯肅的理由是去找劉備說理。這也符合周瑜行事一貫追求「光明正大」的特性。於是兩人決定，先找劉備說理，說不通，再動兵不遲。

魯肅來到荊州，看見旌旗整列，軍容甚盛，不由得暗暗歎息。

賓主相見，魯肅先發制人，說：「此前曹操率百萬大軍前來，名為下江南，實際是要來擒拿皇叔的。現在我江東費了錢糧無數，折了人馬無數，幸得殺退曹操，救了皇叔，曹操所占之荊襄九郡，理當歸我東吳所有。而今皇叔使用詭計，將荊州、襄陽、南郡奪取，到底是什麼道理？請皇叔給我一個說法！」

魯肅的這番話，隱含著三層意思，屬於說服的精品。

第一，魯肅開口一個皇叔，閉口一個皇叔，卻隻字不提諸葛亮，實在不是出於尊重劉備的目的，而是因為，說服是要選準對象的。劉備有「仁義道德」的標籤約束，而諸葛亮沒有。同樣的一番話，可以對劉備起作用，卻不能對諸葛亮起作用，所以，魯肅只對劉備下手。

第二，魯肅懂得「施惠求報」的互惠原理。他將曹操下江南的目的說成是前來擒拿劉備，而東吳費了錢糧人馬，救了劉備，是給劉備的一個天大的恩惠。那麼，劉備就應該知恩圖報。如果劉備無以為報，那麼東吳攻取荊襄九郡，劉備至少不應該插手。

第三，你劉備不但不回報東吳，反而用詭計襲取了荊襄。這種行為和你一貫標榜的仁義道德實在是背道而馳了。但我也不直接挑明，我只是弱弱地問上一句，請你給我一個說法。

魯肅這一套「綿裡藏針」的說法，勝過千軍萬馬。那麼，劉備該如何應對呢？

劉備雖然以機變出名，卻無法回答這個問題。他看看諸葛亮，把皮球踢給了諸葛亮。

魯肅之所以口口聲聲，言必稱「皇叔」，就是料定劉備沒法回答這個問題。但是，一旦問題被轉向了諸葛亮，難題也就不成其為難題了。

諸葛亮立即介面說：「子敬你是高明之士，怎麼會說出這種話來？」

諸葛亮的做法是典型的「無理攪三分」。當你在說服談判中處於極端不利的境地時，記得在展開自己的觀點之前，一定試試要「無理攪三分」，不管三七二十一，先否定了對方的觀點再說。

諸葛亮繼續說：「荊襄九郡，又不是東吳的土地，而是劉表的地盤。現在劉表雖亡，兒子猶在。我主公是劉表之弟，以叔父的身分輔佐劉表的兒子，有什麼不可以呢？」

諸葛亮是不會按照魯肅預先設定的互惠軌道來應對的。就這一點而言，無論如何，劉備方都是站不住腳的。所以，諸葛亮另辟戰場，從荊襄歸屬的合法性上來做文章。

但其實，諸葛亮這樣做也是立不住腳的。劉表已經將荊襄傳給兒子劉琮，劉琮向曹操納降，經過這兩次流轉，荊襄此刻的所有權應該是曹操的。既然是曹操的，東吳破曹出了大力，取了荊襄，又有何妨？但可惜的是，魯肅強於深思熟慮，卻弱於臨場應變，他沒有想到這一點，就只能在諸葛亮設定的框架下應對。

魯肅說：「如果公子劉琦占據，那當然是沒問題的。可是，現在劉琦何在呢？」

諸葛亮說：「公子就在這裡，子敬如要相見，我就請他過來。」

其實，不管魯肅想不想見，諸葛亮都要讓他見到劉琦的。只有讓魯肅見到劉琦，魯肅才會安心而去。

諸葛亮吩咐左右，請劉琦出來相見。過不多時，只見兩個從人架著劉琦出來，劉琦面色羸弱，氣喘吁吁，魯肅見了大驚。等劉琦告退後，魯肅默然良久，這是因為劉琦正當盛年，卻是一副垂死之相。

魯肅想了想，問道：「公子若在，如何？不在，又如何？」魯肅自以為問得高明，其實正入了諸葛亮的圈套。諸葛亮說：「公子在一日，則我守荊州一日。如果公子不在了，另行商議。」

魯肅說：「如公子不在了，荊州必須還給我東吳。」諸葛亮笑道：「就按你說的來。」魯肅心中一塊大石頭落了地。劉備這才發言，吩咐擺宴款待。

這個可笑的「借荊州」的協定之所以能達成，其關鍵在於劉琦的健康狀況。劉琦的健康狀況本來是個偽命題，一個二三十歲的青年，根本不是考慮「在」與「不在」的時候。但諸葛亮事先安排讓劉琦裝出垂危之狀，就讓整個命題成真。魯肅只有看到劉琦朝不保夕，才有可能主動退讓，等劉琦死了之後再來取回荊州。否則劉琦生龍活虎，魯肅再傻再天真，也不會輕易放棄領土要求。

而「借荊州」其實只是諸葛亮的一個緩兵之計。較起真來，劉備一方是背離道義的。魯肅如果只是堅持討要說法，諸葛亮也是沒有辦法的。現在，委屈劉琦扮一下垂死之人，和周瑜受了箭傷詐死，其實都是一個套路。這樣一來，談判就不會陷入你爭我奪的頂牛中，而是可以用第三個途徑加以緩衝了。

但諸葛亮這樣做，等於是給自己、給劉備集團上了一個枷鎖，此後孫劉的一切糾紛，禍根即在於此。人在得意的時候，會自套枷鎖。此前周瑜以為南郡勢在必得，就給自己套上了枷鎖。人在愧疚的時候，也會自套枷鎖。這並不說明諸葛亮不夠厚黑，而實在是在照顧劉備的「道德需求」。

諸葛亮自以為聰明，但其實並沒有真正解決這個問題，這只是一種拖延，而拖延很有可能使事情向你不願看到的方向發展。

為什麼要這樣說呢？

其實，這牽涉到諸葛亮一生中最大的失敗。諸葛亮一生中最大的失敗是什麼？是沒能說服關羽聯吳抗魏嗎？是沒能阻止劉備伐吳嗎？是多次北伐勞而無功嗎？

都不是。

諸葛亮最大的失敗在於沒有成功地說服劉備奪取劉表治下的荊州。

當初諸葛亮在草廬之中，對劉備侃侃而談，提出了三分天下的戰略主張，這就是「隆中對」。隆中對力主聯孫抗曹，但其能夠得以施行的基本前提就是取得劉表治下的荊州。

同樣的一塊土地，什麼時候奪取，從誰手上奪取，就戰略價值而言是完全不一樣的。當時，曹操尚未進兵，孫權與劉表相持不下。如果這個時候，劉備從劉表手中得了荊州，就是自家獨立的地盤，和外界不會有領土糾紛。這樣，曹操不能見劉備坐大，也會前來攻打。此時，聯孫抗曹，就順理成章。擊敗曹操之後，東吳也不可能提出荊州歸屬的疑問。這樣，諸葛亮的「隆中對」戰略才真正得到了貫徹實施。

而這個最好的時機錯過之後，荊州的歸屬就有了很大的爭議。現在，諸葛亮靠著陰謀詭計，借著東吳之力取了荊襄，但也為雙方今後的領土糾紛留下了隱患。這一刻，諸葛亮雖然靠「借荊州」得到了暫時的安寧，但此後他再三抵賴不還荊州，在道義的對立面上越走越遠。當關羽鎮守荊州後，其實已經不能心平氣和地與東吳建立聯盟了。道理很簡單，你劉備是得利一方，當然是想維持現狀，保持和平合作的。但東吳這方連續吃虧，心理怎麼能平衡呢？必然要想方設法奪回荊州的。所以，關羽與東吳的交惡，其罪責也不能全部歸結於他心高氣傲，目中無人。真正的原因就在於諸葛亮沒能合理合法地早早奪取荊州。

也許有人會說，並不是諸葛亮不想早取荊州。他多次勸劉備趁早下手，只是劉備囿於道德約束，沒有聽取他的意見。但說而不服，說而不從，正是諸葛亮的缺陷與失敗。劉備並不是不能違背道德，只是你必須給他一個足以違背道德的理由。諸葛亮沒有找到這個理由，所以錯失良機。而另外一個與他齊名的龐統，就幫劉備找到了這樣的理由，讓劉備克服了道德障礙，直取西川。

所以，責任還是要歸結到諸葛亮身上。諸葛亮對劉備說的那句「早晚讓主公在南郡城中高坐」，看似自信自得，其實卻是錯誤可笑的。早晚有別，領地的戰略意義是必須考慮時間價值的。

心理感悟：在品嘗最成功的果實的時候，往往已埋下了最失敗的種子。

## 31 成功的道具

魯肅回見周瑜，將「借荊州」的情形訴說了一遍。周瑜聽說劉琦已經病入膏肓，但還是不相信諸葛亮真的會在劉琦死後主動將荊州奉還。因為上一次諸葛亮當面和他約定攻打襄陽的先後次序，一轉眼就食言而肥的事情還歷歷在目。周瑜是絕不再相信諸葛亮的口頭約定了。但是，孫權命周瑜收兵，周瑜也只能懷恨而去。

諸葛亮則開始享受他這一生中最為輝煌的時刻。說起來，諸葛亮真是一個幸運的人。他自出山以來，一路順風順水，所謀之事無不達成，輕而易舉地達到了人生的巔峰。當然，他並不知道，在他最成功的時候，已經埋下了最失敗的種子。

在這個快意人生的時刻，諸葛亮又有了新想法。他吩咐手下找來工匠，按照自己的設計，做了一輛四輪小車。眾人都不知道諸葛亮製造這輛小車有什麼用，問諸葛亮，諸葛亮也是笑而不答。

此時，劉備又招攬了五位姓馬的賢才。其中為首的馬良向劉備建議盡快攻取荊襄周邊的武陵、零陵、桂陽、長沙四郡。這四郡號稱魚米之鄉，一旦攻取，就可以廣積錢糧。

劉備當即與諸葛亮商量，先行攻打零陵。

零陵守將叫做劉度。劉度聽說諸葛亮率張飛、趙雲前來，急忙喚來兒子劉賢商量。劉賢說：「本州有一上將名叫邢道榮，有萬夫不當之勇，我看張飛、趙雲雖勇，邢道榮也足堪應對。」

這位邢道榮，經常自誇武藝不讓古代名將廉頗、李牧。這一點和諸葛軍師倒有得一比，諸葛亮常常自比管仲、樂毅。

過度自信真的是無處不在。大將軍何進過度自信，以為太監們不敢拿他怎麼樣，結果被太監砍掉了腦袋。曹操過度自信，以為刺殺董卓像殺一隻雞那樣容易，結果臨陣脫逃。五關六將過度自信，以為可以拿下關羽，結果全部被關羽砍掉了腦袋。

邢道榮自比廉李，當然是信心百倍地前來迎戰。到陣前一看，不由得傻了眼，打從軍以來，沒見過這樣對壘的。只見對面陣中，一簇黃旗擁出，中間一輛四輪車，車中端坐一人，頭戴綸巾，身披鶴氅，手執羽扇，正是諸葛亮。

古往今來，坐在車上於兩軍對壘之際指揮戰鬥的除了此刻的諸葛亮外，只有另外一個人，這個人就是號稱「戰國兵聖」的孫臏。但孫臏是不得已才坐車指揮戰鬥的，諸葛亮以一個生龍活虎般的健康人，卻非要在兩軍陣前坐著一輛推行十分不便的四輪小車，又是為了什麼呢？

諸葛亮是個非常懂得包裝自己的人，從出山時謀劃的「三顧茅廬」，到赤壁鏖戰時的「裝神弄鬼」，莫不如此。這一輛小車，也是出自同樣的想法。

首先，坐車指揮戰鬥的孫臏是兵聖，諸葛亮也想將這一關聯轉移到自己的身上。

其次，坐車指揮戰鬥看似瀟灑，實則十分危險。但敢於這樣做的人，就等於表明了自己的高度自信和優勢心理，沒有十足把握誰敢冒這個風險呢？

再次，諸葛亮還想進一步「自我造神」，而造神是需要與眾不同的道具並進行獨特的外部包裝的。四輪小車正好能夠滿足這樣的條件。

諸葛亮信心十足地指著邢道榮說：「吾乃南陽諸葛孔明也。曹操引百萬之眾，被吾略施小計，殺得片甲不回。汝等豈堪與我對敵？何不早早投降？」

諸葛亮以為這樣一說，邢道榮就會望風而降了。但是自信或過度自信的人是不會輕易改變對自己的認知的。

邢道榮大笑道：「赤壁之戰，都是周瑜的功勞，和你有什麼相干呢？」

每個人都有自我服務偏見。我們傾向於將某件事的成功歸因於自己，儘管實際上我們在這件事的成功上只起到了很小的作用。在諸葛亮的心目中，赤壁之戰之所以能勝利，自己居功至偉。否則，他也不會面對邢道榮，理直氣壯地說出「曹操引百萬之眾，被吾略施小計，殺得片甲不回」這樣的豪言壯語。但事實上，赤壁之戰的所謂東風，不「借」也會刮起來的，諸葛亮真正的功勞是草船借箭。而周瑜利用群英會讓蔣幹中計，誤導曹操殺了蔡瑁、張允；龐統獻連環計讓曹操將大小戰船相連；黃蓋演苦肉計騙得曹操信任等，才是赤壁大戰勝利的重要原因。所以，客觀地說，諸葛亮的功勞遠非像他自己所宣稱的那樣偉大。

而邢道榮作為中立的第三方，在看待事情的時候，又有一點不同。周瑜是孫劉聯軍的軍事首長，所有的作戰命令都必須經由周瑜發出。周瑜所占據的組織中地位的優勢，也使得外界在歸因成敗的時候自然而然地將周瑜作為第一責任人。不管其中真正出力立功的人是誰，都是周瑜所轄的組織行為。成功了，就是周瑜的成功；失敗了，就是周瑜的失敗：這是官僚組織的通病。所以，邢道榮儘管不明內情，也會做出如是判斷。

這番話，諸葛亮聽在耳裡，可不是滋味。諸葛亮立即命人將小車推回陣中，令張飛出戰。邢道榮哪裡是張飛敵手，交手數合，連忙逃竄，卻被趙雲逮個正著。邢道榮見勢不妙，只好投降。

但邢道榮的詐降被諸葛亮識破，諸葛亮巧加安排，殺了邢道榮，擒了劉賢。

諸葛亮不殺劉賢，而是將他送回零陵郡中，去勸其父劉度投降。不殺之恩是一個巨大的恩惠，少不更事的劉賢當然是感激涕零，回去後向父親訴說諸葛亮之恩德，劉度也就投降了。諸葛亮命劉度仍舊擔任零陵太守一職，卻要劉賢跟在自己身邊，去荊州任職。

諸葛亮的這一手玩得十分漂亮。保留劉度的原有職位，就是確保了零陵的穩定，而將劉賢安排在荊州，等於將他當成了人質。劉度要是思想動搖，懷有異心，也不能不投鼠忌器。這樣的安排，足以讓劉備高枕無憂。

拿下零陵，下一個目標是桂陽。趙雲、張飛爭著要去立功，這正是諸葛亮樂於見到的局面。他誰也不得罪，透過抓鬮決定。結果，趙雲拈中，立了軍令狀，帶著三千人馬，輕鬆攻下了桂陽。

諸葛亮又以此運用激將法，讓張飛拿下了武陵郡。

魚米四郡，取了三個，還剩下一個長沙。劉備心中高興，當即將攻占三郡的消息飛報給鎮守荊州的關羽。

關羽見張飛、趙雲立功，唯恐諸葛亮故意冷落自己，急忙回信給劉備說：「我聽說長沙尚未攻取，如果兄長還惦記手足之情，就讓我來立這項功勞吧。」劉備非常理解關羽和諸葛亮之間的微妙關係，也不和諸葛亮商量，立即命張飛去替關羽守荊州，讓關羽星夜前來取長沙。

諸葛亮看看關羽，心情也很複雜。這麼好的一員虎將，就是太桀驁不馴了。諸葛亮決定，再一次運用激將法，一定要將關羽收服。

諸葛亮淡淡地說：「子龍取桂陽，翼德取武陵，都只帶了三千人馬去的。我聽說長沙有員猛將，叫做黃忠，雖然年近六旬，但卻有萬夫不當之勇。雲長此去，不可輕敵，必須多帶軍馬。」

諸葛亮這是擺明了要激關羽。第一，趙雲、張飛各帶了三千人馬，就是一個錨定的標準。關羽要想顯示自己強於張趙，所帶兵馬就只能少於這個數字。第二，黃忠比關羽年長，鬚髮皆白，而關羽正當盛年，按常理關羽應該強於黃忠，所以更加不用多帶軍馬。

但諸葛亮偏偏提議關羽多帶軍馬，關羽當然要反其道而行之。關羽說：「一個老卒有何可怕！我根本不用帶三千人馬，只要帶著從荊州隨我而來的五百校刀手就可以了。」

劉備見關羽又中了諸葛亮的激將法，急上心頭，連忙苦勸。但你越是勸，關羽越是執拗，帶著五百校刀手頭也不回地走了。

諸葛亮的想法是：如果關羽受激後大發神威，輕鬆攻下長沙，當然是好事。如果關羽受挫，那麼自己隨後支援，就可以滅滅關羽的威風。同時，如果關羽萬一有失，劉備必然歸責於自己，所以，諸葛亮必須盡快補上這個漏洞，以確保萬無一失。

諸葛亮立即對劉備說：「雲長平生傲上而不忍下，此去輕敵黃忠，只恐有失。請主公與我同行，趕快動身，接應雲長。」劉備本就心裡焦急，當即命令大軍隨後開拔。

諸葛亮這句話一說，無論關羽出什麼事，都和他沒關係了。失敗是關羽自己輕敵，救援不及或不力，則是劉備自己帶隊的，和諸葛亮也沒什麼關係。

心理感悟：我們在尋找「成功之道」的時候，首先要考慮到「成功之道具」。

## 32 政治家猛於虎狼

關羽此去，本來是如諸葛亮所料要遭受挫折的。

但當關羽與黃忠首戰時，出於驕傲心理放了馬失前蹄的黃忠一馬，無意中使出了人類進化史上威力巨大的「施惠」武器，讓黃忠感恩戴德，反過來也在箭上饒了關羽一命。這就是互惠的力量。

黃忠此舉，卻引起了長沙太守的疑心，要將黃忠斬首，另一員大將魏延為救黃忠，殺了韓玄，順便將長沙獻給了關羽。

所以，當諸葛亮跟著劉備急匆匆趕到後，不但沒有看到關羽的笑話，反而是關羽取了城池，招了得力大將魏延。

關羽得意揚揚，帶著魏延來見劉備。劉備知道魏延此前就曾為了自己叛出襄陽，導致一家老小全部被蔡瑁殺害，這次魏延又立了獻城大功，正要大加褒獎。卻聽諸葛亮勃然作色，對魏延喝道：「韓玄和你無冤無仇，你怎麼能殺他呢？如果每個人都像你這樣，不就沒有忠心之人了嗎？」喝令刀斧手將魏延推出斬首！

這是諸葛亮平生第一次當眾情緒失控。他向來是個穩重內斂的人，為什麼會如此反常呢？

理由很簡單，是魏延壞了諸葛亮的大事！諸葛亮算計停當，一心等著看關羽受挫。但魏延橫生枝節，輕鬆地幫助關羽脫困。這樣一來，諸葛亮收服關羽再一次成了泡影。而關羽經此一役，更是傲氣橫生，今後也更難收服了。

而且，魏延在外形、氣質上和關羽極為相似，更是觸動了諸葛亮潛意識中的那種反感。所以，諸葛亮氣急敗壞之下，就把魏延當成替罪羊、出氣筒了。

劉備一看，諸葛亮的舉動十分反常，來不及顧及諸葛亮的面子，立即喝止了刀斧手。劉備這個人，大家都認為他愛哭、軟弱，其實他有著很強的決斷力，在這種關鍵時刻，從來是當仁不讓、斬釘截鐵的。

況且，這一次勸阻諸葛亮殺魏延和上次勸阻諸葛亮殺關羽時大為不同。上次關羽立了軍令狀卻違令放了曹操，是有錯在先。而這次魏延不但無罪，反而有功，當然更是不能讓諸葛亮無故殺戮了。

劉備說：「誅降殺順，是大不義之舉。魏延有功無罪，為什麼要殺他？」

諸葛亮頓時清醒過來，由此也領教了劉備的厲害之處。這個人平時柔軟和善，關鍵時刻卻是綿裡藏針，毫不糊塗，也決不手軟。諸葛亮對劉備的敬畏之心油然而生，他知道魏延已經殺不掉了，但為了維護自己的面子，他還是要堅持給自己的行為找一個藉口。

諸葛亮說：「食其祿而殺其主，是不忠也；居其土而獻其地，是不義也。吾觀魏延腦後有反骨，久後必反，故先斬之，以絕禍根。」

諸葛亮這句話分為兩半。當他說完前一半的時候，就知道站不住腳了，慌不擇言之下就又隨口編造出了「反骨說」。

為什麼說前半段站不住腳呢？此前張飛前去攻打武陵，武陵太守金旋出來迎戰，卻被手下鞏志一箭射殺。鞏志獻城給張飛，諸葛亮隨後褒獎鞏志獻城之功，命他取代金旋的太守之職。

鞏志殺金旋獻城與魏延殺韓玄獻城，如出一轍。為什麼前者有功當賞，後者卻有罪當誅呢？這種雙重標準顯然是站不住腳的。

所以，諸葛亮只能說魏延「腦有反骨，久後必反」，為了不留後患，現在先殺了再說。但這種說法也是極其荒謬的，按照諸葛亮的邏輯，每個人久後都是要死的，那就不如現在都別活了。

諸葛亮口才急智都是上上之選，這一次可能是他一生中唯一一次口不擇言的時刻。這也說明，一旦你立心不正，再好的口才也難免失言。

劉備淡淡地說：「如果殺了魏延，恐怕降者人人自危了。」劉備剛剛攻占了荊襄九郡，舊部中人才寥寥無幾，所用之人大部分是原劉表手下的降將。如果降將人人自危，起了異心，恐怕荊襄九郡也要得而復失。

劉備這麼說，其實是在給諸葛亮找理由，留面子，畢竟此刻諸葛亮還是不可或缺的。諸葛亮見劉備給自己搭了臺階，連忙就坡下驢。但他從來是善於維護自己的正面、高大形象的，所以一番場面話還是少不了的。諸葛亮指著魏延說：「我今天饒了你的性命，你可要盡忠報主，不要懷了異心。否則，早做早砍你的頭，晚做晚砍你的頭！」

魏延心裡這個鬱悶啊！他明明立功，卻差點被殺。而諸葛亮的「反骨論」更是給他套上了標籤枷鎖。你想，魏延先是反了襄陽，接著反了長沙，如果這次受氣不過，再叛反劉備，那不正好印證了諸葛亮的「反骨論」？說明諸葛亮看人極準，這次要殺他確實是英明無比。天下之大，魏延已經沒有別的立足之地了。以前的梟雄呂布，先後兩次殺了義父，敗壞了名聲，到第三次被曹操擒獲後，曹操連投降的機會都不給他了。有這樣的先例，誰還敢收留魏延？而魏延唯有老老實實，唯唯諾諾，夾著尾巴做人，才有可能證明自己「腦後沒有反骨」。

魏延生氣，關羽則更加生氣。他很清楚，諸葛亮就是衝自己來的，這更加激起了關羽的孤傲之心，兩人的關係也越來越難以調和。

至此，荊襄已經平定，有一個人就失去利用價值了，這個人就是劉琦。劉琦若在，荊襄的劉表舊部難免感念舊主，也就會導致不穩定的因素。所以，劉琦「非常識時務」地死去，為劉備在荊襄名正言順地施展拳腳讓出了空間與舞臺。

但有得必有失。劉琦一死，債主就上門來了。債主正是魯肅，當初正是他與劉備口頭約定荊州歸屬以劉琦的生死為期限的。

劉備畢竟是看重「仁義」之名的，他不知道該如何應對魯肅的索討荊州。諸葛亮卻說：「主公放心，我自有言語對答。」

魯肅見了劉備，開門見山就索要荊州，劉備只是不答。魯肅連說幾遍，諸葛亮就變了臉色，怒道：「子敬，你好不通情理！」

原來，諸葛亮所謂的辦法就是「耍無賴」。什麼口頭約定，我根本就不承認！

諸葛亮開始了他的長篇大論：「天下者，非一人之天下也，乃天下人之天下也。不往遠處說，就說本朝的高祖皇帝，他的天下就得之於暴秦。現在我主公是中山靖王之後，是當今皇帝之叔，理當封疆分土。加上劉表是我主公之兄，弟承兄業，有何不可？你家主人，不過是錢塘小吏之子，素無功德，現在占據了江東六郡八十一州，尚自貪心不足，還想得到漢上之地。劉氏的天下，我主公姓劉的倒沒份，你家姓孫的主人倒有份？況且，赤壁破曹，如果沒有我借來東風，別說二喬被曹操俘虜，就是你的家小也保不住！」

諸葛亮的這一番話，像連珠炮般轟了出來，聽上去很有道理，但其實不過是強詞奪理。魯肅這個老實人聽了，頭都大了。所謂一物降一物，人也是如此。魯肅在江東挺吃得開，孫權對他言聽計從，但他見了諸葛亮，總是一籌莫展，任由擺弄。

其實，魯肅根本用不著和諸葛亮爭辯，只要抓住劉備不放，抓住上次的約定不放，任諸葛亮如何放煙幕彈都不加理會，也許效果會好得多。

但魯肅卻犯了一個極大的錯誤。魯肅轉而哀求說：「你的話確實有道理……」魯大夫真是昏頭了，向餓狼猛虎求情，從來是沒有用的。當一個人，哪怕是正直的人，必須以政治家的面目出現的時候，也難免身不由己。而此刻的諸葛亮，正是這樣的一個政治家！

魯肅接著說：「可是我干係太大啊。你們難道願意損人利己嗎？」

諸葛亮說：「你有什麼干係？」

魯肅說：「一切瓜葛，都是由魯肅而起。我討不回荊州，回去吳侯必然殺我全家啊。玄德公也要受萬世恥笑啊。」魯肅是想示弱以保全自己。

但政治家諸葛亮根本不吃他這一套，說：「曹操帶著百萬虎狼之兵，動不動打著天子的旗號，我都沒放在心上，難道還會怕你江東？不過呢，考慮到你是我的老朋友了，為了讓你脫清干係，我就讓我家主公寫個文書，暫時借荊州立足。等我們取了別處土地，就交還給你們東吳。你覺得怎麼樣？」

魯肅倒也不傻，問：「你要取了何處土地，就還我荊州？」諸葛亮說是劉璋的西川。

魯肅想了想，如果諸葛亮抵賴到底，自己是拿他一點辦法也沒有。口頭約定，他從來是不遵守的。如果立個文書，白紙黑字，約束力總強些。自己拿著，也好回去交差，洗脫干係。魯肅這麼一想，就立即同意了。劉備寫完，諸葛亮請魯肅畫押。魯肅顫抖著手，對劉備說：「我知道皇叔是仁義之人，必不相負！」希望以此來強化文書的約束力，然後寫上了自己的名字。

諸葛亮為什麼要這樣做呢？明明是不會歸還荊州的，為什麼要裝模作樣立下文書呢？難道是要弄魯肅嗎？

正是如此。但諸葛亮要耍弄的不僅僅是魯肅，而且還有魯肅背後的周瑜！諸葛亮就是要激怒周瑜。

諸葛亮口口聲聲宣導聯孫抗曹，為什麼要挑釁東吳呢？原因如下：

第一，人生得意馬蹄疾，諸葛亮正處於一生中最為快意的時期，所謀所慮，無一不中，無一不成（只除了沒有收服關羽），難免過度自信。此刻，諸葛亮心中認為，自己已經占據了荊襄之地，對付周瑜易如反掌。所以才會像貓逗老鼠一樣，故意用「立文書、借荊州」來激怒周瑜，激怒東吳。

第二，諸葛亮對周瑜的報復之心仍在。報復這個東西很奇怪，就像吸毒，是會上癮的。一旦開了戒，嘗到了那種報復後的快意，就再難忍住了。上次誆騙戲弄周瑜，取了襄陽，諸葛亮就開始上癮了。所以，諸葛亮閒來無事，就開始策劃二氣周瑜。況且，氣死了周瑜，還可以極大地削弱東吳的力量，甚至有可能將東吳掌控在自己手上。有了這麼一個冠冕堂皇的理由，諸葛亮就更加施行無忌了。

心理感悟：無賴行徑套上「組織利益」的外衣就成了大義凜然的化身。

## 33 感情這種工具

魯肅回到柴桑，周瑜一聽就知道魯肅中了諸葛亮的計。魯肅說：「有白紙黑字的文書，有劉備的親筆簽名，怎麼會是騙我的呢？」

周瑜說：「文書上並沒有寫期限。如果劉備十年不取西川或取不了西川，就十年不還荊州，哪裡有盡頭呢？不過是托詞罷了。」

書面承諾的約束力大過口頭承諾，魯肅是知道的。但不管是書面承諾還是口頭承諾，都是建立在誠信不欺的基礎上的。劉備、諸葛亮的行為，正像周瑜分析的那樣，不過是蒙混的手段罷了，絕無誠信可言。

魯肅又氣又怕。氣的是自己一再受諸葛亮愚弄，怕的是孫權會因自己辦事不力嚴加懲處。好在魯肅當年曾經有恩於周瑜（主動獻給周瑜三千斛軍糧），互惠原理的效力強大，不但讓周瑜保薦魯肅做了官，今天還讓周瑜絞盡腦汁來幫魯肅解決這個難題。

未過幾日，荊州方面傳來劉備之妻甘夫人過世的消息。周瑜大喜，想出一計。

周瑜打的是孫權妹妹的主意。孫權有一妹妹，性格剛強，喜歡舞刀弄槍，眼光甚高，非英雄不嫁，所以至今尚未婚配。如今劉備喪妻，如果以孫權之妹為誘餌，引劉備到江東成親，則可以將其幽囚，作為人質來交換荊州。

周瑜確實是天下少有的奇才，他最大的特長就是能夠在瞬間構思出規模龐大、架構複雜的大計策。比如赤壁大戰時，他一得知蔣幹來訪，就立即謀定整個「群英會」計畫。而這次，他一聽到甘夫人去世的消息，也立即能對各方面錯綜複雜的情況進行關聯思考，很快想出了這個「詐婚之計」。

周瑜為什麼要打孫權之妹的主意呢？

周瑜知道劉備久經世事、老謀深算，諸葛亮更是詭計多端，要騙過這兩人非常不容易。所以，儘管機會出現，要是這個「誘餌」本身不具吸引力，不具可信度，劉備是不會上鉤的。如果隨便找一個江東女子，是不可能讓劉備「飛蛾撲火」的。只有孫權之妹，才是最佳人選。首先雙方門當戶對，其次「兄妹之親」和「兄妹之情」可以讓幾乎所有的人相信孫權是真心實意為妹妹招親。誰又會拿自己親妹妹的婚姻開玩笑、設計謀呢？

那麼，周瑜又為什麼敢打孫權之妹的主意呢？難道他就不怕孫權顧惜兄妹之情而不採納這條計策，甚或將其痛斥一頓呢？

其實，這一點正好體現了周瑜對孫權的深刻了解。像孫權這樣的政治人物，就當前而言，沒有比荊州更重要的事物，正是若為荊州故，萬物皆可拋。況且，這不過是利用孫權的妹妹設計，並不是真的要將她嫁給劉備。所以，周瑜料定孫權會欣然同意。

在對孫權的了解上，周瑜遠勝旁人。如果東吳諸將，都像周瑜這樣了解孫權，那麼劉備事後在逃回荊州時也不可能借助孫夫人的強硬態度逼退奉孫權之命前來追趕的潘璋、陳武、徐盛、丁奉等人。

周瑜此計，為魯肅提供了免責之由。魯肅興沖沖來見孫權，孫權果然同意，並派呂範前往荊州做媒。

所謂智者千慮，必有一失。周瑜這一計，雖然妙策天成，但還是留下了一個很大的漏洞。

劉備完全可以同意這門親事，然後按照常規，派使者到東吳辦理諸項事宜，而他自己則在荊州坐等東吳將孫夫人送上門來。如果劉備這樣安排，周瑜可就「偷雞不著蝕把米」，白白給劉備送一個夫人。

但此刻，孫權、周瑜沉浸在奇謀妙計即將成功的喜悅中，根本沒有發現這個漏洞。

諸葛亮知道呂範必定為荊州而來，就讓劉備先行接待，暫不表態，一切等自己在屏風後潛聽後次日再做決定。

呂範說明來意，劉備立即表示拒絕。道理很簡單，甘夫人去世不久，屍骨未寒，如果現在就迎娶新妻，在道義上說不過去。這是劉備自己一力經營的形象標籤對他本人的約束。

但孫權選呂範為使者也不是亂選的。呂範在說服上頗有過人之處，他說：「人若無妻，如屋無梁。吳侯之妹，美而大賢，正是良配。如果孫劉兩家因此而結了秦晉之好，則曹賊再也不敢南下。這樣，家國之事，兩全其美，皇叔何樂而不為呢？」

呂範的話說到劉備的心坎裡去了。對於劉備來說，妻子不過如衣服。以他的身分，要找幾件衣服哪裡是什麼難事呢？他根本不會為了江東的這件「衣服」而甘冒大險。但是，如果江東的這件「衣服」能夠讓他安身立命，成就基業，那這件「衣服」的價值就不一樣了。劉備和孫權，都是傑出的政治人物，他們對事物的考量，從來都是以政治利益的得失為標準的。

劉備正要答應，突然又起了一個疑問。畢竟這件事來得蹊蹺，老謀深算的劉備還是有些不放心，所以問道：「這件事吳侯知道嗎？」

說實話，劉備這個問題充滿了疑慮，但呂範的回答非常之妙。呂範哈哈一笑，反問道：「吳侯不知道，我怎麼敢造次前來做媒？」並順勢提出：「皇叔不必生疑，就請往江東一行！」

呂範的後半句話說得正是時機。前面說過，劉備是可以許而不往的。但呂範用反問釐清了劉備的疑問後，立即發出了邀請。如果劉備加以拒絕，就說明劉備還是不夠信任或是太過膽小，無論哪種情況，都是有傷劉備臉面的。所以，當呂範抓住時機，明確發出邀請後，就將「成親」與「過江」兩件事連為一體，合而為一了。而本來劉備是可以將其一分為二，得大利而不冒絲毫風險的。

劉備知道自己錯過了最佳時機，但又不能反悔，只好另找理由婉拒，以確保自己的安全。

劉備說：「好是好，可是我已經年過半百，頭髮斑白，吳侯之妹，正當妙齡。恐怕我是配不上她啊。」

但這個理由還是有些牽強。在當時，老夫少妻是很平常的事情，呂範隨口幾句就再次阻攔了劉備的婉拒。

劉備想想，還是等和諸葛亮商量之後再做定奪吧。於是吩咐呂範先去安歇，明日再來商定。

諸葛亮早已在屏風後聽了個明白。他知道，這件事實際上就是周瑜和自己的較量。這個時候的諸葛亮，正是春風得意的時候，也是自信心最為高漲的時候。所以，諸葛亮一定會採用針鋒相對、寸步不讓的做法：你周瑜敢拿主公之妹的婚姻冒險，我就敢拿主公本人的安危冒險！

諸葛亮可以勸劉備拒婚，也可以勸劉備不過江，但要想徹底擊潰對手的自信與尊嚴，最好的辦法就是完全按照對手設定的遊戲規則和遊戲程序來擊敗對手。所以，諸葛亮決定安排劉備過江成親。

諸葛亮非常有信心，讓劉備平安過江，也讓劉備平安回荊州。因為，事物都是有兩面性的。你周瑜可以利用親情來增加可信度，我諸葛亮就可以利用親情來確保安全。

但是，諸葛亮的這番心思卻不能完全對劉備說明。劉備雖然知道成親對自己有好處，但還是不想孤身入險地，拿自己的安危開玩笑。要想讓劉備遂自己之安排，如周瑜之所願過江，諸葛亮就得先消除劉備的疑慮。這對諸葛亮來說，也不是什麼難事。諸葛亮的自我神化、自我偶像化的運作相當成功。劉備陣營上下，對諸葛亮神機妙算、未卜先知的高超能力深信不疑。為自己建構這樣的形象標籤固然不易，但建構好之後的運用卻是無往而不利。

所以，諸葛亮說：「我剛才算了一下，得到一個大吉大利的卦。主公但去無妨。」

劉備還略有些疑慮。諸葛亮哈哈大笑（這也是自信的一種表達方式），說：「這雖然是周瑜之計，但哪裡能出乎我的意料！我只要略施小計，就可以讓周瑜一籌莫展。吳侯之妹就此歸屬於主公，荊州也是萬無一失！」

劉備放下了心，當即安排孫乾先與呂範一起去見孫權，自己隨後動身去江東成親。

心理感悟：當其他人都把感情當工具的時候，你只要把感情當感情，就是最好的反擊。

## 34 錦囊外的祕密

劉備準備上路，諸葛亮為了讓他安心前去，專門派虎將趙雲隨行護駕。

諸葛亮仔細想好了劉備到東吳後的分步應對之策，卻不想提前全部告知趙雲。諸葛亮寫好三封密信，分別放入三個錦囊密封好，交給趙雲時鄭重吩咐趙雲何時拆看。

諸葛亮為什麼要如此大費周章呢？

這正是諸葛亮善於自我包裝、喜好故弄玄虛的體現。首先，如果他全盤告知趙雲，就失去了應對之策的神祕感，就不利於讓趙雲等人對他更加敬若神明。其次，就算他不願提前告知，也可以寫好密信封好後交給趙雲，而不在其外再加上錦囊。就像此前曹操從赤壁敗退，也裝了一封密信給留守南郡的曹仁一般。但諸葛亮這個錦囊一加，絕非多餘。這種更具形式感的做法，大大增加了計策的生動性和神祕效應。等到日後趙雲等人口口相傳起來，會有活色生香之效，給他人留下深刻印象，從而讓諸葛亮頭上的光暈更為巨大。

劉備帶了趙雲等五百將士來到東吳南徐。

趙雲按照諸葛亮的吩咐，到了南徐先打開第一個錦囊。原來卻是讓劉備立即去拜見二喬之父喬國老，將呂範為媒、孫劉結親之事詳為告知。同時，趙雲又命五百軍士上街購物閒逛，將劉備前來成親之事廣為傳播。

諸葛亮的這一招就是要「弄假成真」。孫權、周瑜本來是將結親作為一個誘引劉備入吳的幌子，所以僅有幾人知道真相，就連孫權之母和喬國老都不知情，更不用說普通百姓了。但趙雲等人按照諸葛亮的部署，將此消息廣而告之，就在社會上形成了一種先入為主的輿論效應。而公眾的輿論會讓事件的相關者產生評價顧忌。如果孫劉結親已經天下皆知，孫權和周瑜再要借此要脅劉備或暗害劉備就不得不考慮輿論壓力。特別是劉備在拜見喬國老之後，喬國老必然將此情況告知孫權之母。這兩位老者之間關係的親疏，是諸葛亮在東吳時早就打聽明白了的。一旦這兩位重量級人物介入此事，孫權、周瑜想要偷天換日，就會投鼠忌器了。

而諸葛亮這一應對最值得稱道的是時機的把握。他要求趙雲一登岸就張羅此事，實是深思熟慮的結果。劉備剛到東吳，孫權、周瑜準備以他為人質交換荊州，所以肯定不會立即下殺手，劉備暫時不會有性命之憂。作為應對，就必須抓住這個短暫的黃金機會，大造輿論聲勢，為劉備營造並尋求保護傘。

果然，喬國老在劉備拜訪後，立即去見吳國太，向她道喜。吳國太毫不知情，驚詫莫名，說：「老身寡居，何喜之有？」喬國老一番分說，吳國太頓時遷怒於孫權。她當即派人叫來孫權，一頓哭罵，讓孫權手足無措。

孫權無奈之下，說出是周瑜之計，要賺來劉備換回荊州。吳國太大怒，罵道：「周瑜枉自當了六郡八十一州的大都督，連取回荊州的計策都想不出來，竟然要打我女兒的主意！要是殺了劉備，不就耽誤了我女兒一輩子嗎？這麼齷齪下作的計策不知道你們是怎麼想出來的！」孫權被罵得啞口無言。

不管這個世界如何無情冷漠，母親永遠會為自己的子女付出最深沉的愛。諸葛亮明白這一點，周瑜似乎不是很明白。所以，周瑜的計策從一開始就注定了失敗的結局。

但此刻吳國太維護的是女兒的利益，而劉備還只是一個旁人，如果不能讓吳國太心甘情願地成為劉備的保護傘，劉備還是危在旦夕。

好在劉備已經成功贏得了喬國老的好感（這也是劉備擅長的）。喬國老說：「事已至此，不如招了劉皇叔為婿，免得出醜。此人乃當世之豪傑，也不至於辱沒了姑娘。」

吳國太冷靜下來，對她來說，最重要的還是女兒的利益。為了奪回荊州而利用女兒，她是不幹的；僅僅為了顧全面子而招一個不般配的女婿，她也是不幹的。吳國太說：「我也不認識什麼劉皇叔。這樣吧，明天約他在甘露寺見面，如果他不中我的意，任由你們行事。如果中我的意，我就把女兒嫁給他。」

孫權當即同意。母親既然給出了兩種可能，他也就老實聽著不客氣了，當即吩咐安排好刀斧手，只要母親稍露不滿之色，馬上就要劉備的小命。

但孫權高興得太早了。劉備怎麼會給他這個機會？劉備這麼多年寄人籬下，早已練就了一套快速取悅他人、給他人留下美好第一印象的生存之道。他能搞定這麼多梟雄，難道還搞不定一個中老年婦女？而且，劉備容貌氣質均不凡，在外形條件上也是上上之選，吳國太當然是一見傾心，越看越愛，當即決定要招劉備為婿。

劉備就此住進了吳國太府邸的書院，就像進了保險箱，哪裡還用擔心安危，只等擇日成親。孫權非常沮喪，立即把這一「弄假成真」的重大變化派人告知了周瑜。周瑜大驚，但隨即又想出了另外一個計策。

周瑜寫信告訴孫權，用富貴溫柔來誘惑劉備，消磨他的鬥志，讓他沉迷於玩樂，樂不思歸。這一招很是厲害。劉備自小備嘗艱辛，長大後四處奔波，從未過上富足享樂的日子。一旦嘗到了這種好處，必然是沉溺其中，流連忘返。

孫權大喜，依計而行，立即為劉備修整府邸，廣栽花木，又找來女樂數十人，送上不計其數的金玉錦綺、玩好之物。吳國太以為這是孫權對妹夫的好意，喜不自勝。而劉備果然如周瑜所料，陷入溫柔鄉中，再也不提他的雄心壯志，連趙雲輕易也見不到他。

諸葛亮早料到了這種可能性。他早吩咐趙雲，待到年終打開第二個錦囊觀看對策。趙雲打開一看，當即依計而行，來找劉備。

趙雲謊稱曹操率五十萬大軍來襲荊州，頓時讓劉備清醒過來。趙雲要求劉備趕快回荊州。劉備與孫夫人正處於如膠似漆的階段，哪裡捨得？劉備一定要和孫夫人商量了再走，趙雲擔心孫夫人知道後會加以阻攔，苦勸劉備私自逃回，但劉備堅持要帶著孫夫人。趙雲只好暗暗歎氣：就連神機妙算的諸葛軍師也沒能料到主公會沉迷得如此之深。

其實趙雲誤會諸葛亮和劉備了。劉備要想順利逃回荊州，孫夫人是非帶不可的。這一點諸葛亮並未在錦囊中點明，但他知道劉備一定懂得其中的利害關係。

劉備對付孫夫人自有一套辦法，他輕而易舉地說動孫夫人和他一起「不告而別」。劉備對外假託的理由是年關將近，自己要和夫人一起到江邊祭祖。

現在就清楚諸葛亮為什麼要趙雲在靠近年根時才打開第二個錦囊了吧，祭祖是一個比較能夠矇人的理由。除此之外，劉備以其他理由出行，都會引起孫權密探的高度警覺。而祭祖按照習俗，只能在大年初一舉行。早了或晚了，都不合風俗，會讓人起疑。

吳國太一聽劉備和女兒正月初一要去江邊祭祖，當即同意。劉備一大早出門，而孫權因除夕夜狂飲大醉，等到醒轉，劉備已走了多時。

孫權急怒之下，憤恨不已，氣得把桌案上的玉石硯臺都摔碎了。孫權命令陳武、潘璋星夜率兵前去追趕捉拿。

程普在旁說：「主公你空有沖天之怒。我料定陳武、潘璋抓不來劉備。」

孫權驚問其故。程普說：「郡主性格剛強，諸將哪個不怕她？陳潘二人就是追上了劉備，有郡主護駕，也不敢下手。」

程普這番話等於火上澆油。孫權越發大怒，拔出身上的佩劍，吩咐蔣欽、周泰帶著這把寶劍趕去，去取劉備和自己妹妹的兩顆人頭！

孫權為什麼會做出如此喪心病狂的決定，竟然絲毫不顧惜手足之情？

心理學上有一個「挫折—攻擊」理論。當一個人遭到挫折後，要嘛憤怒，要嘛退縮。而當他選擇了憤怒後，就會去努力尋找可供攻擊的對象以發動攻擊行為。在極端的情況下，攻擊者甚至會對毫不知情的無辜者發起攻擊，以發洩自己的憤怒。

孫權自赤壁大勝後，發現自己竟然沒撈到什麼好處，勝利果實都被劉備摘走了，這讓初掌大權的他備感挫折。而此次本想透過「詐婚」換回荊州，又被劉備弄假成真。再施溫柔之計，眼看得逞，竟然又讓劉備拐著妹妹跑了。這麼多的挫折疊加在一起，讓心高氣傲的孫權怎麼能夠承受？

挫折引發攻擊，而重大的挫折引發的是瘋狂的攻擊。孫權狂怒之下，也就發出了決不留情的追殺令，不但要殺劉備，連自己的親妹妹也要殺，甚至連一個解釋的機會都不給。

心理感悟：不要讓自己成為引爆攻擊的最後挫折源。

## 35 踢不好的臨門一腳

周瑜對劉備的逃跑也早有預備，他提前安排好徐盛、丁奉二將在劉備回荊州的必經之路上設伏。劉備急急逃跑，卻被徐丁二將迎頭攔住。

趙雲想起諸葛亮吩咐的在急難之際拆開第三個錦囊，於是打開一看，原來是要借助孫夫人之力。趙雲此時不由暗暗佩服諸葛亮的先見之明，以及劉備一定要帶上孫夫人跑路的做法。

孫夫人憑藉其特殊的身分地位，素來在東吳諸將面前塑造了一個「雌老虎」般的形象，眾人無不畏之如虎。果然，劉備對孫夫人言明情況後，孫夫人對著徐丁二將一陣痛斥。徐丁二人唯唯諾諾，只是說：「不干小將之事，只是奉周都督的號令，不得不如此！」孫夫人怒道：「你們只怕周瑜，周瑜殺得你，我就殺不得周瑜？你們趕快回去，告訴周瑜，我夫妻自回荊州，干他甚事！」這是孫夫人善於運用權威的力量所致。權威並不僅僅取決於職位，而往往由氣勢決定。只有盛氣凌人，才能將權威發揮到極致。

孫夫人喝退徐丁二將，再度前行。背後陳潘二將追來，遇到徐丁二將。雙方一接頭，知道吳侯發令追捕劉備，四人當即合夥再度追去，又被孫夫人喝退。等到蔣周二將手持孫權的必殺令趕到，劉備已經去得遠了。

六人合計後，立即飛報周瑜，從水路追趕。

劉備逃至劉郎浦渡口，諸葛亮早已在船中等候。諸葛亮為什麼能算定劉備會在這一天逃回呢？道理很簡單。劉備沉溺於溫柔鄉，如果沒有足夠長的時間是解脫不出來的，所以必須給他一段時間。而要順利逃回，大年初一的祭祖習俗是最好的機會。劉備赴東吳是在十月，所以，諸葛亮吩咐趙雲年終拆開第二個錦囊，用曹操進攻荊州「喚醒」劉備。劉備必然在稍做準備後，於大年初一逃回，諸葛亮當然也就在這一天做好迎接的準備。

諸葛亮將劉備迎接上船，正值順風，風帆一拉，小船飛快駛去。東吳追兵堪堪趕到，諸葛亮放聲大笑，對他們說道：「我早已經算定了。你們還是回去告訴周瑜吧，不要再使用美人計了。」

周瑜這邊，沿水路急急追趕，眼看就要追上，諸葛亮卻吩咐棄船上岸。周瑜吩咐部下，上岸追趕。但諸葛亮算無遺策，早已安排好伏兵。關羽居中，黃忠、魏延分居左右，三路伏兵齊出，將周瑜殺得大敗。周瑜自己也身中數箭。

但這還不是諸葛亮用來對付周瑜的最具殺傷力的武器。諸葛亮安排好的武器不是刀槍，不是利箭，但刀槍利箭都趕不上這件武器直透心靈的傷害力。

這件武器只是一句話，只有十四個字，但字字千鈞，如重錘般砸在周瑜早已脆弱不堪的心上。

「周郎妙計安天下，賠了夫人又折兵！」諸葛亮的軍士高聲大叫，周瑜聽了之後，氣得舊傷復發，昏倒在地。

用什麼樣的方式傷害一個人最具效力？當然是在這個人最引以為傲的強項上挫敗他。勝敗本來是兵家常事，周瑜也不是不能承受失敗。但他素來自負於自己的智謀才略，卻屢屢被諸葛亮壓住一頭。諸葛亮還特意當著周瑜部屬的面，公開宣示周瑜的失敗。這實在不是周瑜能夠承受的，也是任何人都不能承受的。

諸葛亮為什麼要對周瑜如此緊逼不放呢？一方面是為了「回報」周瑜此前對他的「禮遇」。而更重要的是，諸葛亮的目的就是要置周瑜於死地。

在諸葛亮的總體謀劃中，必須是聯合東吳才能與曹魏抗衡的。但劉備方實力最弱。要想實現孫劉聯手，並讓劉備方在這一聯盟中占據主動，就必須除去東吳的政治強人。

當時能夠決定東吳政局走向的主要有兩個人，一個是張昭，另一個是周瑜。實踐證明，張昭和以他為首的文官集團基本是膽小怕事、貪生怕死之徒，不足為慮。而唯有周瑜，是能夠和諸葛亮掰掰手腕兒的。如果除掉了周瑜，東吳等於失去了主心骨，諸葛亮要想對其進行操控就容易得多了。

所以，周瑜不死，諸葛亮是不會罷手的。周瑜同樣也不會罷手，在諸葛亮面前，他已經多次失手，只有勝過諸葛亮，才能挽回顏面，撫慰受傷的心靈。兩人之間的鬥智不可避免地還要繼續。

這兩個人相互之間的攻擊，分屬兩種不同的類別。周瑜對諸葛亮的攻擊屬於敵意性攻擊，純粹是為了宣洩內心的憤怒。而諸葛亮對周瑜的攻擊則屬於工具性攻擊，這種攻擊並非為了洩憤，而是為了達到我們前面已經分析過的那個目的。

東吳諸將把周瑜救回養傷。周瑜傷勢稍復，就上書孫權，要起兵報仇雪恨，但張昭、顧雍等人卻認為不可。相反，他們建議孫權派華歆為使去見曹操，表奏劉備為荊州牧，明著以此來安劉備之心，暗中卻要離間曹劉關係，然後趁隙圖之。

曹操老奸巨猾，哪裡會上這個當。他反過來表奏周瑜為南郡太守，程普為江夏太守，而這兩個地域都在劉備掌握之中。周瑜、程普只能遙領虛銜。

儘管是虛銜，畢竟是經名義上的最高領導者漢獻帝發布的。人這個東西很奇怪，當某件東西名義上屬於你之後，你就不能允許別人在實際上占有它。

周瑜自受封為南郡太守後，更加不能容忍劉備占據自己的地盤了。思來想去，一時想不出別的辦法來對付劉備、諸葛亮，就想到了自己的老朋友魯肅。

這是典型的攻擊轉移。有一則古老的故事可以典型地說明攻擊轉移。一個男人在公司裡被老闆羞辱了一頓，回到家後就開始大聲斥責妻子。妻子則向兒子大發雷霆，兒子只能踢狗解氣。而狗則把來送信的郵遞員狠狠咬了一口。

魯肅雖然是周瑜的老朋友，但周瑜憤恨難平，還是「咬」了魯肅一口。這是因為諸葛亮就是魯肅「引狼入室」的，借荊州也是經他之手畫押的。

周瑜給孫權上書，要求派魯肅去索回荊州。可憐的魯肅只好動身去找劉備索討荊州。

諸葛亮能猜出魯肅的來意，安排劉備用他最擅長的哭技應對，用不忍心對同宗兄弟劉璋下手為由再行拖延。

這是劉備第一次在魯肅面前號啕大哭。魯肅雖非見識短淺之人，但還沒有見過男人也可以如此痛哭流涕的。他本來就是個寬厚之人，哪裡還能說出狠話來強索荊州呢？畢竟，借荊州之時，劉備和東吳還毫無關係。而此時，劉備和孫權已經是郎舅之親了。魯肅只能無功而返。

魯肅回見周瑜，周瑜見魯肅又受了劉備和諸葛亮的愚弄，更是不豫。但周瑜隨即想到了一計。

周瑜要魯肅再回荊州去轉告劉備，由東吳方代替他攻取西川，然後將西川作為孫夫人的嫁資，以此換回荊州。周瑜這是針對劉備的藉口而設定的計謀，因為周瑜和劉璋毫無關係，但下手無妨。

魯肅說：「都督，西川千里迢迢，哪有那麼容易取得？此計不可呀！」

周瑜自鳴得意地一笑，說：「子敬，你真是長者之風啊。我哪裡是要去取西川啊。我只是想以此為名，讓劉備、諸葛亮不做提防，趁機攻取荊州啊！這才能解我心頭之恨呢！」

魯肅這才明白，轉頭再回荊州。

周瑜之計，早被諸葛亮識破。諸葛亮殺心頓起，準備將計就計，要周瑜的小命。

諸葛亮假裝高興，盛讚魯肅，並非常爽快地答應了魯肅提出的要求：大軍到日，準備好錢糧，並出城迎接。

魯肅再來回報周瑜，周瑜大笑不已，志得意滿地說：「哈哈，諸葛亮這番也中了我的計！」

也許是太想勝過諸葛亮了，周瑜卻沒有想一想，這一次諸葛亮的表現是否異常。周瑜和諸葛亮交手多次，每次都是眼看周瑜要勝出，諸葛亮卻拿出先前留好的一手，在瞬間轉敗為勝。

聰明的人，不會被同一塊石頭絆倒兩次。而周瑜已經多次敗在了諸葛亮的手上，卻為什麼一直沒有從中吸取教訓呢？

心理感悟：男人的哭比女人的哭更具殺傷力。

## 36 鐵鍊拴不住大象

周瑜身體初癒，當即調兵遣將，派甘寧為第一隊先鋒，自己與徐盛、丁奉為第二隊，凌統、呂蒙為後隊，率領水陸精兵五萬，迤邐往荊州進發。

軍至夏口，糜竺已奉孔明將令前來迎接。

糜竺對周瑜說：「我家主公已經備好錢糧，陸續就會起運。」周瑜問：「皇叔何在？」糜竺說：「我家主公在荊州城外設宴，等候都督。」

周瑜眼見大功即將告成，故意裝出一本正經的樣子說：「今天是為了你家的事情出征，勞軍的事可不能輕慢了。」糜竺虛晃一槍後，諾諾而去。

周瑜軍行至公安，看看江面上沒有一隻軍船，也沒有一個人前來迎接。過了一會兒，前哨探馬回報說，荊州城上插了兩面白旗，卻看不見一個人影。

周瑜吩咐船隻靠岸，上岸而行，帶領諸將及親隨直奔荊州城下。

實際上，這麼異常的景象應該讓周瑜警醒了。但周瑜多次敗於諸葛亮之手，好容易「構想」出一個可以擊敗諸葛亮的策略，他內心強烈的動機和預期，讓他產生了「選擇性知覺」。

所謂「選擇性知覺」，是指人對外部客觀世界的認知並不是客觀、全面的，而是會有選擇地看到那些符合自己的動機與預期的那一部分，而會對不符合的那一部分視而不見。

也就是說，周瑜只願意看見自己「假途伐虢」的計策按照自己的預想而順利進行，卻根本不能接受計策實際上已經被孔明識破的現實。

所以，儘管跡象極其反常，周瑜還是一往無前地來到荊州城下。

周瑜命手下叫城，忽聽城上一聲梆子響，兩面白旗倒下，兩面紅旗升起，城牆沿軍士豎舉刀槍，趙雲站在敵樓上對周瑜發問：「都督此行，到底為何而來？」

周瑜說：「我替你們去攻打西川，還多問什麼？」

趙雲哈哈一笑，說：「諸葛軍師早已知道都督的『假途伐虢』之計了，都督還是速速請回吧！」

周瑜大怒，正待發作，探馬飛速來報，關羽從江陵殺來、張飛從秭歸殺來、黃忠從公安殺來、魏延從孱陵小路殺來。四路不知多少兵馬，洶湧而來，大聲吶喊要活捉周瑜。

周瑜知道，自己還是輸給了諸葛亮，大叫一聲，箭傷復發，墜於馬下。手下急忙將他救起，送到船上。又有探馬來報說，劉備、諸葛亮在前山頂上飲酒取樂，周瑜更是怒上加怒。

一個人在發怒的時候，難免會失去理智。周瑜心中的這口惡氣實在找不到發洩的地方，他竟然做出了一定要攻取西川的決定。本來，攻取西川只是他的一個藉口，但現在卻真的成了他的目的了。但也許只有這樣，才能證明周瑜絕非無用之輩。所以，周瑜強忍病痛，準備從水陸向西川進發。

但諸葛亮早已命劉封、關平扼住水路，攔住了周瑜的去路。這當然更添周瑜的怒氣，但還不足以氣死周瑜。

壓死駱駝的最後一根稻草是一封信。這是諸葛亮寫給周瑜的信：

漢軍師中郎將諸葛亮，致書於東吳大都督公瑾先生麾下：亮自柴桑一別，至今戀戀不忘。聞足下欲取西川，亮竊以為不可。益州民強地險，劉璋雖弱，足以自守。今勞師遠征，轉運萬里，欲收全功，雖吳起不能定其規，孫武不能善其後也。曹操失利於赤壁，志豈須臾忘報仇哉？今足下興兵遠征，倘操乘虛而至，江南齏粉矣！亮不忍坐視，特此告知。幸垂照鑑。

這封信的文字其實平淡無奇，並無發人深省之見。信中對整個戰略局勢的分析，周瑜早已知曉，哪裡用得著諸葛亮提醒？但這封信在這個特別的時刻被送到周瑜手中，卻直接送掉了周瑜的性命。因為這封信是在周瑜連續遭受重大打擊後，徹底將周瑜的行動定性為喪失理智之舉。平淡、誠懇、推心置腹的語氣從一個苦苦相逼、不肯饒過分毫的對手口中說出，反而成了直插心靈的尖刀，具有極大的居高臨下的嘲諷之意。

這封信堵死了周瑜最後的一線生存希望。周瑜看完，長歎了一聲，反而從暴怒中一下子出離，變得異常平靜。他吩咐手下，取來紙筆，給孫權寫了一封信。

寫完信後，周瑜召集諸將，說：「不是我不想為國盡忠，奈何天命已絕。你們要好好為吳侯效力，共成大業啊。」說完，昏厥過去，徐徐又醒，仰天長歎說：「既生瑜，何生亮！既生瑜，何生亮！」連喊數聲而亡，年僅三十六歲。

人們怎麼看待自己與命運之間的關係？人是自己命運的主宰者，抑或命運是人的主宰者？認為人可以主宰命運的人屬於內部控制者，而認為人只能被命運主宰的人屬於外部控制者。

那些才智過人，事業順暢，無往而不勝的人，往往會認為自己可以操控包括命運在內的一切。只要自己想做的事情，一定能夠做到。周瑜就屬於這一類的內部控制者。他少年得志，春風得意，一切順利。

但是諸葛亮一出現，周瑜的整個世界就被顛覆了。無論周瑜如何設謀用計，諸葛亮總是能夠獨占鰲頭。剛開始，周瑜認為這只是偶然現象，所以屢屢主動發起新一輪的較量來證明自己強於諸葛亮，至少不比諸葛亮差。

但是諸葛亮剛出道的時候，就像當年周瑜剛出道的時候一樣，風頭無兩，勢不可當，戰無不勝，攻無不克。周瑜所有的苦苦抗爭，毫無例外地遭到慘敗。

從曾經的天之驕子，變成了天之棄子。這是一個極其痛苦的轉變過程。直到周瑜用生命的最後力量喊出了「既生瑜，何生亮」，整個過程才告完成。周瑜也從堅定的內部控制者變成了無奈的外部控制者。他終於知道，自己並不能控制命運，他也終於接受了命運對他的控制。命運曾經讓他快意人生，但此刻命運不再青睞他，將他毫不留情地拋棄。此時的周瑜已經是哀莫過於心死。

「既生瑜，何生亮！」這是多麼痛的一種領悟，又是多麼無奈的一種吶喊！周瑜就此死去，他用生命的代價為「習得性無助」這個概念增加了一個鮮明的例證。

所謂「習得性無助」，其實質就是從內部控制者到外部控制者的一種轉換。而這種轉換往往是經由挫折、失敗才能完成的。

鐵鍊為什麼能束縛住馬戲團的大象呢？束縛住大象的不是鐵鍊，而是「習得性無助」。以大象的力量，可以輕而易舉地掙脫鐵鍊，但大象從來不會去做這樣的嘗試。因為在牠的意識裡，鐵鍊是不可掙脫的。當牠還是小象的時候，牠曾經多次嘗試要掙脫鐵鍊，但牠當時的力量還做不到。多次失敗後，小象放棄了，因為「習得性無助」已經在牠的意識中生根。當牠成長為力量驚人的大象後，牠還是受制於這一認知。

人也是如此。人終究難免一死，不管多少人不願意接受這樣的事實，最終還是得接受這一事實。在這一點上，沒有任何人可以幫得了你。這應該是人類最大的「習得性無助」。

如果周瑜能夠早一點領悟這個道理，也許他不會被氣死。接受諸葛亮比自己強這個事實，除了傷及面子外，又能有什麼壞處呢？

周瑜只是稍弱於諸葛亮，但周瑜所在的東吳，家底遠勝過諸葛亮。只要周瑜善加經營，諸葛亮也不能奈何周瑜（這也正是諸葛亮一定要氣死周瑜的原因所在）。

諸葛亮得知周瑜的死訊，放聲長笑，得意之情溢於言表。這自然是順了他的心意，但卻未免讓我們對他的尊敬削減了幾分。

此時的諸葛亮，也是一個內部控制者。他實在是上天眷顧的寵兒，他的好運還要持續很長一段時間，直到一個叫司馬懿的人開始嶄露頭角。

上天其實也是公平的。你受它的眷顧越多，你接受「習得性無助」就越難，而人總是要認識到自己的局限性的，「習得性無助」是人生的必然。當諸葛亮六出祁山，勞民傷財，一無所獲後，他終於在五丈原懂得了這個道理。但那時他的生命也已經到了盡頭。

> 心理感悟：我們其實是在用一生的時間來學會接受「無助」這個現實。

## 37 眼淚模糊了誰的視線

得知周瑜的死訊，劉備問諸葛亮將如何應對。在劉備看來，周瑜是被己方連番累次的「算計」氣死的。孫權痛失股肱，很可能聚集兵力，向荊州發起大規模的攻擊，來為周瑜報仇。

劉備這樣想是從自己的角度出發的。多年以後，他的兄弟關羽被東吳殺害，他就不顧諸葛亮、趙雲等人以社稷為重的勸諫，舉傾國之力為兄弟報仇。劉備還因此留下了一句充滿血性的千古名言：「朕不與弟報仇，雖有萬里江山何足為貴？」

但諸葛亮的判斷卻和劉備截然相反。在東吳時，和東吳決策層人物的零距離接觸使諸葛亮對他們的心理瞭若指掌。孫權是一個猶疑不決、毫無主見、動輒搖擺的人物，東吳的決策權實際上是掌握在以張昭為首的文官集團手中。周瑜在日，還能與張昭相互制衡。周瑜一旦不在，張昭一派勢必獨斷專行。而這一幫人，憑藉長江天險的庇護，承平日久，根本不願用兵動武。這從此前曹操來侵，他們眾口一詞，力主投降即可判知。而一大群身居高位的文官敢於光明正大地宣示自己的投降主張，又足以昭示武將一派在東吳只處於從屬地位，基本沒有太大的發言權。即便武將中有少數幾個血性之人，但囿於組織的整體氛圍，並不能掀起太大的風浪。

所以，諸葛亮斷定東吳不會因為周瑜之死而起兵問罪。他關心的問題是：周瑜死後的權力真空將會由誰來填補呢？

這個人應該是魯肅！

諸葛亮做出這個判斷，是基於以下幾個理由：

第一，周瑜選接班人的餘地很小，魯肅可以說是他唯一有共同語言的人。魯肅雖然沒他聰明，經常被他批評，但魯肅始終堅定地站在周瑜這一邊。這是從公而論。

第二，周瑜和魯肅的私交很好。周瑜剛剛從軍時，魯肅曾經接濟他糧食。周瑜對這個施惠的回報是舉薦魯肅做官，兩人的交情隨著互惠的深入，也日漸深厚。這是從私而論。

第三，任何人選接班人，大都會選擇繼續維護自己的守成者，而不願意選擇否定自己的顛覆者。從這個普遍規律來講，魯肅也是最合適的人選。

所以，周瑜一定會選擇魯肅。但任命權是掌控在孫權手中的，孫權會聽從周瑜的建議還是有他自己的主張呢？

孫權自己是個沒主張的人，周瑜又是他深信的人。赤壁之戰後，周瑜的威信更是空前高漲，孫權在做軍事決策方面非常倚重周瑜。所以，周瑜臨終之前的囑託，在孫權心中一定很有分量。

由此看來，魯肅成為東吳下一任都督是板上釘釘的。

諸葛亮對這一結果非常滿意。魯肅是被他吃定的人，只要是魯肅擔任東吳的最高軍事長官，諸葛亮完全可以掌控整個局勢。

諸葛亮隨即做出了一個驚人的決定：親赴東吳，為周瑜弔喪。

劉備大為不解：「軍師此去，我擔心東吳諸將加害於你啊。」

諸葛亮的回答是：「周瑜在的時候，都沒奈何了我。周瑜死了，東吳盡是不如他的人，我還有什麼可怕的？」

把人氣死了，卻跑去給人弔孝，擺明是欺負東吳沒人。但如果把諸葛亮的這次行動視為炫耀，那就錯了。

諸葛亮之所以要去東吳弔喪，並不是真的痛惜周瑜之死，而是另有原因，留待下文詳述。

不過，去東吳弔孝畢竟是冒險之舉，諸葛亮決定讓趙雲隨行，以策萬全。

路上，諸葛亮果然聽到了孫權根據周瑜的臨終上書，任命魯肅為大都督。諸葛亮來到柴桑，令人向魯肅通報「劉皇叔派遣諸葛亮來為周都督弔喪」。

魯肅急忙出迎，心情極度複雜。周瑜和諸葛亮整個鬥智的過程他最清楚。既然參與遊戲了，就應該願賭服輸，所以魯肅對諸葛亮也說不上有多大的憤恨。但周瑜的死對魯肅的打擊畢竟非常慘重，而且魯肅對諸葛亮冒險而來，既有不解，也有欽佩。這些矛盾的思緒摻雜在一起，魯肅的心情當然就十分複雜了。

周瑜的部將當然對諸葛亮恨之入骨，都想將他殺了，但是看到趙雲帶劍相隨，竟然沒有一個人敢對諸葛亮下手。

周瑜的這些手下為什麼會如此表現呢？這實際上就是心理學中的「旁觀者效應」。

「旁觀者效應」指的是，個體對於緊急事態的反應，在單個人時與跟其他人在一起時是不同的。由於他人在場，會導致責任分散，每個人都寄希望於他人去行動，而最後的結果則是沒有一個人採取行動。

1964年3月，在紐約的克尤公園發生了一起震驚全美的謀殺案。一位年輕女性在深夜三點回家的途中，被一不相識的男性殺人狂殺死。這名男子作案時間長達半個小時，當時住在公園附近公寓裡的住戶中有三十八人看到被刺的情形或聽到女子反復的呼救聲，但沒有一個人下來救助她，也沒有一個人及時打電話給員警。

心理學家後來的研究表明，這些人眼睜睜地看著這名女性遇害，並不是因為這些人生性淡漠，而是因為「旁觀者效應」讓他們把報警、施救的責任寄託給了他人。

周瑜的部將也是如此。要破除這種境況下的「旁觀者效應」，就必須有一個血性之人，不顧他人是否採取行動，自己率先暴起，「拼將一身剮，也要把臥龍斬殺」。可惜，魏國有許褚，蜀國有張飛，吳國卻沒有一個血性悍將！這也正是諸葛亮意料之中的事情，也正是他敢放心前來的原因。

諸葛亮將祭物現於靈前，親自奠酒，跪在地上，誦讀祭文：

嗚呼公瑾，不幸夭亡！修短故天，人豈不傷？我心實痛，酹酒一觴；君其有靈，享我烝嘗！弔君幼學，以交伯符；仗義疏財，讓舍以居。弔君弱冠，萬里鵬摶；定建霸業，割據江南。弔君壯力，遠鎮巴丘；景升懷慮，討逆無憂。弔君豐度，佳配小喬；漢臣之婿，不愧當朝；弔君氣概，諫阻納質；始不垂翅，終能奮翼。弔君鄱陽，蔣幹來說；揮灑自如，雅量高志。弔君弘才，文武籌略；火攻破敵，挽強為弱。想君當年，雄姿英發；哭君早逝，俯地流血。忠義之心，英靈之氣；命終三紀，名垂百世。哀君情切，愁腸千結；惟我肝膽，悲無斷絕。昊天昏暗，三軍愴然；主為哀泣，友為淚漣。亮也不才，丐計求謀；助吳拒曹，輔漢安劉；掎角之援，首尾相儔，若存若亡，何慮何憂？嗚呼公瑾！生死永別！樸守其貞，冥冥滅滅，魂如有靈，以鑑我心：從此天下，更無知音！嗚呼痛哉！伏惟尚饗。

這篇祭文的前四句，將周瑜的壽命長短歸之於天，等於是為自己開罪解脫。中間一段回顧了周瑜短暫一生中的豐富經歷以及取得的輝煌業績。最後一段則將自己定位於周瑜的生死知己，以表達生死永別的慘痛心情。

這一篇祭文辭藻華麗，言辭懇切，的確是祭文中的上品。但再好的文字，如果不是充滿感情地誦讀出來，都是蒼白無力的。諸葛亮深知這一點，所以在誦讀祭文時，表現出了極大的傷痛。而且，拜祭完畢後，諸葛亮更是伏地大哭，淚如湧泉，哀慟不已。

東吳諸人看到諸葛亮這一番真情實意的表白後，都被深深感動，紛紛自言自語道：「人說周公瑾與孔明不睦，看他祭奠之情，真是人言不實啊。」

周瑜最好的朋友魯肅見諸葛亮如此悲切，內心十分感傷，心想：「這是公瑾自己心胸狹窄，自取死路啊！」反倒轉過來再三勸諸葛亮不要傷心過度。

為什麼諸葛亮這一番痛哭竟有如斯之威？不但可以將氣死周瑜的罪責一掃而空，而且贏得周瑜故舊的好感與激賞？

眼淚真是一件神奇的武器，自人類進化以來，為人類的綿延發展發揮了極其重要的作用。

以色列臺拉維夫大學的進化生物學家哈桑新近的研究表明，在人類進化的初始階段，保持良好的視線是發起攻擊或對外界威脅做出反擊的前提條件。要想贏得生存，就必須保證視線無礙，而淚水會模糊視線，一個視線模糊的人是無法發起正確而有效的進攻的，也無法做出正確而得當的防禦。所以，流淚就等於是向他人釋放出一種「我已經降低了防範水準」的信號。既然如此，對方也就會相應地降低防範水準。雙方的緊張關係就會有緩和的餘地。

所以，你可以透過哭泣來顯示你已經順從於一個將對你發起攻擊（或已經對你發起攻擊）的人，這就有可能引來敵人對你的憐憫，或是獲取其他人對你的同情心，甚至有可能獲得他們對你的支持。

諸葛亮的主公劉備就精擅這項技能，並屢屢成功脫困。諸葛亮追隨日久，也學會了這一項本領。他這一場在周瑜靈前的痛哭，成功地化解了東吳諸將的怨恨憤慨。

諸葛亮祭奠完畢，向魯肅告別。諸葛亮來到江邊，卻被一個人當胸揪住。此人道袍竹冠、皂條素履，對諸葛亮大聲喝道：「你氣死了周瑜，卻來弔孝，不是明擺著欺負東吳沒人嗎？」說著，拔出佩劍，就要殺諸葛亮……

> 心理感悟：眼淚模糊的不是你的視線，而是對手的視線。

# 伏龍鳳雛

對手與助手的辯證法 / 長得醜就不該出來混嗎 /
壞士兵最易成為將軍 / 和兄弟翻臉的理由 /
無用計策的妙用 / 汙點證詞無效

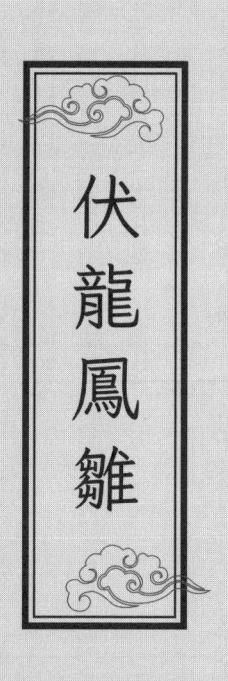

# 38 對手與助手的辯證法

這個人正是和諸葛亮齊名的鳳雛先生龐統。龐統作勢要殺諸葛亮，其實不過是和他開一個玩笑。但跟在後面送別的魯肅遠遠看見，以為龐統是玩真的，急忙趕將過來勸阻。

魯肅對龐統說：「諸葛先生以禮至此，不可害之。」

在龐統點破了諸葛亮的真實面目後，魯肅還是極力袒護諸葛亮，這足以說明，剛才諸葛亮的這一通痛哭之威力無雙，甚至勝過了以「擅哭」著稱的劉備。

龐統扔掉寶劍，大笑道：「我不過是和諸葛兄開個玩笑罷了。」當下，三人言談甚歡。

龐統為什麼要來找諸葛亮，並和他開這個玩笑呢？

實際上，龐統在東吳待得並不是很愉快。赤壁之戰中，他誘使曹操中計，將大小戰船連在一起，為火燒赤壁立了大功。但赤壁大勝後，周瑜滿腦子想著如何與劉備分割戰利品，並與諸葛亮鬥智，根本沒顧上論功行賞。現在周瑜死了，龐統不知道孫權有沒有可能重用自己。像龐統這樣的名士，肯定是不安於賦閒的，他也需要一個好的平臺來施展平生所學。正好諸葛亮來弔孝，龐統也想趁機探探諸葛亮的口風。

龐統想探諸葛亮的口風，殊不知諸葛亮這次就是為他而來的。要不是為了龐統，他為什麼非得冒險來東吳弔孝呢？

諸葛亮深知，龐統是一個極有才幹的人。水鏡先生司馬徽將他與自己相提並論，絕不是空穴來風、毫無根據的。龐統此刻在東吳，如果孫權在周瑜死後重用龐統，那麼自己就將平添一個勢均力敵的對手。龐統比周瑜難對付多了，所以，諸葛亮放心不下，必須親自到江東來探探龐統的底。即便是龐統不到江邊攔截諸葛亮，諸葛亮也會想方設法去見他的。

既然龐統主動來見諸葛亮，就等於失了主動，落了下風。可見，在這一點上，龐統和諸葛亮還是有一定差距的。龐統最好的做法，應該是運用「不情願賣家」策略，找個地方隱居起來，讓諸葛亮很難找到他，讓諸葛亮寢食難安。只有這樣，龐統才能自高身價。

三人相談，龐統獨自送諸葛亮到船上，互訴衷腸。諸葛亮對龐統說：「我料定孫權不會重用你的。你如果待得不如意，可以來荊州，和我一起輔佐劉備。劉備這個人寬厚仁德，決不會辜負你平生所學的。」並給龐統留了一封推薦信。

諸葛亮這番話一說出來，就決定了龐統的命運。龐統必然因此而不被孫權重用，也必然因此要到荊州來投靠劉備。這是因為，這番話在龐統心裡製造了一種叫做「相對剝奪」的認知感覺。

人生活在社會中，難免會將自己的境況與他人進行比較。美國心理學家費斯廷格在1954年提出了「社會比較理論」，就是指每個個體在缺乏客觀標準的情況下，會把他人作為比較的尺度，來進行自我評價。

社會比較分為兩種。一種是向下社會比較，一種是向上社會比較。顧名思義，向下社會比較是以不如自己者來作為比較的基本尺度，這樣當然會增加個體的自我滿足感和自信度。相反，向上社會比較則是以超過自己者來作為比較的基本尺度，這樣就會給個體帶來一種「相對剝奪」的感覺。所謂「相對剝奪」，就是指個體的境況其實並未發生變化，卻因為選擇了較高的衡量標準而讓個體顯得境況更差了。

社會比較是一個動態的過程。某一個群體內部的個體並不會停滯不動，一直保持現有的境況。其中某些個體會由於幸運或奮鬥的原因，超越原有的境況。那麼，當群體中的同伴以這種表現突出的個體為衡量尺度的話，「相對剝奪」立即就會顯現出來，心態就會立即失衡。

龐統和諸葛亮在沒出山前一起遊學，二者的能力水準在伯仲之間，外部權威人士對他們的評價也是如此。所以，這兩人可以說本來是屬於同一個群體的。但現在諸葛亮已經發達了，不但成為劉備的軍師，而且在赤壁之戰後漁利甚厚，讓劉備實力大增，足可鼎足三分。而反觀龐統，至今還是一個身分不明的人，寄居江東，根本看不到前途。兩者的反差之大，形成了鮮明的對比。

龐統看到諸葛亮意氣風發的樣子，當然是心理不平衡的。他很難接受這個原本和自己起點相同的朋友在事業發展上遙遙領先於自己的現實。心高氣傲的龐統要想在這種社會比較中獲勝，並獲得心理上的快感，唯有取得比諸葛亮更顯赫的位置及更輝煌的業績才能做到。

那麼，要做到這一點，龐統該何去何從呢？

龐統此刻的選擇只有讓自己在江東得到孫權的重用。曹操那裡是去不得了，因為正是龐統讓曹操吃了大虧。劉備那裡也是不能去的，因為有諸葛亮在那裡，龐統後去，只能屈居人下，也就根本沒有可能在社會比較中獲勝了。

但是諸葛亮話中有話，第一句「我料定孫權不會重用你的」真是機鋒深藏。

諸葛亮是怎麼被劉備重用的？是諸葛亮巧妙運用「光暈效應」引得劉備三顧茅廬，苦苦求賢。諸葛亮拿足了架勢才出山的。那麼，你龐統如果想要和諸葛亮並駕齊驅，甚或勝過諸葛亮，就必須要孫權對你頂禮膜拜，才算是好漢。

這就堵死了龐統的一條通天之路。龐統是個情商很高的人，絕非那種目空一切的孤傲狂士。你看他在赤壁之戰中，為什麼能夠哄騙得曹操心花怒放，高高興興地上了大當就可以知道了。如果他把這一套哄人開心的策略（類似於拍馬屁）拿出來用到孫權身上，孫權肯定會心下大悅，對其拔擢重用的。

不過，這種方法有自低身分之嫌。如果龐統用這種方法達到了目的，必然會遭到諸葛亮的恥笑，那麼，龐統就會在社會比較中再輸一陣。所以，這就注定了龐統不能採用「拍孫權馬屁」這一途徑來讓自己得到重用。

但同時，諸葛亮的這句話還有另一個目的，那就是，激起龐統更大的不服氣。你不是料定孫權不能重用我嗎？那麼，我就非得證明給你看，我不拍馬屁，也能讓孫權對我刮目相看。也就是說，龐統也只能像諸葛亮一樣故弄玄虛地運用「不情願賣家」策略來自高身價。

以諸葛亮對龐統的了解，龐統並不精於此道（諸葛亮才是中國歷史上古往今來的最厲害的大行家）。以諸葛亮對孫權的了解，如果龐統這樣做，肯定會招致孫權的反感。因為孫權並無劉備的胸懷，而且孫權也沒有淪落到劉備當日的窘境。

既然如此，龐統也就不能在江東立足了。前已述及，曹操那裡是不能去的。那麼，天下之大，哪裡還有龐統的安身之處呢？只有投奔劉備了。這樣一來，諸葛亮就可以高枕無憂了。東吳沒有龐統，不過是一隻病貓罷了，何足為慮？

諸葛亮也不擔心龐統到了劉備帳下會搶了自己的風頭。一方面，他自己苦心經營，一個算無遺策、百戰百勝的「神」的形象已經深入人心。在「光暈效應」的作用下，已經無人可以掩蓋他的光芒。另一方面，劉備也不是當日的孤窮劉備了。赤壁之戰，不但給他帶來精神上的高度自信，也給他帶來了物質上的極度富有。這樣的劉備，不管他曾經是多麼禮賢下士，求賢若渴，自覺不自覺間也會出現傲慢自矜的傾向。所以，只要龐統來投奔劉備，不管他是如何名重天下，劉備也不可能像當初苦求諸葛亮那樣對待他。這樣諸葛亮就可以牢牢地把龐統釘在助手的位置上，既可為自己分擔軍國憂勞，又能為自己所控制。

以上是諸葛亮打的如意算盤，也是他必須親自到江東的真實目的。

諸葛亮和龐統述談完畢，告別而去。東吳卻又有一人，要壞諸葛亮的好事。

這個人就是魯肅。

魯肅頗有自知之明。他深知，以周瑜之智，屢次和諸葛亮交鋒，都大敗虧輸，最後連小命都搭上了。以他本人的能力資質，來擔任東吳的大都督，是無法和諸葛亮相抗衡的。而眼前與諸葛亮齊名的龐統正客居東吳，龐統早已在赤壁之戰中展現才華，周瑜對他也是稱羨不已。如果重用此人，一定能夠與諸葛亮勢均力敵。

所以，魯肅決定以國家利益為重，不計個人得失。他要面見孫權，辭去都督一職，力薦龐統出任東吳大都督。

以魯肅目前的身分地位，以及他在孫權心目中的分量，他的「第三方推薦」成功的可能性極大。

心理感悟：過度沉溺「社會比較」，往往會導致自我價值的迷失。

# 39 長得醜就不該出來混嗎

魯肅來見孫權。魯肅說：「我不過是一個碌碌無為的庸才，誤蒙公瑾重薦，其實並不能勝任。我願意舉薦一人，來接替我擔任都督一職。這個人上通天文，下曉地理，謀略不減於管樂，樞機可並於孫吳。以前周公瑾多次採納他的建議，諸葛亮也對他的才能深為佩服。如今這個人就在江東，為什麼不重用他呢？」

魯肅的這段話，可以稱得上最重量級的「第三方推薦」。第三方推薦的威力我們前面已經見識過了，司馬徽寥寥數語，徐庶走馬薦賢，直接導致了劉備的三顧茅廬。而魯肅的推薦也有異曲同工之妙，他在話語中還加上了周瑜、諸葛亮這兩個頂尖高手對龐統的高度評價，更令其推薦分量厚重。而最重要的是，魯肅竟然願意把自己的都督之位讓給龐統，這是最為難得的推薦。

都督一職，總制江東軍馬，可以說是一人之下，萬人之上。這個職位的得到者怎麼會拱手相讓呢？當年老將程普和周瑜就曾為職位之爭鬧得不愉快。

我們還可以來看看徐庶推薦諸葛亮的情形。徐庶也認為諸葛亮的才能遠勝自己，但卻是在被逼去職已成定局的前提下才舉薦諸葛亮的。而魯肅竟然有主動離職的心胸來舉薦龐統，顯見龐統確實是出類拔萃的人才，讓魯肅心服口服，甘心相讓。

果然，孫權聞言大喜，立即請教賢士的大名。

魯肅說：「此人是襄陽人士，姓龐名統，字士元。道號『鳳雛』，與『臥龍』諸葛亮齊名。」

孫權連忙說：「我聽說過他的大名，趕快請他來相見。」魯肅連忙派人請龐統來見孫權。

「第三方推薦」威力無窮，孫權內心的大門已經敞開，就等龐統來登堂入室了。

龐統該如何應對呢？他絕對不應該輕易接受孫權的邀請，而是要立即收拾行囊，做出告別而去的姿態。他最好的道具就是諸葛亮給他寫的那封推薦信，他宣之於外的理由就是諸葛亮已經邀他去荊州，劉備要重用他，他就要動身了。

如果龐統擺出這樣欲擒故縱的姿態，「不情願賣家」策略的效力就會發揮得淋漓盡致，不由孫權不親自登門來請。這樣，在與諸葛亮的較量中，第一回合也就不算落了下風。

但可惜的是，龐統沒有把握這個先機，而是隨著來人立刻去見孫權，從而喪失了主動權。

龐統與諸葛亮相比，能力學識相差不大。但有兩點，卻是沒法和諸葛亮相比的。

第一點就是容貌。還記得諸葛亮剛出場時是何等的驚豔嗎？

劉備見諸葛亮身長八尺，面如冠玉，頭戴綸巾，身披鶴氅，飄飄然有神仙之概，不由深深敬服，折節下拜！

外表的影響力從來不容小覷。

英國心理學家懷斯曼曾經在英國廣播公司的王牌電視節目——《明日世界》的直播中做過一個實驗。他請觀眾扮演陪審團成員，然後播放一段類比審判的影片，然後請觀眾來確定影片中的被告是否有罪。

通常情況下，電視節目在全英範圍內是完全一致的，全國觀眾看到的應該是完全一樣的電視節目。但為了配合這次實驗，英國廣播公司特意發出兩種不同的信號，從而將英國的電視觀眾分為兩組，這兩組觀眾看到的是不同的節目。其不同之處在於，其中一組中的被告是塌鼻子，眼窩深陷，和人們通常印象中的罪犯形象非常吻合，而另一組中的被告則長著娃娃臉，並有著清澈的藍眼睛。為了確保實驗不受其他因素影響，兩名被告身穿完全一樣的衣服，坐在完全相同的位置上，而且都面無表情。另外其他的條件也完全一致。

最後，大約有六萬個觀眾打進來電話。實驗結果表明，很多觀眾的判斷都受到了被告臉部特徵影響。約百分之四十的人認為塌鼻子、深眼窩的被告有罪，但卻只有百分之二十九的觀眾認為藍眼睛、娃娃臉的被告有罪。

儘管理性告訴人們，判斷一個人是否有罪要看證據，但很多人還是僅憑被告的臉部特徵就草率地做出了決定，由此亦可見外表容貌在社會交往中的重要性。

可惜上天不夠偏愛龐統，在給了他出眾的智商稟賦的同時，卻給了他一副醜陋的容貌。孫權見他濃眉掀鼻，黑面短髯，形容古怪，心中就有三分不喜。

其實，一個人長得醜點，也沒關係。俗話說「佛靠金裝，人靠衣裝」，華麗高貴的服裝可以有效彌補容貌上的不足。諸葛亮剛一出場時，頭戴綸巾，身披鶴氅，一派仙風道骨，先聲奪人，而龐統不過是道袍竹冠，皂條素履，不修邊幅，十足一副寒酸樣兒。

也難怪孫權會皺起眉頭，他看慣了周瑜的風流倜儻，看慣了諸葛亮的仙風道骨，哪裡還能看得上龐統這一身樸素打扮呢？但好在魯肅的第三方推薦效力猶在，孫權還是打起精神，向龐統發問：「你平生所學，以什麼為主啊？」

龐統這時才開始擺出「不情願賣家」的派頭，傲慢地回答道：「我所學不拘執於一物，而是隨機應變。」

孫權又問：「你的才學，和周公瑾相比，如何啊？」

孫權對周瑜的偏愛，人所盡知，況且周瑜新亡，孫權猶在顧念舊情，如果龐統借機利用周瑜大做文章，就像魯肅前面所說的那樣，周瑜對自己如何賞識，如何重視等，一定可以改變孫權的第一印象，為自己贏得晉身之本。龐統不是不懂這個套路，但他要當「不情願賣家」，就不能用這個套路。

所以，龐統仍然傲慢地說：「我所學的東西，和周瑜所學，大不相同。」這其實已經是委婉之語了，龐統的潛臺詞是周瑜學的東西比我差遠了。

孫權也不是傻子，當然能聽出龐統話中的輕視之意，頓時大怒，毫不客氣地說：「你先退下，等到有用到你的時候，再來叫你。」

龐統和諸葛亮不能相比的第二點就是不擅長運用「不情願賣家」策略，所以處處被動。最後兩個因素疊加，其結果就是龐統被孫權逐出門外。

龐統長歎一聲，心想果然被諸葛亮言中，告退而走。

魯肅見狀，急忙來問孫權：「主公為什麼不用龐統？」

孫權說：「不過是個狂士，用之何益？」

魯肅說：「赤壁鏖兵之際，他曾經獻了連環計，破曹第一功就是他立的。主公你想必是知道的。」魯肅還想用龐統的實際功績來挽回孫權的負面印象。

但孫權已經先入為主，不可能改變了。孫權竟然說：「那是曹操自己想要把戰船連在一起，又不是他的功勞。你不用多說了，我絕對不會用他的。」

孫權的「睜眼說瞎話」，是選擇性知覺最典型的表現，魯肅只好默默退出。

魯肅出來對龐統說：「不是我不推薦你啊。只是吳侯固執己見，不肯用你。你且先耐心等待，以後我看機會再推薦你吧。」

龐統沉默不語。孫權的態度對他是不小的打擊，諸葛亮出山的時候，只有名望，而無功績。而龐統此刻則是既有名望又有業績，而結果竟然是諸葛受重用，龐統遭棄用。這令龐統很難接受。

魯肅繼續說：「你有匡世濟民之才，何愁沒有功名？還是多等待一些時日吧。如果你擔心在這裡耽誤前程，就早點告訴我吧。」

魯肅之所以如此發問，就是因為他深知龐統之才，唯恐他為敵手所用，令東吳平添強勁對手。

果然，龐統徑直回答說：「我是準備要去投奔曹操了。」

這句話其實是龐統的心裡話。東吳已經不能安身，到劉備那裡未免落在了諸葛亮的下風。那麼除了曹操，還有什麼選擇呢？而且，龐統上次和曹操打交道，也確實如沐春風。這些人中，包括孫權及後面的劉備，也確實只有曹操最為賞識他。

這正是魯肅最擔心的事情。如果龐統隨了曹操，曹操如虎添翼，那麼東吳就岌岌可危了。魯肅急忙說：「曹操託名漢相，其實是漢賊。你如果去投奔他，等於是明珠暗投，為虎作倀，會令天下人不齒的。」

龐統默然不語。魯肅說的也是實情，更重要的是，赤壁之戰，就是龐統率先將曹操引入無可自拔之困境的。曹操再寬宏大量，恐怕也不會放過他。

魯肅又說：「你不如到荊州去投劉皇叔吧，他必然會重用你的。」魯肅這是兩害相權取其輕。他雖然不願意龐統去投劉備，但更不願意他去投曹操。況且，如果龐統到了劉備處真的受到重用，也不會忘了今日魯肅推薦之功。那麼，有了龐統這個「內線」，孫劉之間協調關係就容易得多了。所以，魯肅主動提出給劉備寫一封推薦信，寫好之後，魯肅諄諄叮囑龐統，要致力於孫劉聯合，共破曹操。

龐統答應了，拿了魯肅的推薦信，踏上了趕赴荊州的路途。

龐統的態度為什麼會來了個一百八十度的大轉變呢？他為什麼甘心去投奔劉備，屈居於諸葛亮之下呢？

> 心理感悟：傲慢絕不能建立在虛無的基礎之上。

## 40 壞士兵最易成為將軍

諸葛亮早就料定龐統會在東吳碰壁，很快會來荊州，所以，他以按察長沙、零陵等四郡的名義出行，故意避而不見。

諸葛亮之所以要這樣做，也是出於稍稍壓制龐統的考慮。他是想讓龐統依靠自己的推薦而獲重用。如果兩人在劉備跟前面對面，這封推薦信也就失去了意義。而諸葛亮自江東弔孝回來後，壓根沒和劉備提龐統的事，就是最好的明證。

但龐統也是一時才俊，他決不想按部就班，根據諸葛亮的安排來行事。他暗自下了決心，一定要透過別的方式來證明自己，所以，他不會用諸葛亮的推薦信，也不會用魯肅的推薦信。

當劉備聽到門吏來報「江南名士龐統來投」時，劉備已經不是當年那個處於人生最低谷的劉備了。水鏡先生司馬徽那句「伏龍、鳳雛，兩人得一，可安天下」的話語已經被他忘到了九霄雲外。

當年他可以屈尊三顧茅廬，而此刻當龐統在他面前長揖不拜時，劉備心中卻大為不悅。龐統繼續吃長相的虧，劉備見他面容醜陋，哪裡還會把睿智、多謀這些美好的品德與他聯繫起來？

龐統淡淡地說：「聽說皇叔招賢納士，特來相投。」

劉備也淡淡地說：「現在荊楚已經基本安定，也沒有什麼閒職。離這裡東北一百三十里有一個耒陽縣，正缺一個縣令，你不妨去那裡任職。等以後有空缺了，再重用你吧。」

龐統聽到劉備這句話，像掉進了冰窟窿裡。天下聞名的明主劉備，竟然會這樣對待一個頂尖謀士。這一瞬間，龐統真的十分後悔自己沒有去投曹操。

命運竟是如此多舛，枉負了安天下的大名。龐統的人生已經陷入了最深的泥淖，龐統該何去何從呢？一個真的英雄，從來不會屈服於眼前的困難。無論多麼艱難困苦，都可以找到翻天覆地、重振雄風的途徑。

龐統遭遇到的是一個什麼難題呢？

人對外部事物、他人的認知會往往會受到首因效應，即第一印象效應的制約。也就是說，人總是會根據第一次形成的刻板印象來看待他人。一旦你給別人留下了不好的第一印象，就很難改變別人對你的看法了。

現在，劉備對龐統的第一印象很差。那麼，他要靠什麼來扭轉這個不良的第一印象呢？是不是拿出諸葛亮和魯肅的推薦信就可以解決問題了呢？

推薦信固然會有一定的效應，但也勝不過劉備自己的「眼見為實」。況且，龐統根本就不想依賴他人的推薦，特別是曾經和他平起平坐的諸葛亮的推薦。

天無絕人之路。可以擊敗首因效應的是近因效應，也就是說，如果某一個體新近做出了與此前截然不同、令人刮目相看的業績，也是可以扭轉此前的不良印象的。

但第一印象對人的影響根深蒂固，所謂江山易改，本性難移，要改變一個人的認知也是極其困難的。所以，這條路必然布滿了艱辛，若非真的具備極大的勇氣和智慧，是不可能經由近因效應來取代首因效應的。

龐統默然離去，到耒陽縣上任。

龐統來到耒陽後，根本不理政事，終日飲酒作樂。很快，他的懶散惡名就傳到了劉備耳中。看起來，龐統是在原來的惡劣印象上變本加厲了。

劉備大怒：「豎儒竟敢亂我法度！」當即把張飛叫來，讓他去耒陽縣巡視，查明龐統的不法不公之事，就地處理。

劉備知道兄弟生性魯莽，另派孫乾與張飛一齊前往耒陽。

張飛與孫乾來到耒陽，全縣軍民官吏全部出來迎接，唯獨不見縣令龐統。張飛問起縣令何在。小吏回答說：「龐縣令自到任之後，至今已經百日。縣中之事，不論大小，從不理問，每天只是飲酒，從白喝到黑，整日在醉鄉。今天是宿酒未醒，還在床上睡覺呢。」

張飛大怒，按照他當年鞭打督郵的脾氣，當即要把龐統從床上揪來，痛打一頓。幸虧劉備早有防範，張飛身邊還有孫乾。

龐統的大名孫乾早就聽說過。從他的角度來看，讓龐統擔任一個小縣的縣令，確實是屈才了。所以，孫乾斷定，龐統是對此不滿，才故意荒怠公事的。據此，孫乾勸張飛先冷靜下來，把龐統叫過來，仔細詢問一番，再下結論。

張飛同意，派人去喚龐統。龐統衣冠不整，醉眼惺忪而來。

張飛痛罵道：「我兄長把你當個人看待，讓你當耒陽縣令，你怎麼敢整日呼酒買醉，耽誤公事呢？」

龐統哈哈大笑道：「我又耽誤了什麼公事呢？」

張飛說：「你到任百日，從來沒有理過縣事，還敢說自己沒有耽誤公事？」

龐統再度大笑道：「這麼一個小小的縣城，又會有什麼難斷的公事？將軍你先坐上一會兒，待我來處理一下。」隨即喚來公吏，將百餘日所積公務，都取來剖斷。小吏紛紛抱著案卷上廳，原告、被告人等，環跪階下。龐統手中批判，口中發落，耳內聽詞，曲直分明，並無分毫差錯。訴民盡皆叩首拜伏。不到半天時間，龐統已經將百餘日所積之事，全部斷完。

龐統投筆於地，哈哈大笑道：「所廢之事何在？曹操、孫權，吾視之若掌上觀文，量此小縣，何足介意！」

張飛這個百萬軍中取上將首級如探囊取物的猛將，見了這一番情境，竟然大驚失色。說實話，張飛此時對諸葛亮已經十分佩服，但見龐統處理公事之果斷敏捷，似乎連諸葛亮也比不上他。

張飛這才知道大哥劉備確實虧待了龐統。張飛是個直性子，連忙向龐統賠罪說：「先生大才，小子安知！我一定在兄長處極力推薦！」

張飛的折服，說明龐統運用近因效應的極大成功。

龐統為什麼要如此放浪形骸，不把公事放在心上呢？如果把他的行為看成是自暴自棄之舉，那可就大大地錯了。

要想創造出一個效力驚人的近因效應，就必須做好鋪墊。就像縱馬前要先後退，射箭前要先引弓一樣，這正是龐統以退為進、欲揚先抑的做法。只有讓事情壞到了極點，然後再施展手段強力扭轉，才能反證自己被大材小用了；反之，如果龐統按部就班，就算把耒陽治理得井井有條，也不過是一個優秀縣令，論功行賞，也不過是略升一級。而這距離龐統的期望值差得太遠。

龐統不懂得如何營造「光暈效應」，不善於使用「不情願賣家」策略，這讓他的求職之路布滿了荊棘，受盡了冷落。

但他沒有屈服，而是用自己的才智，用「近因效應」克服了容貌這個先天不利因素，以及明主求賢並不若渴的後天不利因素的雙重影響，硬是從荊棘中另闢蹊徑，成功地為自己爭取到了應得的地位和待遇。

龐統傲然一笑，取出了魯肅的推薦信給張飛看，而諸葛亮的那封信，出於「社會比較」的微妙心理，龐統這個時候斷然是不會拿出來的。張飛看後，忙問道：「先生當初見我兄長時為什麼不把這封信拿出來呢？」

龐統淡淡一笑，說：「我是擔心皇叔不一定相信啊。」話中隱隱含了責怪劉備以貌取人之意。

張飛帶著魯肅的信回荊州去見劉備。劉備打開魯肅的信一看，只見上面寫著：「龐士元非百里之才，使處治中、別駕之任，始當展其驥足。如以貌取之，恐負所學，終為他人所用，實可惜也！」

如果劉備當初看了這封信，哪怕是為了防止龐統去投曹操，也會對他加以重用的。但好在他運氣不錯，龐統終於沒走，而且用一種出人意料的方式證明了自己絕非浪得虛名。

劉備還在感歎，人報諸葛亮剛剛回來。諸葛亮這一趟出門的時間可真夠長的，若說他不是故意避而遠之，誰也不信。

諸葛亮見了劉備的第一句話就是：「龐軍師今日無恙否？」

根據諸葛亮的預斷，龐統拿著自己的推薦信，劉備肯定要任命他為副軍師。所以他會如此發問。沒想到劉備回答說：「近來我派他治理耒陽縣，他不管不理，我正要治他的罪呢。」

諸葛亮也沒想到劉備竟然會如此安排這樣一個治國大才，連忙說：「龐士元絕非百里之才，我曾經幫他寫了一封推薦信的，主公可曾看到過？」

劉備說：「剛看到魯子敬的一封推薦信，卻沒有看到先生的推薦信。」

諸葛亮說：「大賢若處小任，往往以酒糊塗，倦於視事。」諸葛亮明著是為龐統開脫，但實際上是因為自己處事不當而心生愧疚，有意加以彌補。但是，就連聰明如諸葛亮，也沒有想到，龐統之所以酗酒誤事，並不是心有怨氣，而是故意為之，以便為一鳴驚人做好鋪墊。

諸葛亮沒有想到，自己處處小心布局，最後龐統雖然來投，卻並沒有按照自己的步驟行事，而是另尋他途，強有力地證明了自己的能力。諸葛亮也不由得對龐統暗增了幾分敬重。

劉備當即命張飛去耒陽敬請龐統來荊州。龐統來後，劉備連連請罪，並拜龐統為副軍師中郎將。龐統胸中這一口惡氣這才抒發乾淨。他此時才拿出諸葛亮的推薦信，不是為了推薦，而是為了炫示。

劉備這才想起，當年司馬徽的那句「伏龍、鳳雛，兩人得一，可安天下」。如今，兩人都已經歸劉備所有。劉備想，天下有望了。

> 心理感悟：唯不鳴者才能一鳴驚人。

## 41 和兄弟翻臉的理由

機會很快就來了。

西川劉璋的部下張松，因為看不上劉璋暗弱，想把西川獻給曹操。張松找了個理由去覲見曹操。沒想到外表容貌的刻板印象又一次發揮了其無可阻抗的威力。

張松長得額頭尖，鼻偃齒露，身短不滿五尺，這樣的外表形象令曹操很不待見。曹操的冷待深深刺痛了攜大禮來獻的張松。為了平衡受傷的自尊心，張松出言譏諷曹操，結果差點丟了性命。張松滿懷鬱悶地踏上歸途。

這個機會被諸葛亮敏銳地抓住了。劉備親率重臣大將，傾巢出動，迎接張松，隨後又盛情挽留張松宴飲三日。這讓張松的自尊心得到了極大的滿足。我們早已說過，互惠原理是人類進化至今最為有效的心理定式。張松受了如此禮遇，而劉備方偏偏不提絲毫要求，在「投桃報李」的互惠機制的內在驅動下，張松主動獻上了劉備夢寐以求的一樣東西——整個西川的地形圖。

蜀道難，難於上青天。西川自古就是天險，想要攻取談何容易？而有了這張圖，西川就算不是唾手可得，也不像先前那樣不知從何下手了。

有內線就是好。像劉備這樣動輒把「仁義道德」掛在嘴上的人，做什麼事都是需要一個符合道義的理由的，取西川也是如此。張松幫劉備解決了這個大難題。他夥同劉璋手下的重臣法正、孟達，以抵禦東川張魯為藉口，說動劉璋主動邀請劉備入川。

劉備遂召集所有大將謀士，商議入川大事。諸葛亮說：「荊州乃是根本，必須分兵好好把守。」諸葛亮的潛意識裡理所當然地認為自己是要跟著劉備一起入川打天下的，所以會提醒劉備考慮好留守的人選。他以為劉備會和往常一樣，好好與他商議一番，但他沒有想到，劉備獨自做出了一個讓他驚訝的決定。

劉備現在手下人才齊備，文有諸葛亮、龐統，武有關張趙、黃忠、魏延。劉備可以有多種調配選擇。但劉備斷然選擇了龐統、黃忠、魏延三人隨他入川。

劉備的這個方案頗有奧妙，也足可印證曹操此前對他的高度評價。劉備仁慈的面目下隱藏了最為高明的御下之道。此前的他，確實因為家底薄弱，捉襟見肘，沒有施展的空間。一旦家底殷實，劉備的厲害之處就顯露了出來。哪怕像諸葛亮這樣的天下奇才，照樣跳不出他的手掌心。

劉備選了三人，留了四人，力量配比略傾向於守好荊州。這是因為「二鳥在林，不如一鳥在手」。荊州是手中之鳥，不可有失，西川是林中之鳥，能否到手，尚未可知。所以，必須確保荊州這個安身立命之基。

而最為關鍵的是，劉備所選的全部是新近來投的人，以前的老部下老兄弟一個都沒帶。這是為什麼呢？

新員工為了在組織裡展示自己，必然立功心切。而老員工往往會居功自傲，不易管理，甚至壓制新人。現在有了新的機會，如果還是帶老員工打天下，新員工就很難有出頭之日。一旦功成，老員工會更加目空一切，而新員工求功欲望很強烈，一旦讓他們建功立業，就足可與老員工相提並論。這樣，作為領導者就能很輕鬆地加以統御。

劉備之所以做這個決定，和他體察到諸葛亮的微妙心態也有一定關係。當初諸葛亮去東吳就是為了阻止龐統在東吳受重用，然後將其延攬到劉備帳下。但諸葛亮回來後，並未對劉備言明一切，而是故意外出按察三個多月，讓劉備差點錯失龐統。這件事儘管不影響劉備對諸葛亮的信任，但這個對人性洞燭入微的梟雄還是決定要扶持龐統來適當節制諸葛亮。

劉備一宣布這個決定，諸葛亮就深深地領會到劉備的可怕之處。同時，他也有一些失望。就他的抱負而言，當然是希望自己為劉備拿下荊州後，再取得西川，以成就三分天下的戰略規劃。但現在他只能留守荊州，眼睜睜地看著龐統去開天闢地，建立新功了。

但諸葛亮轉念一想，心中又變得釋然，因為他料定龐統此去是很難成功的。他非常了解劉備，當初他幾次三番勸劉備奪劉表的荊州，劉備囿於道德的約束，總是不肯行動。而這一次，西川之主劉璋也是劉備的同宗兄弟。龐統同樣也很難說服劉備不顧輿論，強行奪取西川。

果然不出諸葛亮所料，無論龐統、法正、張松等人如何勸說，劉備總是不願對一片至誠的劉璋下狠手。正好張魯來犯，劉璋就請劉備率本部人馬去葭萌關鎮守。劉璋部下苦勸要防範劉備作亂，劉璋只好再令大將楊懷、高沛二人在涪水關把守，牽制監督劉備。

劉備在葭萌關進退兩難，心情十分鬱悶。龐統的心情比他還要焦急百倍，當初信心百倍，想要為劉備奪得西川，並以此大功來與諸葛亮平起平坐，但現在卻坐困愁城，無計可施。

正在此時，曹操再度起兵攻打孫權。劉備十分擔心，如果曹操擊敗孫權，必然趁勢要攻取荊州；反之，如果孫權擊退曹操，也必將借其餘勇來進攻荊州。劉備已經萌生了退還荊州的想法。

善於奇謀的龐統卻從中看到了一個巨大的機會。這就是龐統，他就是能夠從人所不能的角度，看到負面資訊背後的積極因素。

龐統看到了什麼機會呢？

劉備深深受制於仁義道德，無論是諸葛亮還是龐統，此前都不能讓其毫無顧忌地掙脫這一約束。龐統卻找到了一個極為巧妙的辦法，甚至可以說是唯一的辦法。

龐統對劉備說：「主公無須心急，有諸葛亮在，荊州不會有大事。我們不必急著撤兵，但是我們花了這麼大的代價來幫劉璋，也不能白來。現在我們的大本營告急，不如向劉璋借兵，回師去戰曹操。」

人總是活在互惠的光芒之下的，施惠者對於受惠者必然有一種潛在的回報預期。所以，儘管劉備入川目的不純，但他出於維護自我形象的需要，無論是在表面上還是在內心深處，總是認為，自己確實是來幫劉璋的。那麼，現在，反過來讓劉璋給自己幫個忙，也就無可厚非了。

所以，劉備欣然接受了龐統的建議。龐統隨即提出，向劉璋借精兵三萬、軍糧十萬斛以及其他大量的軍器雜物等。

龐統的這個要求實屬獅子大開口。劉備入川時帶來三萬兵馬，現在反過來向劉璋借兵三萬，從對等法則來看，也還說得過去。但十萬斛軍糧可不是一個小數目。斛即石，一斛為十斗，十萬斛相當於大約一千二百萬斤。再加上其他的物資，這個要求確實很過分。

這是龐統有意為之。龐統期盼的就是劉璋的拒絕。

沒想到，劉璋確實是個仁者，他知恩於劉備此前援手，準備悉數答應劉備的條件。所謂仁者無敵，確實不假。如果劉璋真的這樣做了，一定可以保住西川。劉備提出了這麼過分的要求，竟然都得到了滿足，劉璋可以說是仁至義盡，劉備說什麼也撕不下道德的面具了。龐統也就徹底無計可施了。做仁者一定要貫徹到底，如果首鼠兩端，那麼就是仁者無「底」了，會連底褲都輸掉。

劉璋手下的黃權、劉巴等人紛紛抗議，劉璋耳根子一軟，就又聽從了他們的意見，只同意借給劉備老弱殘兵四千，軍糧一萬斛，其他軍器雜物少許。這個數字是劉備要求的十分之一左右，看起來，黃權、劉巴是給劉璋省了錢，但最終的結果卻是，省了芝麻，丟了西瓜，最後劉璋不得不把整個西川交給劉備。

劉備得知後，勃然大怒，破口大罵道：「我費心費力，來幫你破敵，現我家有難，你竟然吝惜財物！」當即把劉璋的回信撕破，將劉璋的使者趕了出去。

龐統暗暗得意，因為劉備已經完全按照他的預先謀劃，痛快淋漓地打開了心結，光明正大地與劉璋撕破了臉皮！

心理感悟：把朋友塑造成敵人易，把敵人轉化為朋友難。

# 42 無用計策的妙用

龐統的這個策略叫做「道德排除」。

劉璋此前所為，一直是符合正統的社會規範的，找不出可以詬病的地方。劉備又是個對社會評價高度敏感的人，所以龐統就算巧舌如簧，也不能說服劉備對劉璋翻臉，赤裸裸地搶人家的地盤。

但現在劉璋所為已經讓劉備覺得是背離了互惠之道。劉備發怒，就是認為劉璋不夠仁義，辜負自己當初的付出。那麼，你先不仁，就別怪我不義了。對於不仁不義者加以征討，正是社會規範認可的事情，劉備也就有了充足的底氣來向劉璋宣戰了。

所謂「道德排除」，就是想方設法將你的對手置於道德界限之外。對一個背離了道德、失去了道德保護的對手下手，非但不會引起社會輿論的非議，反而會贏得社會大眾的支持。所以千萬別小看了這一策略。

龐統一看劉備怒氣勃發，立即趁熱打鐵，鼓動劉備向劉璋宣戰。

龐統提出了上中下三條計策，供劉備選擇。上策是立即遴選精兵，連夜襲擊成都；中策是藉口回師荊州，誘騙涪水關守將楊懷、高沛前來送行，趁機將二人擒拿斬殺，先奪下涪水關，再向成都發起攻擊；下策則是連夜退回荊州，徐徐圖謀西川。

龐統為什麼要向劉備提出三條計策呢？而且其中的第三條計策純屬擺設，毫無價值可言。其實，這正是龐統的詭祕之處。

如果龐統只向劉備提出一條計策，那麼劉備的選擇就是「是」或「否」。儘管龐統運用了「道德排除策略」，突破了劉備的心理防線，但劉備囿於慣性，還是有百分之五十的可能會拒絕進攻劉璋。而現在，龐統提出三條策略，其用意在於第二條中策。但為了產生「知覺對比效應」，龐統故意增加了所謂的「上策」和「下策」。上策的不可取之處在於，如果直接襲擊西川，一旦無法速戰速決，楊懷、高沛從背後圍追而來，劉備就會腹背受敵。而下策等於直接放棄了一個大好機會，劉備再善良，也不至於傻到會放棄這近乎唯一的機會。所以，在上策和下策的「貼身護衛」下，中策的入選就成了板上釘釘的事兒。

果然，劉備說：「軍師，你的上策似乎太急，而下策又太緩。只有中策，不急不緩，正好可以採用。」

正合龐統之意！

在這一事件的應對處理上，龐統確實高出諸葛亮一籌。諸葛亮反復勸諫劉備，都沒有為劉備創造出一個可以對荊州下手的理由或藉口，只能眼睜睜地看著荊州歸了曹操。此後諸葛亮雖然利用赤壁大戰巧取豪奪了荊州，但始終與東吳存在領土爭議，為今後劉孫不和埋下了隱患。而反觀龐統，則為劉備創造了一個

（他自認為）足可抵擋天下人之口的理由，讓劉備得以協調好內心的認知不協調。劉備也因此更加自得於自己當初決定帶龐統，而不是帶諸葛亮入川的決定。諸葛亮聽說此事後，對於龐統也是暗暗佩服。

劉備於是寫信給劉璋，偽稱曹操來攻，關羽不敵，只好回師，來不及面晤，只得寫信告辭。

張松聽說這個消息，信以為真，很不甘心劉備就此退回荊州，急忙寫了一封書信給劉備，大力挽留。信未送出，張松之兄張肅來訪。張松只好陪兄喝酒。酒至半酣，張松不慎將信失落於地。張肅看後大驚，立即向劉璋告發。

劉備的真面目至此大白於劉璋面前。劉璋大怒，說：「我平生以仁義待人，誰想竟會如此?!」當即斬了張松全家，並嚴令各處關隘添兵把守，嚴防劉備，絕不容許放荊州人馬入內。

劉璋的這番舉動，反而給了劉備將攻擊進行到底的更好理由。

劉璋通知了楊懷、高沛，楊高二人早就想將劉備除之而後快，也想趁送行之機，將劉備斬殺，於是身藏利刃，來見劉備。

哪知劉備早有防備，二人猝不及防，就被拿下。龐統喝令搜身，各搜出利刃兩口，這一下就坐實了二人心懷不軌。

劉備大怒，說：「我與劉璋是同宗兄弟，你二人為什麼要心懷鬼胎，離間我兄弟之情？今日又私藏利刃，意欲行刺於我，是何道理？」

楊懷、高沛已經羊入虎口，哪裡還有分辯之力？劉備當然是把所有的屎盆子都扣在了這兩人頭上。但劉備畢竟還是有些不忍心置這二人於死地，龐統卻顧不得許多仁義道德了，立即下令將二人推出斬首。

此時，黃忠、魏延也已經將楊高二人的隨從二百餘名一併拿下。劉備將他們喚入，賜酒壓驚，說：「楊懷、高沛離間我兄弟之情，剛才又想行刺於我，現已伏誅。這一切與你們無關，罪不在爾等。」

劉備用這番話為自己洗清，這二百人已經成為砧板上的魚肉，哪裡還敢反駁？劉備饒他們不死，龐統就利用這個「不殺之恩」，讓他們夜間帶路，進攻涪水關。

這二百軍兵趁著夜色，叫開關門，劉備大軍趁勢而入，不費吹灰之力，就拿下了涪水重鎮。

第二天，劉備設宴犒勞三軍。劉備終於解開了心結，得以大施拳腳，心情暢快無比，也開懷痛飲。龐統相陪，君臣兩個都喝得酩酊大醉。

劉備帶著酒意，對龐統說：「軍師，今天這一次歡飲，可算是樂事了吧？」

龐統呵呵一笑道：「討伐別人的領地卻以此為樂，可不是仁者之兵啊。」

龐統也是酒後嘴無遮攔，按照劉備慣常的態度，聽了他這句話，一定是羞愧難當，拜服請罪，然後就此罷兵，再不敢行不仁不義之舉。如果真是這樣，龐統前番的苦心謀營就打了水漂了。

誰也沒想到，劉備聽了龐統的話，非但不羞愧，反而是勃然大怒，說：「當年武王伐紂，前歌後舞，難道也不算是仁者之兵嗎？」

劉備理直氣壯地搬出周武王的例子來為自己的不義之舉辯護，顯然是把自己這次攻打劉璋等同於當年周武王討伐無道昏君商紂王的舉動了。

我們只要想想不久前劉備死活不肯擺脫仁義道德的束縛，任龐統怎麼勸說，也不敢（或不願）奪取西川的表現，就會覺得大惑不解了。為什麼劉備的態度突然之間有了顛覆性的改變？這個人還是以前的那個劉備嗎？抑或是以前的劉備十分堅忍，把內心世界隱藏得讓任何人都看不透？

其實，這正是典型的行為改變態度。

一般認為，內心的態度決定了外在的行為，但這只是硬幣的一個面而已，硬幣的另一個面則是行為也會改變態度。當一個人在某種外部推動力的驅使下，做出了與他先前內心態度不一致的行為後，這個人為了讓自己的言行一致，以消解內心的認知不協調，往往會選擇改變內心的態度，來與已經發生的、不可逆轉的行為保持一致。

德國作家賽巴斯提安．哈夫納曾經在《破解希特勒》一書中回憶了作為納粹之敵的自己是如何被迫參與納粹活動的。當哈夫納被納粹分子關進教化營後，被迫穿上了納粹分子的褐色制服，並跟在他們後面外出行動。哈夫納寫道：「當我們沒有跟在他們（指納粹分子）後面行軍時，我——毫無疑問還有我們中的其他人——看到那些旗幟都會躲得遠遠的。而現在我們卻變成了對所有旁觀者形成暴力威脅的人，表現得絕對盲從。路邊的人要嘛向旗幟致意，要嘛躲得遠遠的，否則我們就會痛揍他們一頓……」

儘管是被迫加入納粹的行列，但這個被迫的行為還是改變了哈夫納的態度，他也像真正的納粹分子那樣，對路人橫眉冷對，動輒施以拳腳，而不是像以前那樣反對納粹了。

我們再來看劉備。劉備也已經做出了向劉璋宣戰的舉動：撕掉了劉璋的文書；把他的使者趕回成都；殺了他的兩個得力大將；攻占了涪水關。這些行動已是既成事實，盡人皆知，且無可挽回。所以，劉備的潛意識必須找到一個充足的理由來為自己的行為辯護，將其合理化。這樣一來，除了改變內心的態度之外，別無他途。

並不是劉備突然變得陌生，而是內在的心理學認知規律讓他突然之間判若兩人。

龐統聽了劉備的責罵，毫無懼色，大笑而起。左右見夜已深沉，就將劉備扶入後堂休息。

等到第二天酒醒後，左右把劉備昨日的醉後之語告訴了劉備。劉備懊悔不已，痛惜自己一貫的大好形象毀於一旦，急忙穿衣升堂，請來龐統，謝罪說：「昨日醉酒，狂言亂語，觸犯先生，請勿怪罪！」

龐統卻談笑自若，毫不在意。

劉備說：「昨日之言，惟吾有失！」龐統卻說：「君臣俱失，何獨主公乎？」龐統這句是聰明之語，若非如此，劉備心中存了芥蒂，兩人共事就會變得尷尬。

兩人相視大笑，共樂如初。

心理感悟：攻心不如攻行。

## 43 汙點證詞無效

劉璋聽說涪水失守，大驚道：「沒想到劉備竟會如此！」當即派劉璝、冷苞、張任、鄧賢等率五萬大軍星夜往雒城進發。劉璝、張任把守雒城，冷苞、鄧賢二人則在城外六十里處各自紮下一個大寨。

劉備這邊也在調兵遣將。劉備問：「誰敢建頭功去取雒城二將的大寨？」也許是劉備見諸葛亮慣喜激將，忍不住也用了一下激將法。但其實他都用不著激將，比激將更有效的是選人。劉備這次進川，選的全是新人。哪個新人不想建功立業呢？他們內在的自發動力遠遠超過了外在的激將帶來的推力。

但現在劉備一激將，真是過猶不及了。黃忠、魏延兩人本來關係還不錯。黃忠的命還是魏延救的，但現在兩人為了爭功，也互不相讓了。兩人在劉備面前就要比拼，以決出先鋒人選。龐統只好做和事佬，讓兩人各引一支軍馬，分襲兩個營寨。

幾經苦戰，劉備方斬了泠苞，但張任頑抗，雙方正陷入膠著之際，劉備收到了諸葛亮的一封信。信是這樣寫的：「亮夜算太乙數，今年歲次癸巳，罡星在西方；又觀乾象，太白臨於雒城之分。主將帥身上多凶少吉。切宜謹慎。」

劉備對諸葛亮是深信不疑的，尤其是在他拿出天象、太乙神數等來說事的時候。畢竟，一個能夠透過自己的力量來改變天時運轉，在隆冬季節借來東風的人，就算不是神，也離神不遠了。而且，諸葛亮的信中有意在關鍵部位含糊其詞，更是增加了劉備的恐懼感。

諸葛亮說的是凶兆「主將帥身上」，那麼，劉備、龐統、黃忠、魏延四人都被牽涉在內，這也是諸葛亮心機暗藏的地方。

諸葛亮原本認為龐統絕對沒法說服劉備強奪西川的，但龐統的表現讓他大為意外。諸葛亮當然希望劉備、龐統能夠順利攻取西川，但在這個大前提下，他的內心也難免有一絲嫉妒龐統的意味。當然他決不願龐統以及其他任何人覺察到他的這種微妙心理，所以，諸葛亮夜觀天象，確實看出了凶兆就應在龐統身上，但他只能將影響範圍擴大化、模糊化，以防龐統或其他人誤認為是諸葛亮擔心龐統立功而故意用天示凶兆加以阻礙。

劉備擔心危及自身，雖不甘心，但也想退回荊州。

但是龐統卻不這麼想。龐統想和諸葛亮一較高下的心理非常強烈，當年水鏡先生司馬徽那句話總是在他耳邊響起，這代表了一種社會期望。諸葛亮已經透過赤壁之戰向世人證明了司馬徽所言不虛，而龐統則急需藉由眼前的西川之戰來證明自己。

從這種強烈的動機出發，龐統不可避免地陷入了「選擇性知覺」的誤區。他理所當然地認為，諸葛亮擔心自己立功，故意寫了這封信來加以阻攔。

太乙神數，龐統也是會的。在這種認知知覺的驅動下，龐統也算了一遍太乙神數。龐統算出了和諸葛亮一致的現象，卻得出了截然不同的結論。

龐統對劉備說：「統亦算太乙數，已知罡星在西，應主公合得西川，別不主凶事。統亦占天文，見太白臨於雒城，先斬蜀將泠苞，已應凶兆矣。主公不可疑心，可急進兵。」

選擇性知覺就有這麼大的效力，它可以讓不同的人對同一現象做出完全不同的解釋。諸葛亮和龐統都是精擅太乙神數的高手，當他們為別人推演天機的時候，其準如神。但是旁觀者清，當局者迷，當龐統為自己推算的時候，卻無法做到客觀冷靜。

在劉備眼裡，諸葛亮和龐統是完全可以互為替換的。既然龐統給出了不同的答案，表面仁厚內心精明的劉備也不會不考慮到諸葛亮與龐統之間的競爭性關係（當初他選帶龐統入川就是基於這個考慮），所以，劉備也傾向於信任龐統的說法。

在龐統的再三催促下，劉備準備進軍。此時，劉璋的重臣法正已經來投。龐統問法正：「此去雒城有多少路？」法正在地上畫圖示意。劉備取出張松此前所獻地圖，一一對照，發現確實無誤，便放下心來。

法正獻計說：「山北有條大路，正取雒城東門。山南有條小路，卻取雒城西門。兩條路皆可進兵。」

龐統決定兵分兩路，自己和魏延一路，走山南小路，劉備和黃忠一路，走山北大路。龐統的這個安排頗為詭異，他判定大路必有大軍阻攔，小路則可出奇制勝。他在選擇大將時也選了更為年輕力壯的魏延（這也是刻板印象在作怪。黃忠之猛，幾無匹敵，但從一般人的刻板印象來看，大都認為少壯派的魏延更勝一籌）。

龐統的安排竟然是讓主公劉備去迎大軍！只能用「立功心切」來解釋這一詭異之舉了。

劉備卻說：「我自幼弓馬熟練，善走小路。還是軍師走大路吧。」

龐統堅定地說：「大路必有軍隊阻攔，主公引兵當之。統取小路。」

劉備卻因前晚夢見一個神人用鐵棒擊傷自己右臂而心生疑慮。龐統說：「壯士臨陣，非死即傷，這是很正常的事情，哪裡可以因為一個夢就疑神疑鬼呢？」

劉備說：「我也不是因夢生疑，我是在想諸葛亮的信。軍師，你還是固守涪水關，不要出擊了。」

龐統再也忍耐不住了，他哈哈大笑，直抒胸臆道：「主公你被諸葛亮迷惑了吧！他只不過是不想讓我立功，才故意這樣說，來讓主公你心生疑惑。心疑則生夢，哪裡有什麼凶兆呢？我龐統就是肝腦塗地，也要為主公拿下雒城。」

劉備見龐統說破了其中的微妙關係，也就不好再堅持己見了。況且，諸葛亮和龐統之間存在競爭關係對劉備也是好事，只要將其控制在良性的範疇內即可。

龐統將行，坐騎忽然失蹄，將龐統掀下。劉備見了，心中不豫，連忙跳下馬來詢問。龐統仍是毫不在意。劉備決定將自己的坐騎——白馬的盧換給龐統，這是劉備最擅長的施惠之舉，龐統自然深受感動。

龐統絕沒有想到，大路雖有大軍阻攔，但小路如有埋伏，反而危險更大。蜀中名將張任，極善用兵，果然在小路上埋伏了三千弓箭手。

龐統騎著劉備的白馬，異常醒目。張任多次和劉備交鋒，認得這匹馬，遠遠望見，以為劉備親率大軍前來，就吩咐手下，所有的箭都瞄著騎白馬者發射。

再說龐統迤邐前進，抬頭見兩山逼仄，樹木叢雜。又值夏末秋初，枝葉茂盛，不由得心下生疑，問身邊軍士這是何處。有新降軍士說：「此處乃是落鳳坡！」

龐統大驚！心想：「我道號鳳雛，此處名叫落鳳坡，豈不是預示我要死於此處嗎？」

為什麼龐統此前一直堅持自己的觀點，不顧諸葛亮和劉備的相反意見，而竟然會在聽到一個「落鳳坡」的地名後就恍然大悟了呢？

這是因為儘管「選擇性知覺」迷惑了龐統的判斷力，但龐統畢竟是個不世出的高手。此前的種種可疑跡象，因為這個地名的警醒，頓時讓龐統從先前的誤判中清醒過來。

龐統當即命令後退，但哪裡還來得及？

三千弓箭手對準了騎白馬者一起發射，箭如飛蝗，龐統即時便被射成了刺蝟。

當年徐庶曾經說過，白馬的盧，雖然神駿，卻有妨主之嫌。劉備騎行多年，未受妨害。而龐統只騎行一日，就遭應驗。可歎劉備一片好心，反而害了龐統。可憐龐統，身懷絕技，壯志未酬，就此殞命。

命運的安排真是神鬼莫測！龐統有多少個機會可以免遭殺身之禍，終究還是一步步走進了死路，也許是冥冥中的天意安排。其中的奧祕，卻不是心理學可以解釋的。

張任射死龐統，大敗魏延。劉備這邊也遭到劉璝的強力阻擊，敗退而回。

劉備得知龐統死訊，悲痛不已。黃忠建議速向荊州報信，請諸葛亮前來商議攻川大事。

卻說諸葛亮在荊州，時值七夕，大會眾官。忽見正西一星，其大如斗，從天墜落，流光四散。諸葛亮一驚，擲杯於地，掩面大哭道：「哀哉，痛哉！」

眾人急問緣故。諸葛亮說：「前幾天我算今年罡星在西方，不利於軍師，連忙寫信給主公，要他小心設防。沒想到今晚西方星落，龐士元命必休矣。」

諸葛亮這次直接說出凶兆所指是龐士元，但此前的那封信卻含糊說是「將帥」。

諸葛亮的傷痛是真傷痛！能力越強的人控制欲越強。諸葛亮雖然對將龐統置於自己的控制之下有一些微妙的想法，但這只是細枝末節。其主流仍然是兩人齊心協力，共扶劉備，開創大業。而如今龐統一死，不但劉備痛失一臂，諸葛亮也是痛失得力助手。龐統這位於宿醉中半日理清百日所積公務的行政奇才，如果能夠一直擔任諸葛亮的副手，那麼諸葛亮就可以把主要的精力騰出來，謀劃戰略，制定戰術。如此臥龍鳳雛聯手，天下誰人能敵？龐統死後，諸葛亮只能獨木擎天，事無巨細，悉數過問，最後積勞而死，也未能實現漢室中興。

龐統之死，對諸葛亮的打擊是很大的，其對蜀漢的深遠影響也將在今後的漫長歲月中逐漸顯現出來。

> 心理感悟：看見獵物的時候，往往看不見陷阱。

# 荊州益州

仁義是仁義者的墓誌銘 / 給你一碗閉門羹 /
離壞消息遠一點 / 人生總得有一次衝動 /
給我一個不聽話的理由 / 五個和尚沒水喝

# 44 仁義是仁義者的墓誌銘

龐統一死，劉備的全盤計畫被打亂。劉備心亂如麻，只得派關平給諸葛亮送信，要諸葛亮入川。諸葛亮得信後，說：「主公在涪水城進退兩難，我不得不去，而且要馬上動身。」攻取西川是諸葛亮在隆中的時候就謀劃好的。

劉備第一次選擇了龐統，諸葛亮內心有些鬱悶。此時，建功立業的機會失而復得，諸葛亮雖然沉穩，也迫不及待了。

關羽說話了：「軍師此去，誰人守荊州？荊州乃重地，干係非輕！」

諸葛亮入川，對關羽來說，是一個擺脫諸葛亮控制，獨掌荊州的良機。所以，他急著出言強調荊州的重要性，意在提醒諸葛亮不要隨隨便便指定荊州主將的人選。以關羽的一貫自負，他必然認為自己是最合適的人選。

當然，關羽此刻不會想到，凡事有利必有弊，留守荊州固然可以獨當一面，但遠離劉備也就遠離了中心，要冒被邊緣化的危險。

後來，關羽正是在被邊緣化的糾結中做出了兩次不可理喻的舉動。但此刻，西川尚是未知之數，關羽也就沒想那麼遠，他最關心的是自己是否能夠獲任荊州主將。

劉備的信只提到了讓諸葛亮火速入川商議，至於荊州守將人選，隨諸葛亮入川人選等一概未提。這就給了諸葛亮一個很大的操控空間。

那麼，諸葛亮是如何考慮的呢？

首先，龐統已失，自己出馬，不容再失。要想達到這一目標，只有多帶兵將入川才行，荊州的防守力量只能滿足最低限度的要求。

其次，和關羽多次較量，也沒能讓他心服口服。如此不好控制的人，還是離得遠一點為好。

既然如此，諸葛亮的方案就很明顯了：留下關羽鎮守荊州，帶走張飛、趙雲兩員猛將。

這個決策也有很大的風險。荊州的重要性自不用多說。關羽武藝出眾，性格傲慢，諸葛亮不擔心他的能力，卻擔心他的態度。荊州一旦有失，這個用人不當的責任還是要落到諸葛亮的頭上。

所以，諸葛亮必須有所安排，才能未雨綢繆。

諸葛亮指了指送信而來的關平說：「主公信中，把荊州托在我身上，讓我量才為用。雖然如此，主公派關平前來送信，其用意不言自明，當然是要雲長來當此重任了。」

拉大旗做虎皮，諸葛亮這是借助劉備在組織中的權威來為自己的決策撐腰。就算劉備不派關平送信，諸葛亮也能「合理合情」地從劉備的信中找出自己的決策依據。而這樣做的最大好處就是，萬一決策失當，至少劉備也要負一定的責任，因為諸葛亮已經明示了他是這樣理解劉備意圖的。

諸葛亮又轉向關羽說：「雲長你可要想著桃園結義之情，竭力守好荊州啊！此處北當曹操、東敵孫權，非同小可，你可一定要小心行事啊。」

諸葛亮連桃園結義都搬出來了，可見他對任用關羽確實很不放心。關羽當然是慷慨激昂地表示自己一定恪盡職守，力保荊州不失。

為了加強承諾的約束力，諸葛亮特意舉行了一個印綬交割儀式。諸葛亮擎著印，關羽正要來接，諸葛亮卻又猶豫了一下，說：「收了此印，一切干係可就交托在將軍身上了。」

關羽說：「大丈夫既領重任，除死方休！」

諸葛亮聽到這個「死」字，內心隱隱覺得不安，但箭在弦上，不得不發，只好再叮囑幾句：「倘若曹操來犯，關將軍如何應對？」

關羽說：「以力拒之！」

諸葛亮再問：「倘若曹操孫權一起進犯，該如何應對？」

關羽說：「分兵拒之！」

諸葛亮歎了口氣，說：「如果這樣，荊州就危險了。我有八個字，關將軍一定要謹記在心。只有這樣才能保荊州不失。」

關羽急忙詢問是哪八個字。諸葛亮一字一頓地說道：「北拒曹操，東和孫權！」

關羽說：「軍師之言，當銘記在心。」

諸葛亮這一輩子用兵用人，有兩次是他內心發虛，沒有把握的。一次是委任關羽鎮守荊州，另一次是委任馬謖鎮守街亭。這兩次委任，果然都出了重大問題，影響到了大局。

諸葛亮這個「八字方針」，雖然正確無比，但關羽執行起來卻十分困難。北拒曹操不難，雙方一直是死對頭，見面打仗是沒得說的。但東和孫權，則十分不易。東吳諸人絕非蠢笨如牛之輩，他們在諸葛亮手上吃了很多虧，也吃了很多苦頭。

赤壁之戰的勝利果實絕大部分被諸葛亮攫取，東吳大都督也被諸葛亮氣死，魯肅則被諸葛亮在借荊州事件中玩弄於股掌之上。這些賬，他們都記在心裡，無時無刻不在想著要索討報復。

在這樣的背景下，關羽要想東和東吳是非常難的。而這一大背景又是諸葛亮一手造成的。後來雖然是在關羽手上失掉了荊州，但追本溯源，根子還要著落在諸葛亮身上。

諸葛亮交割完畢，分派張飛、趙雲各取一路進川。諸葛亮自己和趙雲一路，溯江而上，張飛則獨領一路，從陸路進發，以先到雒城者為勝。

根據諸葛亮的盤算，自己這路，無須過關斬將，必然率先到達。但沒想到張飛義釋嚴顏，而後嚴顏一路勸降故舊，竟然比諸葛亮還先到了雒城，這不由令諸葛亮對張飛刮目相看。

與劉備會師後，諸葛亮設計擒殺了張任，攻破雒城。大軍隨即向綿竹進發。

劉璋向張魯求救。張魯派猛將馬超助戰。張飛與馬超在葭萌關大戰，不分勝負。劉備起了愛才之心，幾經周折，將馬超收歸帳下。

馬超反戈一擊，令劉璋恐懼不已。劉璋想開門投降，以救滿城百姓。

大臣董和說：「城中尚有兵馬三萬，錢帛糧草可以支撐一年。且滿城軍民皆有死戰之心，應該力戰不降。」

劉璋卻說：「我父子在蜀中二十餘年，從無恩德以加百姓。與劉備攻戰三年，多少百姓捐軀流血，都是我的罪過。我心裡何嘗安寧過？不如投降，以安百姓。」

劉璋可說是整個三國時期真正踐行仁義的人，但是在當時的亂世之中，仁義往往是仁義者的墓誌銘。

劉璋的大臣譙周深通天文，站出來說：「主公之言正合天意。」

譙周說：「某夜觀乾象，見群星聚於蜀郡；其大星光如皓月，乃帝王之象也。況一載之前，小兒謠云：若要吃新飯，須待劉備來。此乃預兆。不可逆天道也。」

譙周這個人，是職場中最為特別的異類。他的習得性極差，從來不顧情勢，只會將客觀情況不加隱瞞修飾地說出來。

這個時候說這樣的話是要冒掉腦袋的危險的。果然，黃權、劉巴聽了這番話，當即就要將他砍了。劉璋卻因降心已定，便阻止了黃劉二人。

這並不是譙周第一次據實而言。這個只會實話實說的耿直漢子，我們以後還要多次提到他。譙周的做法，很難討上司和同事的歡心，但一個人能夠一貫堅持客觀冷靜，並毫不顧惜個人的利益得失，也是極為難得的。

劉璋出降，劉備受降，也覺得很不好意思，握著劉璋的手，涕泗橫流，說：「不是我不想行仁義之事，實在是迫不得已啊。」無論如何，劉備總算得了西川。

成功之後，大封群臣是少不了的。無論是降將還是舊部，皆大歡喜。

但劉備和諸葛亮誰也沒想到，封賞這件事還會惹出一場風波來。

這日，劉備與諸葛亮閒坐。關平從荊州而來，呈上關羽的書信。信上說，聽說馬孟起英雄無敵，關羽要入川來比試一番。

劉備大為心焦，一旦關羽扔下荊州入川，萬一有失，那該如何是好？

關羽為什麼會做出如此怪異的行為？這其實是人的易得性直覺作怪。一般來說，生動、直觀、外顯的事物更能獲得人們的關注，人們也會相應地認為這樣的事物更為重要。

具體到軍事攻防來說，顯然是攻城拔寨更能顯示戰將之威、之功，而防守城鎮不過是默默無聞、穩如磐石。

所以，在劉備攻取西川的三年中，荊州雖風雨不驚，但關羽卻度日如年，眼見弟兄們建功立業，自己卻只是守常而已。這很容易讓關羽覺得自己遠離了組織的中心，被邊緣化了。

諸葛亮知道，這不過是關羽擔心被邊緣化的試探之舉罷了，並非一定要入川比武。諸葛亮當即寫了一封回信，讓關平帶回去。

諸葛亮的信中寫道：「亮聞將軍欲與孟起分別高下。以亮度之：孟起雖雄烈過人，亦乃黥布、彭越之徒耳；當與翼德並驅爭先，猶未及美髯公之絕倫超群也。今公受任守荊州，不為不重；倘一入川，若荊州有失，罪莫大焉。惟冀明照。」

這是諸葛亮第一次以推崇的方式來對待關羽。關羽果然十分受用，當即遍示賓客，再也不提入川之事。

諸葛亮改變了此前對待關羽的壓制之策，確實收到了奇效，卻也埋下了隱患。關羽雖然狂傲，但素來對諸葛亮忌憚三分。諸葛亮入川前將荊州託付給關羽，關羽唯恐諸葛亮笑話自己不能勝任，這三年來枕戈待旦，從來不敢有絲毫怠慢。而這次諸葛亮為了盡快解決事端採用的「推崇吹捧」卻讓關羽覺得，連諸葛亮都已經服膺自己了，放眼天下，哪裡還有餘子？

> 心理感悟：追求短期見效必定帶來長期的隱患。

## 45 給你一碗閉門羹

卻說曹操擊敗張魯，得了東川，令曹洪、張郃、夏侯淵等人把守，卻被諸葛亮激將黃忠，力斬夏侯淵，挫動銳氣。曹操親率大軍反撲，又被諸葛亮擊退。劉備遂得東川漢中之地。

至此，劉備已經擁有荊州、西川、漢中等三大塊地盤，可以稱得上家大業大了。諸葛亮自出山以來，所謀所劃，幾乎從未失手，也是志得意滿，意氣飛揚。

眾將跟隨劉備，從一窮二白開始創業，這時都有推劉備為帝的想法，這其中不僅是覺得劉備已經實至名歸，也有自私的想法。只有劉備成就了帝業，這些人的事業才算是修成正果，才能在爵位官職方面更上層樓，光宗耀祖。但這些人都不敢擅自去向劉備表明，於是一起來找諸葛亮。諸葛亮的名望已經如日中天，堪稱群臣之首。

諸葛亮十分自信地表示：「吾意已定奪了。」這句話說得豪氣干雲，彷彿他可以大包大攬，完全可以替劉備做主。於是，諸葛亮帶著法正等人，胸有成竹地來見劉備。

諸葛亮說：「現在漢帝懦弱，曹操專權，天下百姓無主。主公您已經年過半百，威震四海，現已擁有荊襄兩川，正可以應天順人，即皇帝位。名正言順之後，就可以討伐國賊曹操。此乃大合天理之舉，事不宜遲，就請擇吉日登基。」

諸葛亮以為劉備一定會對自己言聽計從，卻沒想到劉備斷然否定了他的建議。

劉備大驚，這「驚」絕對是發自內心，而非偽裝。劉備說：「軍師，你可大大地錯了。劉備雖然是漢室宗親，但不過是臣下之臣，如果這樣做了，等於背反漢室。」

這種絲毫不給諸葛亮留面子的行為是諸葛亮自出山以來第一次遭逢的。而在維護自己面子方面，諸葛亮的敏感度一點也不比關羽差。此前，他因為魏延救了黃忠，解了關羽之困，而對立有大功的魏延橫加指責，就已經充分說明了這一點。同樣，這一次哪怕傷害他面子與自尊的人是劉備，諸葛亮也要為自己辯護。

諸葛亮說：「主公，情勢不是你說的那樣。如今天下割據，群雄並起，各霸一方。四海有才德者、捨生忘死而事其主者，不是為名，就是為利。如果主公您今天為了避嫌而不肯登基，手下之人大失所望，不久就將四散而去。願主公深思。」

諸葛亮的辯護立足於喚起劉備的恐懼。如果您不進步，屬下就不能進步，這是水漲船高的道理。大家跟著你出生入死，說白了，就是為了爭名奪利而來的。如果你有條件滿足他們，卻還不給予滿足，他們肯定要另謀出路的。那麼，您半世的營謀就全部落空了。

諸葛亮這番「名利論」倒是頗具說服力。但他過於自信，直接撕開了劉備戴了大半輩子的面具，先為劉備下了結論，在劉備反對之後，再拋出「名利論」，等於強行綁架劉備的獨立思想，這顯然是劉備不能接受的。

如果諸葛亮不是盲目自信，而是先以「名利論」來詰問劉備，要劉備自己來考量該如何去做。那麼，劉備即便不會自己提出「稱帝」，也會比較心平氣和地來和諸葛亮討論「稱帝」的可能性與可行性。

在對劉備微妙心理的把握上，諸葛亮確實不如龐統。劉備始終是要外托忠義之名、內圖王霸之實的。你絕對不能把他放到輿論的風口浪尖上，而必須給他找到或設計出足夠好的理由，他才會「欣然同意」，就像龐統透過「道德排除策略」讓他下定決心攻擊劉璋一樣。

諸葛亮沒有找到足夠好的理由，當然要吃「閉門羹」。但好在「閉門羹」也不是毫無價值。對於說服的高手來說，如果善於運用「閉門羹技巧」，還是可以退而求其次，多少給自己挽回一些顏面的。

諸葛亮一看，此刻要劉備稱帝已經絕無可能，但群臣環伺，如果自己就此黯然退下，勢必威信掃地，光暈頓消了。諸葛亮不甘心，立即提出了「退一步」的要求。

諸葛亮說：「主公平生以義為本，不肯稱帝也是對的。但現在您已經擁有荊襄兩川，可以暫為漢中王，以正其位，方可用人。」

劉備出於慣性，還要推辭，說：「不得天子明詔而為漢中王，也是僭越！」

諸葛亮毫不退讓，說：「離亂之世宜從權，不可拘執於常理。」同時目視張飛等人。

在張飛眼裡，大哥劉備當皇帝也是理所應當的，何況是漢中王呢？張飛當即大喊道：「異姓之人，皆欲為君，何況哥哥乃漢朝宗派！莫說漢中王，就稱皇帝，有何不可？若不如此，半世殷勤成一夢矣。」其他諸人也紛紛附和。

劉備一看，再說下去，張老三要把桃園結義時的老底都揭出來了。劉備若無雄心，怎麼可能讓兩個天下無敵的好漢無怨無悔、忠心不二地追隨於他？劉備唯恐軍心有變，也就同意自立為漢中王。

所謂的「閉門羹技巧」，就是當你向對方提出一個大的要求而被拒絕後，對方因為做出拒絕的言行而在內心有一些愧疚。那麼，你可以趁勢利用這稍縱即逝的愧疚，立即提出一個相對較小的要求。一般而言，對方出於不想加重內心的愧疚，或對此前的愧疚加以彌補的心理，往往會答應你的這個較小的請求。

這一技巧的應用可以分為兩種方式。

第一種是你已經預設好自己的要求，卻故意在此基礎上誇大其詞，向對方提出一個極大的，肯定得不到滿足的要求，以製造對方的愧疚感，來滿足你預設好的那個要求。

第二種則是你最想得到滿足的大要求被對方拒絕後，不想簡單放棄，而是隨即提出一個相對較小的要求。這樣做的結果是，儘管沒有足量滿足你的想法，但多少能得到一些回報，聊勝於無。

諸葛亮先是提出「稱帝」，後來隨即提出「即漢中王位」就是「閉門羹技巧」的第二種運用方式。

劉備既已稱王，所有下屬也都有了上升空間。劉備立子劉禪為王世子，封許靖為太傅，法正為尚書令，諸葛亮為軍師，總理軍國重事。封關羽、張飛、趙雲、馬超、黃忠為五虎大將，魏延為漢中太守。其餘各擬功勳定爵。

大家皆大歡喜，唯獨遠在荊州的關羽得知了五虎大將的名單後，極為不爽。

關羽認為：「翼德吾弟也；孟起世代名家；子龍久隨吾兄，即吾弟也：位與吾相並，可也。黃忠何等人，敢與吾同列？大丈夫終不與老卒為伍！」

關羽憑什麼看不起老將黃忠，恥於與他同列？

人們在進行社會比較時，往往會陷於一種叫做「類別化」的偏見。所謂「類別化」，就是把人劃入不同的群體。我們傾向於誇大群體內部的相似性以及不同群體之間的差異性。我們傾向於認為自己所處的這個群體更加優秀，而認為除此之外的群體存在種種不足與缺陷。

關羽在對「五虎將」成員進行類別化的時候，是以自己為中心的，張飛是他的兄弟，趙雲追隨劉備多年，也可以算是他的兄弟。將這兩人劃入自己所在的群體，是毫無異議的。而馬超實際上屬於更高層次的群體。他的先祖是聲名遠揚的大漢伏波將軍馬援，他的父親是西涼重臣馬騰，可以說，整個家族的聲名都很顯赫。所以，馬超以屈尊的形式入列五虎將，關羽也是沒有意見的。那麼，只有黃忠，新近來降，且又年老，關羽認為他不符合這個群體的一致性，所以大光其火。

但這僅僅是第一層的原因，更深的原因在於關羽是借題發揮。

其實無論是黃忠的出身還是黃忠的武藝，都足與關羽一比。關羽貶低黃忠，只是一個藉口，他認為，除黃忠之外，還有一個更適合的人可以入選五虎將，此人就是魏延。

人往往喜歡與自己相似的人，這是心理學上的「接近性」規則。魏延面如重棗，也是一個紅面孔；脾氣個性，也是豪縱傲慢。這都與關羽十分相似。更為重要的是，關羽能夠順利攻取長沙，也全是依賴魏延。這是一個巨大的恩惠，讓關羽足以笑傲諸葛亮。綜合以上因素，關羽是很欣賞和感激魏延的。但魏延竟然沒有入選五虎將，讓遠離政治中心的關羽深感不滿。所以，關羽並不是要和黃忠過不去，而是相互權衡之後，張趙馬黃中，也只有黃忠可以用來借題發揮。關羽並不是反對黃忠入選，他只是反對將魏延拒之門外，為什麼大將只能設定五人，六人不行嗎？

關羽還想當然地進一步認為，魏延未能入選，肯定與諸葛亮的操縱有關。諸葛亮不喜歡魏延，是人盡皆知的。這樣，諸葛亮就成了關羽、魏延的共同「對頭」，關羽正是借此發洩對諸葛亮的不滿。

幸虧劉備的使者費詩以大義相責，化解了這一場風波。但諸葛亮的這次處事不公，再度加深了關羽的反感。加上此前諸葛亮來信中對關羽的「不當推崇」，關羽已經變得毫無顧忌，要率性行事了。

心理感悟：成功是讓自信走向過度自信的催化劑。

## 46 離壞消息遠一點

曹操得知劉備在自己晉位魏王後，步其後塵，也即位漢中王，勃然大怒。曹操要起大兵鎮壓，司馬懿給他出主意，要他聯合東吳，共圖劉備。

孫權接到曹操的示好信號，仍在猶豫。他派諸葛瑾為使，為自己的兒子向關羽的女兒求親。這其實是一種試探，關羽卻把對諸葛亮的怒火盡數發洩在諸葛瑾身上，並在言辭中狠狠侮辱了孫權。孫權由此堅定了攻取荊州之心。

此後，關羽進兵襄陽，水淹七軍，威震華夏，鋒芒畢露，嚇得曹操要遷都以避。孫權卻抓住了關羽自大成狂的弱點，偷襲荊州得手，逼得關羽敗走麥城。關羽派廖化向劉封、孟達求救不成，為東吳所擒。關羽不肯屈節投降，慷慨赴死。

這夜劉備睡臥不安，夢見關羽遭遇不幸。時值三更，劉備驚覺，心中生疑，急忙派人請諸葛亮來圓夢。諸葛亮只是說：「王上是想念關羽過切，所以做此噩夢，無須多疑。」反復勸劉備寬心。

諸葛亮告辭而出，在中門外迎面看見許靖正在等他。

許靖說：「我剛才去軍師府稟告一重大機密。聽說軍師入宮，特在此等候。」

諸葛亮問：「有什麼重大機密？」

許靖說：「我聽到密報，東吳呂蒙已經襲取了荊州，關羽已經殞命。事關緊急，特來急報。」

諸葛亮稍做沉默，說：「我夜觀天象，看見將星隕落於荊楚之地，早已知道關羽大禍臨頭了。但我擔心主上憂慮，沒有對他明言。昨晚主上做了一個噩夢，也與此有關。我剛才也是善言相寬，唯恐他傷心過度啊。」

諸葛亮早已知道關羽的死訊，為什麼卻不對劉備明言呢？

馬克·吐溫的一句名言很能說明問題。他說：「傷害你的不僅有你的敵人，還有你的朋友。敵人誹謗你，朋友則告訴你這個消息。」

人們往往把好消息帶來的正面情緒歸功於好消息的傳播者，而不僅僅是好消息的創造者；同樣，人們也往往把壞消息帶來的負面情緒歸罪於壞消息的傳遞者，而不僅僅是壞消息的創造者。

諸葛亮知道，關羽之死對劉備簡直是生命中不能承受之重。不管是哪一個人向他匯報了這一消息，都會在匯報的那一刻被劉備視為世界上最可惡的人。諸葛亮不像譙周那樣總是直言不諱。而且諸葛亮肩負軍國大事，關羽之死，無論怎麼說，都和他有干係。一旦劉備在氣頭上，不分青紅皂白追究責任，諸葛亮很可能遭受池魚之災。

諸葛亮和許靖兩人正在密談，冷不防從殿內轉出一人，正是劉備。

劉備扯住諸葛亮衣袖說：「關羽已死，丞相為什麼要瞞我？」

諸葛亮大驚，連忙說：「剛才許靖所言，都是傳言，尚未確證，不可深信。王上還是放寬心，不要擔憂。」諸葛亮恪守「絕不匯報壞消息」的原則，還是不肯明言。許靖也知道利害，立即隨聲附和。

劉備將信將疑，只是說：「我曾經和雲長誓同生死，他若有個好歹，我也不能獨生！」

諸葛亮、許靖正在寬勸之際，荊州馬良、伊籍趕到，匯報了關羽兵敗的消息，他們尚不知道關羽已死。隨後，廖化趕到，匯報了劉封、孟達不肯救援的劣行。

這等於給包括諸葛亮在內的眾人提供了此刻最為需要的「替罪羊」。

關羽之死，實質上和劉封、孟達救援與否關係不大。即便劉孟出兵，也挽不回關羽速敗之勢。但是出不出兵是立場問題，救援能否成功是能力問題。劉封以義侄的身分，不肯對義叔關羽施以援手，從道義上是說不過去的，而道義正是劉備經營天下的首要法寶。所以，劉備將注意力全部投注於劉封的劣行。

劉備聽了廖化的匯報，第一句話就是：「如果這樣，我兄弟就沒命了！」

而諸葛亮的第一句話則是：「劉封、孟達如此無禮，罪不容誅。王上且請寬心，我明日一早，親自率領一支人馬去救荊襄之急。」

這兩句話鮮明地表明了兩人立場的不同。劉備關心的是關羽的生死，而諸葛亮關心的是責任的歸屬。劉備先將劉封、孟達定性為「罪不容誅」，隨即又表明了自己的態度，要親率大軍去救援。但諸葛亮死活不肯宣示關羽已死的確訊。

聽了諸葛亮的話，劉備受了啟發，立即說：「關羽有失，我勢不能獨生！明日我親自率兵，去救兄弟！」

同樣是說要率兵去救，諸葛亮只是表個姿態，而劉備卻是發自內心要採取行動。世間自有真情在，有這樣的結義兄長，關羽在九泉之下也寬慰了。

劉備一面差人去閬中報知張飛，一面令人打聽關羽的確切訊息。未及天明，消息連珠傳來，關羽歸神的消息終於得到確認。劉備當即大叫一聲，昏厥在地。

劉備被救醒後，發誓要為關羽報仇。當下舉國掛孝，厲兵秣馬。

關羽之死，在感情上傷劉備最深，但在戰略上卻傷諸葛亮最深。關羽死後，荊州失守，諸葛亮隆中對時提出的戰略就陷入了無法實施的境地。而這一點，諸葛亮在今後的漫漫歲月中將會越來越深刻地感受到。

但此刻，諸葛亮最為緊要的任務就是勸阻劉備伐吳，這是任何一個清醒的人都能做出的最簡單的判斷。可是劉備心傷關羽之死，已經失去理智。

諸葛亮認為，如果沒有人為「關羽之死」承擔罪責，劉備很難放棄伐吳復仇的想法。而說到擔責之人，則非劉封莫屬。

次日，廖化向劉備哭訴劉封、孟達之罪。劉備說：「我幾乎忘了此事！」這足以說明劉備最為痛恨的仇人是直接置關羽於死地的孫權、潘璋等人，而不是劉封。但既然有苦主廖化盯住不放，劉備的怒火就被重新點燃了。

劉備當即要命人將劉封、孟達召回。諸葛亮卻說：「不可急召，宜緩圖之。」

諸葛亮的用意有兩層。首先，緩可以拖延時間，而時間是最好的傷痛消除劑。時日拖得久了，劉備要為關羽報仇的血性衝動就會緩和下來。其次，劉封、孟達已經知道不出援兵的惡果了。如果急急催逼，勢必有變。不如先升劉封為綿竹郡守，分開二人。在他們二人以為風波已過的時候，再猝不及防地對他們下手。

劉備聽取了諸葛亮的建議。

沒想到孟達聽到內線的密報後，立即向魏國投降。劉備憤怒，命令諸葛亮親自率兵去討伐。諸葛亮卻說：「不如令劉封進兵，讓他們二虎相爭。我們靜觀其變。」

劉封不敵孟達，敗退回成都，面見劉備，將事情的經過細細匯報。

劉封也不是傻子，他被別人當成了替罪羊，他也就將孟達當成了替罪羊，將一切都歸結為孟達唆使。

劉備雖然痛恨劉封，但畢竟有父子之親，一時猶豫不決。

諸葛亮說：「此子性格極其剛強。今天如不趁機除去，以後必然禍及子孫。」劉備再次聽了諸葛亮的建議，將劉封推出斬首。

諸葛亮要殺劉封和關羽之死並無關係，他是擔心劉封日後作亂。劉封能作什麼亂？他不過是義子的身分。劉備事業的繼承權早就明確給了親生兒子劉禪。劉封就是想作亂，也難掀起大的風浪。

諸葛亮之所以堅決要殺劉封，除了以他替罪之外，還另有一層考慮。諸葛亮的控制欲非常之強，這可能是所有能力出眾者的通病。而劉封竟然敢冒天下之大不韙，拒絕救援關羽，其表現出的決斷、決絕，說明他是一個很難駕馭的人。諸葛亮比劉備要年輕二十多歲，劉備百年之後，以劉禪的資質來看，諸葛亮完全可以輕鬆駕馭。但若劉封以皇子的身分橫加干涉，卻是不好應對的。所以，諸葛亮要想將權力集中在自己手中，就不能不顧及劉封作亂的可能性。因為這種作亂可能並不針對劉禪，而是針對諸葛亮自己。

劉備一時糊塗，就這樣殺了劉封。殺完之後，劉備後悔莫及。

諸葛亮再次赤裸裸地說：「為了嗣子的長遠之計，殺了有什麼好可惜的。成大事者，豈可生兒女之情！」

劉備卻說：「縱使他日劉封殺我之子，我今日也不忍心殺他啊！」眾人聞之，無不落淚。

唉，從深層次來說，諸葛亮還是沒有完全了解劉備。

劉備既痛關羽，又思劉封，竟然身染重病，將興兵復仇的事拖了下來。

心理感悟：言朱者赤，說墨者黑。

# 47 人生總得有一次衝動

這一個年頭，正是多事之秋。關羽死後不久，魏王曹操也走到了他生命的盡頭。不過，這個梟雄已經為他的兒子曹丕鋪平了一切道路。曹操死後不久，曹丕就強迫漢獻帝退位，自己登基為帝，國號為魏。消息傳來，諸葛亮非常高興。對他來說，這絕對不是一個壞消息。

首先，曹丕此舉，掃除了劉備不敢稱帝的最大障礙。大漢之祚，已經為曹魏所替。那麼劉備就可以光明正大地稱帝，而不用擔心僭越背漢了。更為甚者，劉備還可以打著繼承漢祚的旗號，從道義上瓦解對方。

其次，劉備稱帝後，就可以順理成章地勸阻劉備伐吳了。因為萬乘之主，不可輕動。

諸葛亮、許靖引文武百官，集體上表，請劉備登基。

劉備覽表後，大驚道：「卿等欲陷孤為不忠不義之人耶？」

諸葛亮說：「非也。曹丕豎子尚且篡漢自立，何況王上乃漢室苗裔乎？理合繼統以延漢祀！」

劉備勃然大怒道：「孤豈效逆賊所為！」

諸葛亮是想利用「從眾」的力量來把劉備推向帝位。

「從眾」就是指根據他人的行為而改變自己的行為或信念。在中國漫長的歷史中，向來是槍打出頭鳥的，所謂「木秀於林，風必摧之」。東漢末年，群雄並起，說實話，誰人不想稱帝？但是率先稱帝的，立即就會成為眾矢之的。像早期的袁術，就是因為過早稱帝而被天下共討。所以，敢為天下先者必然要承擔巨大無比的壓力。而此後的效仿者則可以「從眾」為藉口，趁機躲在後面搭便車。

回到曹丕稱帝上來。曹丕稱帝的輿論壓力是非常大的。如果不是曹操事先打好了堅實的基礎，是不可能成功的。但既然曹丕這樣做了，比他更有資格的劉備應該是沒有什麼心理壓力了。

劉備卻認為，曹丕所為是亂臣賊子的行為，讓他效仿一個亂臣賊子，那他自己不也和曹丕同為一類人了嗎？所以，劉備死活不肯同意，甚至第一次對諸葛亮動怒發火。

諸葛亮還不死心，三天後再次率領百官進諫，劉備還是堅決不從。

這個時候，諸葛亮是不會承認自己束手無策的。要讓一個能力冠絕天下的人承認自己束手無策，只有在他深刻領悟到「習得性無助」的終極含義之後才可以。

主動出擊既然無效，那麼就後退一步，等待對手的主動出擊。諸葛亮再次操起了自己最擅長的「不情願賣家」策略。既然劉備你不想稱帝，那麼我就不和你玩了。我還是老老實實地在家裡生病吧。

諸葛亮病重的消息很快就被匯報給劉備。劉備急忙到諸葛亮府上探視。

劉備問諸葛亮生了什麼病。諸葛亮避實就虛，說：「我憂心似焚，恐怕活不了多久了。」這個回答讓劉備很上火。目前正是多事之秋，如果諸葛亮不久於人世，那可真是無可依賴了。

劉備問諸葛亮憂從何來。諸葛亮裝出病勢沉重的樣子，瞑目不答。

劉備連連追問，諸葛亮看氛圍烘托得已經差不多了，就長歎一口氣說：「我自出茅廬，得遇主公，相隨至今，言聽計從。今主公已經坐擁兩川荊襄，我也沒有辜負當年的諾言，死也心安了。現在所有文武百官，都希望主公稱帝，繼承漢統，以便共圖爵祿，光顯祖宗。不想主公堅決不肯，百官皆有怨心，不久必將四散而去。如文武四散，魏吳來攻，如何抵敵？我想到創業不易，憂心似焚，竟致重病。恐怕不久就將與主公永別了。」

劉備這才明白，諸葛亮生的是政治病。

劉備其實又何嘗不想稱帝呢？當年，他年幼之時，與眾小兒嬉戲於桑樹下，就曾經指著狀如車蓋的桑樹說：「我為天子，當乘此羽葆車蓋。」現在，他距離帝位只有一步之遙，怎麼可能沒有想法呢？劉備需要的只是一個足夠強大的理由。諸葛亮沒能為他創造出來，他只得一拒再拒。

此刻，躺在床上的諸葛亮，處於一種高度放鬆的狀態。在這樣的氛圍下，劉備也比較容易放下內心的戒備，敞開心扉。劉備說：「我也不是故意要推阻，只是擔心天下人議論。」

諸葛亮見劉備說出實話，連忙介面說：「主公您現在正是名正言順，何必要擔心呢？您難道沒有聽說過『天與弗取，反受其咎』嗎？」

劉備頓了一下：「等你病好了，再說吧。」

拖延是人類面對難題的一種本能。諸葛亮給出的理由確實不能讓劉備心安理得，但從眼前的情勢出發，劉備也不能過分拒絕諸葛亮。所以，劉備給出了這麼一種模棱兩可的說法。但諸葛亮已經顧不得太多了，立即對準床榻邊上的屏風一擊，文武百官紛紛走進，拜伏於地上：「王上既然已經同意，就請擇取吉日，以受大禮！」

劉備騎虎難下，只得順水推舟，答應了群臣所請。但劉備還是沒忘了說上一句「陷孤於不義，皆卿等也」。表面上看，劉備是得了便宜還賣乖，但實際上卻不應受到譴責。從克服內心的「認知不協調」來說，劉備這句話確實是十分必要的。

諸葛亮奮然從床上起來，病態全消，開始全力操辦劉備的登基大典。

諸葛亮以為，劉備登基後，萬乘之重就可以拖住他的後腿。但是他萬萬沒有想到，登基稱帝反而更加促動了劉備起兵報仇的急迫。

為什麼會這樣呢？

還記得那個名聞天下的承諾嗎？

「念劉備、關羽、張飛，雖然異姓，既結為兄弟，則同心協力，救困扶危；上報國家，下安黎庶。不求同年同月同日生，只願同年同月同日死。皇天后土，實鑑此心，背義忘恩，天人共戮！」

做出承諾之後，如果言行不能與之一致，就會造成內心的認知不協調。而且，承諾越公開，承諾的儀式越隆重，其約束力就越大。劉關張的這個承諾，盡人皆知，所以，這三人怎麼也不能公開違背。關羽已經用自己的生命踐行了承諾，這更加給劉備施加了壓力。劉備也知道，三角關係中的另一個人——張飛，也一定會用強烈的情緒踐行這個承諾。

再說，劉備登基稱帝也經受著認知不協調的煎熬。這疊加的認知不協調令劉備必須拿出最決絕的實際行動來實現諾言。

但是討伐東吳對於蜀漢組織的影響實在太大了。連平素對劉備唯命是從的趙雲也站出來勸諫劉備，不要衝動任性：「漢賊之仇，公也；兄弟之仇，私也。願以天下為重。」

劉備卻說出了一句足以流傳萬世的豪言：「朕不為弟報仇，雖有萬里江山，何足為貴？」

這才是血性的劉備！以前我們被他的眼淚、他的堅忍所迷惑蒙蔽，以為他不過如此。只是世無英雄，令豎子成名。但這一次的爆發，足以洗清黏連在他名字上所有的軟弱、所有的虛偽、所有的狡詐。這一刻，劉備是唯一的英雄。

人生確實不能一時衝動。但一個人的人生，如果連一次衝動都沒有，這樣的人生又有什麼意義呢？人生確實不能不衡量得失利弊，但一個人的人生，如果全部在斤斤計較中度過，這樣的人生豈不是太過猥瑣？

讓我們為劉備擊節讚歎！也為曹操的眼光擊節讚歎：「天下英雄，唯使君與操耳！」確實如此，確實如此！

就在劉備不顧占絕對多數的反對意見而厲兵秣馬時，噩耗再度傳來。張飛因急於兄仇，拚命逼著部下趕製白旗白袍，終於物極必反，逼反了部將范疆、張達。二人趁張飛醉酒，將張飛殺了，去投奔東吳。

劉備再喪一臂，其內心的沉痛非言語可以描述，但這也更加堅定了他的復仇之心。本來為關羽報仇，是劉備和張飛共擔其責。而現在兄弟三人，只剩下了他一人，責任已經無從分散，亦無可推脫。劉備必要一肩擔之。

諸葛亮知道已經無法勸阻劉備，但他心裡還抱有一絲僥倖的心理。哀兵必勝，劉備率領著這一支復仇之師，也許會像萬鈞雷霆改變天下的大勢！

心理感悟：善生病者，必善於生存。

# 48 給我一個不聽話的理由

劉備率領哀兵瘋狂出擊，節節勝利。孫權的軍隊被打得鬼哭狼嚎，心膽俱裂。孫權見劉備氣勢洶洶，勢不可當，骨頭當即發軟，連忙獻上范疆、張達二人，請求講和。劉備照單全收，剮了范張二人，祭奠張飛後，毫不手軟，絕不講和，繼續攻擊。孫權又主動派使者前來，要獻上荊州，並奉還夫人，兩家再結秦晉之好。劉備還是不允，只是要殺了孫權為兄弟報仇。

孫權叫苦不迭。早知道劉備的反應會如此強烈，如此堅定，那麼當初就絕不該殺了關羽！

劉備這一次為兄弟復仇表現出的決絕，是前所未見的。人們根本不可能相信一貫軟弱低調的劉備會做出如此瘋狂的舉動。孫權知道自己錯了，但他已經沒有機會改正。是啊，如果劉備能夠早一點表現自己的血性就好了。這樣，天下人必會投鼠忌器，擔心他的瘋狂報復。

劉備節節勝利，孫權求和不得，只好再次任用陸遜，拼死一搏。時值盛夏，炎熱無比，劉備卻將營寨相連，縱橫七百餘里。陸遜瞅准機會，火燒連營。劉備大敗，就像當年曹操在赤壁一樣，全部人馬傷亡殆盡。

劉備狼狽逃至白帝城，自覺慚愧，無顏撤回成都，就在白帝城駐紮。

劉備急怒攻心，身染重病，自知無免，就命人到成都請丞相諸葛亮、尚書令李嚴星夜趕來，交代後事。

劉備對諸葛亮說：「我自從得了丞相，成就了帝業。今日病已危篤，不得不請丞相來交托大事。」說完，淚流滿面。諸葛亮也是涕淚橫流。在最後告別的時刻，兩個攜手開天闢地的英雄，怎麼能不心潮澎湃呢？

劉備看了看旁邊，看到了馬良的弟弟馬謖。劉備吩咐所有的人都退出去，然後問諸葛亮：「丞相你看馬謖這個人的才能如何？」

注意，這絕不是平時無事時的閒聊，劉備占用的是臨終前極其寶貴而短暫的時光。劉備此問，給諸葛亮的第一感覺就是劉備可能要重用馬謖。

諸葛亮對馬謖的印象並不壞，就順著劉備的意思說：「這個人也可以算是當世的英雄了吧。」

劉備卻搖了搖頭說：「我不這樣認為啊。我看此人，言過其實，不可大用。丞相你一定要牢記啊。」

諸葛亮覺得挺意外，但既然劉備如此說了，這件事就目前而言，不過是細枝末節，所以諸葛亮也沒有太在意。這也導致了一種被稱之為「睡眠者效應」的心理認知現象發生在諸葛亮身上。我們將在後面詳述。

劉備說完，又吩咐將諸臣召入，取來紙筆，寫好遺詔，遞給諸葛亮，說：「我本想和諸位一起，同滅曹賊，共扶漢室。不幸與諸位中道而別了。」說完，不勝傷感。

劉備又對諸葛亮說：「煩勞丞相將詔書交給劉禪，你可要教導他好自為之啊。」

諸葛亮拜伏於地，痛哭流涕，說：「臣等一定效犬馬之勞，以報陛下知遇之恩。」

至此，劉備的後事已經交代好了。劉備請諸葛亮起來，一手掩淚，一手拉住諸葛亮的手，說：「我今天就要死了。但還有一句心腹之語，說給丞相您聽啊。」

諸葛亮說：「願陛下勿隱，臣當恭聽。」

劉備哭著說：「你的才能勝過曹丕十倍，一定能夠安邦定國，成就大事。如果劉禪可以輔助，你就輔助他。如果他不才，你可以自立為成都之主。」

諸葛亮聽了，嚇得汗流浹背，手足無措，拜伏於地，連連磕頭，說：「臣安敢不竭股肱之力，盡忠貞之節，繼之以死乎！」

劉備為什麼要一切都已交代完畢後橫插這麼一筆呢？人真是一種極其複雜的動物。劉備要是不信任諸葛亮，就不會把後事交托給他；但若是完全信任諸葛亮，就不該說出這樣的話。

劉備看人奇準，他知道諸葛亮絕對是個忠貞不貳、志行高潔的人。但是，他也知道，諸葛亮的控制欲極強。此前諸葛亮與關羽的微妙關係，就是出於相互間控制權的競爭。而新近的劉封之死，也與諸葛亮有很大的關係。在劉封事件上，諸葛亮再一次表現出對劉備百年後的控制欲望。劉備十分了解自己的兒子劉禪，以他的智力與能力，只能成為諸葛亮的掌中之物。所以，儘管劉備信任諸葛亮，但也不得不做出預防性的警告。

那麼，劉備該用什麼來約束諸葛亮呢？

一般帝王臨終，總是對托孤的大臣厚加封賞，以此來換得臣下的忠誠回報。但劉備卻沒有這樣做，他幾乎沒有給諸葛亮任何的好處（他把這一施惠的機會留給了兒子阿斗，也是很高明的盤算），卻指出：以你的能力，肯定能平定天下，至於做不做，怎麼做，就看你自己的想法吧。如果你覺得劉禪礙手礙腳，那麼就自立為帝，放手幹吧。

這樣的做法，強烈地激發了「理由不足效應」。

人之行事，往往需要得到相應的回報，這些回報即是令人做事的「理由」。一般來說，缺乏合理的理由，人們不會盡心竭力行事。而「理由不足效應」之所以能夠發揮作用，是因為當回報明顯過少而又不得不踐行某事時，就會引發內心的認知不協調。為了克服這種不協調，行事者就會用其他的非物質動機，如道義或責任，來補償這種不平衡。

心理學家費斯廷格和學生卡爾．史密斯曾經做過一個著名的實驗，他們讓參與的人在一個小時的時間內反復做一項非常單調無聊的事情。此前，參與實驗的被試被非常正式地告知，這一項實驗具有很重要的科研意義。

被試完成實驗後，緊接著還要向下一個被試介紹這項實驗，費斯廷格等要求被試在向下一個被試介紹時，必須告訴對方這個實質上非常無聊乏味的實驗是多麼有趣，令人興奮。實際上，這才是研究者真正關注的地方。而這下一個參與者其實是研究者的助手，他的任務就是評判前面的參與者在描述實驗時的態度。

被試會得到一定的報酬。實驗的內容和過程完全一樣，但報酬卻有兩類。一類得到二十美元，另一類僅僅得到一美元。

那麼，在這兩類人中，是得到了一美元報酬的人向下一個人熱情地介紹實驗真的很有趣呢，還是得到二十美元報酬的人更加熱情呢？

答案是得到二十美元高報酬的人的熱情度竟然遠遠不及只得到一美元報酬的人。因為，得到二十美元高報酬的人，傾向於把自己的介紹行為與報酬利益掛鉤，認為自己不過是在完成一項事先約定的任務而已。但只得到一美元的人，這一點報酬根本不足以構成他熱情介紹的動力。但是，他事先以科學的名義被告知該實驗的重要性激發了他的責任意識，讓他覺得自己有責任有義務好好地介紹這項實驗。也就是說，報酬不足，反而激發了強烈的責任意識。

當劉備說出這番話後，就注定了諸葛亮「鞠躬盡瘁，死而後已」的命運了。無論如何操勞，都是出自無可推脫的責任。諸葛亮從此就彷彿成了一台永動機，再也不敢停歇，再也不能停歇。

劉備又喚過另外兩個兒子劉永、劉理，吩咐他們拜諸葛亮為父。這一做法，外表尊崇，實質是給諸葛亮加上了雙重的責任保險。

世人都將劉備、諸葛亮看作君臣相知的最佳典範。但從這兩人自身來看，劉備知諸葛亮遠勝於諸葛亮知劉備。

> 心理感悟：無須理由，是最好的理由。

# 五個和尚沒水喝

劉備的死，對諸葛亮打擊最大。因為儘管沒有別人提起，但諸葛亮知道自己已經爽約了。隨著劉備死去，這個約定已經再也無法履行了。

這是諸葛亮內心的自我約定。

還記得諸葛亮出山之前說的話嗎？他自比管仲、樂毅，而司馬徽、徐庶等人甚至認為管仲、樂毅也不能和他相比，只有幫助周朝建立了八百年江山的姜子牙和幫助漢朝建立了四百年江山的張良才能與之相比。

諸葛亮在做出這個自我比擬的時候，在內心和自己簽下了一個約定。管仲、樂毅哪個不是在自己輔佐的君主在世時實現抱負的？姜子牙和張良也是如此。如果諸葛亮要和上述智者比擬，就得在劉備活著的時候，實現最高目標。而現在劉備已死，就算諸葛亮比姜子牙、張良厲害一萬倍，也沒法讓劉備起死回生了。也就是說，就算諸葛亮日後能輔助劉禪徹底掃平天下，實現漢室中興，也不能說他履行了這個約定。

這個爽約讓諸葛亮滿懷愧疚，也是劉備的「理由不足效應」能夠大放異彩的極其重要的原因。諸葛亮當然認為自己是經天緯地，無所不能的。但越是這樣認為，就越是為沒能讓劉備在生前看到勝利果實而自責不已。

為了對此做出彌補，諸葛亮只能竭盡全力，鞠躬盡瘁地燃燒自己。從這個角度來看，白帝托孤，實際上是諸葛亮整個職業生涯的分水嶺。此後，諸葛亮的整個性情、狀態都發生了重大的變化。

劉禪時年十七，即位後立即加封諸葛亮為武鄉侯，領益州牧。這種加官晉爵也屬於互惠的範疇，其目的當然是為了強化君臣之間的內在承諾，讓臣下竭誠效忠。

曹丕得知劉備已死，劉禪新立，十分高興，決定趁這個機會對蜀漢發起攻擊。謀士賈詡進諫說：「劉備雖亡，但必托孤於諸葛亮。劉備善能用人，諸葛亮必然傾心竭力，扶持幼主。陛下不可倉促征伐。」

賈詡的意思是，諸葛亮一直總理軍國大事，劉備雖死，諸葛亮猶在。一切法度、謀劃並未有大的變動。況且劉備新死，屬下諸人感其恩德，必然團結一心，一致對外，以做回報。所以，這並不是征討的好時機。

但司馬懿立即站出來反駁，說：「此時不進兵，更待何時？」

司馬懿在曹操手下已經被壓制得太久了。現在曹丕當政，司馬懿肯定要「投其所好」，來為自己博取進身之階。

司馬懿的厲害之處在於，他深諳「投主所好」之道。他不但贊同曹丕的做法，而且為其設計出了必殺之技。

司馬懿隨即拋出了一個「五路進兵方案」。司馬懿說：「如果只起我國之兵，急切間很難取勝。必須要內外夾攻，令諸葛亮首尾不能救應。我們應起五路大軍，大事可成。」

曹丕問是哪五路大軍。

司馬懿說：「修書一封給遼東鮮卑國，見國王軻比能，以金帛動之，令其派十萬羌胡番兵從旱路攻打西川之西平關，這是第一路。再修書給南蠻之王孟獲，令其派十萬蠻兵攻打益州、永昌等川南重地，這是第二路。再差使者入吳，令孫權起兵十萬，攻打兩川峽口，這是第三路。再令降將孟達從上庸出兵十萬，西攻漢中，這是第四路。最後，以大將軍曹真為大都督，率兵十萬，由京兆出陽平關攻打西川，這是第五路。五路兵馬齊出，諸葛亮就是有姜太公之能，也不能抵擋。」

曹丕大喜，立即一一照辦。

劉禪剛剛登基，哪裡見過這等架勢，嚇得魂不附體，但好在還有諸葛亮可以依靠。劉禪急忙派人去請諸葛亮。

使者回報劉禪：「丞相府下人說，丞相染病不出。」劉禪慌了，立即又派黃門侍郎董允、諫議大夫杜瓊去諸葛亮病榻前稟告大事。但是，董杜二人卻連丞相府的門都沒能進去。杜瓊在相府門前，頗有怨言地說：「先帝托孤於丞相，今主上剛登寶位，被曹丕五路進犯，軍情緊急，丞相為什麼託病不出？」

看來，地球人都知道，諸葛亮在這個節骨眼上生的還是政治病。那麼，諸葛亮為什麼好端端地要裝病呢？

諸葛亮有三樣最拿手的本領，分別是利用「光暈效應」神化自己、「不情願賣家」策略以及「激將法」，可以稱為「諸葛三寶」。

這一次，諸葛亮用的正是這三寶中的一寶：「不情願賣家」策略。

諸葛亮為什麼要這樣做呢？

俗話說，一朝天子一朝臣。雖然諸葛亮是先帝劉備的重臣，但新主劉禪登基後，到底會如何對待諸葛亮還是未知之數。諸葛亮覺得自己很有必要在劉禪心目中塑造不可或缺的形象與地位。曹丕的此次五路進兵正好給諸葛亮貢獻了一個大好機會，諸葛亮正可以借此自高身價。況且，劉備三顧茅廬才請得諸葛亮出山，劉禪如果不親自到丞相府上來恭請一番，那就顯不出諸葛亮舉足輕重的地位了。所以，諸葛亮的這次裝病，實際上是三顧茅廬的翻版。劉禪不親自登門，諸葛亮的病是不會好的。

連續過了兩天。杜瓊等實在挨不住了，出班對劉禪奏到：「軍情緊急，請陛下聖駕親往丞相府問計吧。」

劉禪畢竟是個未經世事的少年，哪裡遇到過這種場面。他不敢去見諸葛亮，而是先去見皇太后吳氏（劉備入蜀後所納的夫人，劉禪即位後尊其為皇太后）。吳太后聽說後，也是大驚：「丞相怎麼會這樣呢？真是辜負了先帝的重托啊！我要親自去走一趟。」

吳太后的意思是要去諸葛亮府上興師問罪了。還是董允比較有經驗，他知道吳太后是最後的一塊砝碼，如果吳太后去了，也被拒之門外，事情就沒有退路了。所以，董允說：「太后不可先行。我想丞相可能有高明之見，不如先讓聖上去。如果還是不成，太后就在太廟裡召見丞相也不遲。」

董允的策略可算是有禮有節，特別是請吳太后在太廟召見諸葛亮更是一招撒手鐧。太廟是幹什麼的？董允為什麼要吳太后在太廟裡，而不是在其他地方見諸葛亮呢？太廟裡供奉著劉備的靈位！如果諸葛亮真是居功自傲，不把劉禪和吳太后放在眼裡，那麼除了劉備的在天之靈，恐怕再沒有別的東西可以壓制住他了！劉備雖死，影響力猶在。這是對權威的影響力的一種運用。

吳太后表示同意。劉禪當即乘車駕來到相府。相府門吏見了皇帝，慌忙拜伏於地行禮。劉禪問：「丞相現在何處？」門吏說：「不知在何處。丞相只是命令擋住百官，不得入內。」

諸葛亮只是命令擋住百官，門吏當然是不敢擋住劉禪的。劉禪於是下車，獨自一人步行走進相府。劉禪走至後院，只見諸葛亮獨倚竹杖，正在池邊觀魚。劉禪輕聲走至諸葛亮身後，默立良久。劉禪的這份定力似乎是遺傳而來的，當年他父親劉備就是站在諸葛亮的床邊等著諸葛亮大覺醒來。

良久，劉禪才開口說：「丞相安樂否？」

諸葛亮回顧一看，急忙下拜說：「臣該萬死。」

劉禪回禮說：「今曹丕五路進兵，相父為什麼不肯出府視事？」

諸葛亮呵呵一笑，卻不回答，扶著劉禪一路走進內室。劉禪不知諸葛亮用意何在，驚慌未定。

諸葛亮在心理上占足了優勢，目的已經達到，就說道：「五路兵至，我怎麼會不知道呢？我剛才不是在觀魚，而是在想應對之策呢。」

劉禪問：「那麼，該如何應對呢？」

諸葛亮說：「羌胡軻比能、蠻王孟獲、反將孟達以及曹真這四路兵馬，我已經想法擊退了。只有東吳孫權這一路，辦法已經想好，只是還缺一個人去東吳走一趟。陛下無須擔憂了。」

劉禪大驚，忙說：「相父勞神了。」

諸葛亮為什麼能安居平五路？這其中的奧妙可以用「社會懈怠」理論來解釋。

拉坦、威廉斯和哈金斯等人曾經做過一個實驗。他們讓六個被試蒙上眼睛坐在一個半圓形中，給他們戴上耳機。他們可以從耳機中聽到別人叫喊或者鼓掌的聲音。在多個輪次的實驗中，他們被要求單獨叫喊鼓掌，或整組一起叫喊鼓掌。最後的結果是：六個人一起盡全力叫喊或鼓掌發出的喧鬧聲，還沒有一個人單獨發出的喧鬧聲的三倍響。

在另外一個對流水線工人的實驗中發現，一旦可以對個人的行為進行單獨評價，即使沒有額外的報酬，工人們的效率也會增加百分之十六。

這就是「社會懈怠」現象。人處在群體之中，往往會產生「搭便車」的心理，自己不想盡全力，卻希望從他人的努力中沾光。

曹丕的這五路兵馬組成的聯盟也是如此。僅以孫權這一路為例，孫權方的主將陸遜就是這樣說的：「我們先勉強應付，只探聽其他四路進展如何。如果四路兵勝，川中危急，諸葛亮首尾不能顧，那麼，我們就發兵攻取成都。如果四路兵敗，則別做商議。」

這五路兵馬，除了曹真一路直接受曹丕約束外，其他四路都如陸遜這般心理。只等諸葛亮首尾不能照應，就趁火打劫撈好處。但問題是，這四路人馬都是這樣的心理，諸葛亮哪裡又會首尾不能照應呢？

所以，諸葛亮派在羌胡中素有積威的馬超坐鎮西平關，就退了羌胡十萬兵。又派魏延設疑兵之計退了孟獲。冒李嚴之名寫信給其故交孟達，退了這些兵。又令趙雲守好關隘，擋住曹真。而東吳之兵，見四路無功，自然也就退卻了。

諸葛亮足不出戶，談笑退兵，不但自高了身價，更增添了其神一般的光環。

心理感悟：聯盟因加法而建，卻盛行減法。

# 七擒孟獲

與背叛的朋友再握手 / 一隻沉重的鐵錨 / 貓和老鼠的遊戲 /
識別謊言的高手 / 天之驕子天也保佑 / 遊戲成本有點高

# 50 與背叛的朋友再握手

五路退兵之後，擺在諸葛亮面前的重大戰略課題就是蜀漢政權在「後劉備時代」該何去何從。

劉備不聽諸葛亮勸阻，率兵討伐東吳，終致慘敗，連劉備本人也在受此重創後黯然離世。這件事情對諸葛亮的打擊是極其巨大的，表現在兩個方面。

第一個方面是對諸葛亮內心的打擊，讓他覺得自己沒有兌現「自比管樂」的豪言（詳見上一節）；第二個方面則是對諸葛亮外在權威的打擊。

向來對諸葛亮言聽計從的劉備，竟然會將諸葛亮的苦諫拋諸腦後，而諸葛亮作為一個無所不能的「神」，竟然不能阻止、減小、挽回蜀漢的這一場大傷元氣的慘敗。人們對諸葛亮的懷疑也隨之產生，諸葛亮苦心經營的自我形象處於坍塌的邊緣。

諸葛亮閉門不出，固然是為了在劉禪面前自高身價，但也還有另一個考慮，那就是他必須盡快重新抉擇整個組織的戰略規劃。必須與東吳講和！這是非常痛苦的一個決定，蜀漢算是三國中最弱的一個了，只有不計前嫌，才能力挽危局。

諸葛亮非常擔心，在自己的權威已經遭到懷疑的前提下，提出這樣一個方案，會招致強烈的反對。畢竟，與東吳的爭鬥讓蜀漢喪失了皇帝劉備以及關羽、張飛、黃忠等一大批開國元勳。這樣的對手，應該是勢不兩立的，怎麼能夠主動與之講和呢？

諸葛亮根本不擔心五路進兵，卻對自己提出這個想法沒有把握。他只有透過裝病來試探劉禪的底線，來試探文武百官的底線。

當諸葛亮很快就等到劉禪親自登門拜訪，文武百官靜候門外時，諸葛亮的自信也就很快恢復了。在這個組織中，他的權威仍在，並且已經是事實上的第一號人物。他決定實行「連和東吳」的戰略。

但是「諸葛一生唯謹慎」，這句話還真不是白說的。儘管諸葛亮已經決定要這樣做了，他還是覺得，不能由自己率先提出這個主張。否則，一旦施行不利，還是會影響到他的權威。

諸葛亮送劉禪出門。文武百官環立靜候，看見劉禪面露喜色，眾人皆大惑不解。唯有一人，仰天而笑，面露喜色。諸葛亮心中一動，吩咐下人暗中留下此人。此人名叫鄧芝，乃東漢開國功臣鄧禹之後，現任戶部尚書一職。

等眾人散後，諸葛亮請鄧芝到書院閒談。諸葛亮問：「現今蜀、魏、吳三足鼎立。我們是漢室正統，要討伐魏、吳，一統中興，你覺得應該先討伐哪個呢？」

諸葛亮深藏不露，故意以此問題來試探鄧芝的態度。

鄧芝說：「以我的愚見，魏雖是漢賊，但實力雄厚，急切間不能根除，應當徐徐圖之。現在主上剛登寶座，民心未安，我覺得當務之急是與東吳連和，拋棄先帝的前嫌，脣齒相依，才是長久之計。不知道丞相鈞意如何？」

諸葛亮一聽，笑說：「這個問題我已經考慮很久了。只是沒找到合適的人選。哈哈，直到今日，才算是得遇其人啊。」

諸葛亮當即要求鄧芝出使東吳，促成兩家連和。鄧芝果然不辱使命，為諸葛亮撫平了一大心病。

前面已經說過，劉備之死令諸葛亮備受打擊，他必須竭盡心力，全力攻伐曹魏，以實際戰績來證明自己才勝管樂，亦不負劉備所托。而聯吳之後，要征討魏國，必須做好各方面的準備。

諸葛亮苦心經營，終於兵強馬壯，糧草充足。但是，要讓國家突然從和平狀態進入戰爭狀態，還需要一個好的契機和理由。

正當諸葛亮苦思冥想之際，益州飛報，蠻王孟獲，勾結建寧太守雍闓（漢朝什方侯雍齒之後）一起造反。牂牁郡太守朱褒、越嶲郡太守高定獻城投降。只有永昌太守王伉不肯反，與功曹呂凱會集百姓，殊死抵抗。雍闓、朱褒、高定三路人馬作為孟獲的先鋒部隊，正在攻打永昌郡。

這正好給諸葛亮提供了一個好機會。諸葛亮立即奏知後主劉禪，要親領大軍征討。

南蠻之亂，其實不過是癬疥之患，只需派一大將即可掃平。劉禪很不理解諸葛亮為什麼要親自出馬。

劉禪說：「東有孫權、北有曹操，都是心腹大患。相父親自去征討南蠻，如果吳魏發兵，該如何是好？」

諸葛亮說：「如今我國已與東吳和好，無須多慮。就算他有什麼異心，有李嚴在白帝城，也能夠抵擋住陸遜。而魏國剛剛征吳大敗，銳氣已喪，短期內不會輕舉妄動。陛下大可不必擔心。老臣這次先去掃蕩南蠻，以絕後患，然後再行北伐，圖謀中原，以報答先帝三顧之恩、托孤之信。」

諸葛亮話裡的意思很明白了。掃平南蠻不過啟動戰爭的一個開始，而且諸葛亮的理由讓人無法反駁，一切以先帝的名義進行。

在諸葛亮面前，劉禪從來就沒有擁有過話語權。劉禪只好說：「我年幼無知，不堪決定大事。請相父自己斟酌而行吧。」

對於熱衷於政治的人來說，戰爭可真是一樣好東西。不僅可以利用戰爭的名義來獲取最大的控制權，而且可以利用戰爭的結果來揚名立威。當然，這也要有一個前提，那就是要確保這場戰爭取得勝利。

南蠻，到底不過是疥癬之疾，諸葛亮的親征，勝利當然是有保障的。

諸葛亮就此出兵，率大軍來到益州。

高定遣部將鄂煥來戰，被蜀軍先鋒魏延輕鬆擒拿。

要攻破一個聯盟，最好的辦法就是分化。而要分化，只要做到對聯盟的不同組成個體區別對待，然後讓這種區別廣為人知即可。

諸葛亮深諳這套手法。鄂煥被擒之後，諸葛亮立即吩咐鬆綁，設宴款待。一個無名的叛軍之將被擒之後竟然受到了蜀漢丞相如此禮遇，實在出乎鄂煥的意料。鄂煥十分感激。

諸葛亮問明他是高定的部將後，說：「我知道高定是忠義之士，只不過被雍闓胡言亂語說動罷了。我今天放你回去，請勸高太守早日歸降，免遭大禍。」

高定的運氣真是好。如果是雍闓或朱褒的部將被擒的話，這兩人中的一人也將成為忠義之士了。而忠義之士的一時糊塗顯然是可以原諒的。

鄂煥回見高定，訴說諸葛亮不殺之德。高定也有所觸動。而雍闓聽說鄂煥被擒後被放回，急忙來了解真相。

雍闓說破這是諸葛亮的離間之計，但高定半信半疑。可見這個聯盟本來就非無縫之蛋，諸葛亮要下嘴叮上一叮也就不難了。

雙方再度交戰。魏延再勝，擒獲高定、雍闓部下士兵無數。

諸葛亮故意令人問話，區別開來。並揚言凡高定部下，全部免死，善待後放回，而雍闓部下則要盡數處死。雍闓部下得知後，紛紛偽稱高定部下。諸葛亮故作不察，全部放回。

諸葛亮又故意宣揚雍闓已有降意，要殺高定、朱褒來投。高定聞聽之後，在驚疑不定中令鄂煥將雍闓殺了，帶著其首級來投諸葛亮。

這個時候，「諸葛三寶」中的第三件法寶再次登場。諸葛亮對高定大聲喝道：「你是來詐降的！這個首級也不是雍闓的首級。我用兵半生，你這點小伎倆怎麼能騙得過我？」

諸葛亮此舉就是針對高定的忠誠度進行激將。

高定誠心來降，當然要為自己力證清白。高定說：「如果丞相有證據證明我是來詐降的，我雖死無憾！」

諸葛亮從匣子中取出一封信，給高定看，說：「朱褒已經派人來投降了，說你與雍闓是生死之交，怎麼可能一夜之間就殺了他來投降？所以，我知道你是詐降。」

高定大聲叫屈：「朱褒是行反間之計，丞相切不可相信！」

諸葛亮火上澆油：「我也不能聽信你一面之詞，你敢和朱褒會面以辨真假嗎？」

高定受激，便說：「丞相不必心疑，待我引本部兵馬去擒朱褒來見丞相，你就知道我是真心來降了！」

諸葛亮要的就是這個結果，當下就說：「如果這樣，我就不懷疑了。」

高定也不想一想，如果諸葛亮真的懷疑他的忠誠，還會縱虎歸山，讓他率本部兵馬而走嗎？

高定為了證明自己的清白，更為了證明諸葛亮當初沒有看錯自己（諸葛亮曾經說過，高定乃忠義之士也），當即領兵將朱褒斬殺。

高定獻上朱褒的首級。諸葛亮哈哈大笑說：「這是我故意激你殺此二賊的啊。」自得之情，溢於言表。炫耀真是人的本性，當年楚霸王所說的「富貴而不歸故鄉，如衣錦夜行」真是一句千古名言。人總是喜歡把自己的得意之作公之於眾，以博得眾人的欽佩與崇拜。諸葛丞相也不能免俗。

高定聽了之後，未免心情複雜，好在他運氣著實不壞。叛亂三雄中，另兩人都死於他手，只剩下他一人。諸葛亮於是任命他為太守，鄂煥為衛將，鎮守益州。高定果真如諸葛亮所言，成了一個忠義之士。而這一切，其實純屬偶然。

心理感悟：一些偶然的事件有時能改變命運。

## 51 一隻沉重的鐵錨

益州平定後，諸葛亮引兵深入蠻境。馬良之弟馬謖奉劉禪之命前來探視犒賞。

馬謖善言談，經常有驚人之語，諸葛亮十分喜歡他，所以諸葛亮主動向他請教平蠻之策。

馬謖說：「我有個愚見，希望丞相採納。這個蠻夷之地，倚仗地遠山險，不服中原已久。就算今天攻破了它，明天又會鬧著造反。丞相大軍到日，必然掃平。但班師之後，肯定要北伐曹丕。一旦蠻兵知道這個消息，又會借機造反。如果要把他們盡數誅殺戮盡，又過於不仁，況且也非一日之功。用兵之道，攻心為上，攻城為下；心戰為上，兵戰為下。丞相一定要收服其心，才算是平服蠻夷啊。」

馬謖的這番話深深觸動了諸葛亮。尤其是那句「班師之後，肯定要北伐曹丕」，更是完全契合諸葛亮的整體戰略部署。這讓諸葛亮對馬謖的意見高度認可，也為諸葛亮今後的平蠻大策確定了方向。

1974年，康納曼和特沃斯基透過一個實驗有力證明了「錨定效應」。實驗要求被試對非洲國家在聯合國所占席位的百分比進行估計。第一組被試在進行估計之前，被要求先旋轉一個幸運輪盤。最後指標定格在數字六十五上。第二組被試同樣進行了這個步驟。結果指標停在了數字十上。

最後，第一組被試所給出的估計數值的平均值是百分之四十五，而第二組的平均值是百分之二十五。這說明，儘管幸運輪盤上的數字和估計非洲國家在聯合國所占席位這兩者之間毫無關聯，但被試還是明顯受到了幸運輪盤上那個看似毫無關聯的數字的影響。

這兩者之間的關係體現出來的心理認知現象就是「錨定效應」。幸運輪盤上的數字就像一個「錨」一樣，讓被試受限於其中，然後進行並不充分的上下調整。

能夠發揮錨定效應的並非只有數字。其他可以令人印象深刻的資訊同樣可以對個體隨後的判斷產生錨定效應。

馬謖的這寥寥幾句話，彷彿在諸葛亮的心海中施放了一個沉重的鐵錨，讓諸葛亮此後的言行全都錨定於此。

但是以武力征服南蠻易，要他們心服口服就很難。從不服到服的這個過程，實際上是一個「習得性無助」的過程。只有不斷地打擊挫傷南蠻之王孟獲，同時給予他無數次的反撲報復機會，直到他無論怎麼設謀、掙扎、拚命，都逃不脫諸葛亮的手心，才有可能達致真正的心服口服。對孟獲來說，這將是一個漫長而艱巨的「學習」過程。但對陪著他「學習」的諸葛大軍來說，又何嘗不是煩瑣而痛苦的過程呢？

諸葛亮於是令馬謖先不回報劉禪，留在軍中任參軍，為自己出謀劃策。

再說孟獲，聽說諸葛亮已經攻破雍闓，連忙聚集三洞元帥商議應對之策。這三洞元帥分別是金環三結元帥、董荼那元帥和阿會喃元帥。孟獲令這三人分成三路向諸葛亮的大軍發起攻擊。

諸葛亮聞報後，先把趙雲叫來，不做安排，又把魏延叫來，也不做吩咐，再把馬忠、王平二將喚來，說：「現在蠻兵分三路而來，我本來要派子龍和文長去的，可惜這兩個人不識本地地理，我不敢派他們去。現在把你們倆找來，王平往左路迎敵，馬忠往右路迎敵。我再派子龍和文長隨後接應你們。」馬忠、王平得令而去。

諸葛亮又喚來張嶷、張翼，對他們說：「你們二人和我一起居中迎敵，我已經派王平、馬忠分居左右迎敵了。明日你們之間要互相照應，唉，我本來要派子龍和文長去的，可惜他們不識地理啊，所以我不敢用他們。」

諸葛亮又特意強調了一遍不用趙雲、魏延的理由。其實無他，不過是「諸葛三寶」中的激將法罷了。

如今，蜀漢鼎盛時期的五虎將只有趙雲僅存，而魏延也是老資格的將領，與五虎將不相上下。這兩個人可以說是蜀國目前最高等級的大將了，而諸葛亮當眾兩次說他們不識地理，不敢任用，這難免激起他們的好勝之心。

諸葛亮的說法其實很站不住腳。大家都是初來南蠻，趙雲、魏延不識地理，難道馬忠、王平等人就識了？作為一個大將，其基本素質就是要善於在不同的地理環境下作戰。如果因為不識地理就不能任用，那麼當初就不該帶著他們來，所以，諸葛亮的評價令趙雲、魏延頗為憤懣。

諸葛亮見這兩個人臉色不豫，又換了一種說法：「我不是不肯用你們二人，而是因為你們已近中年。我擔心你們被蠻夷之人暗算，毀了一世英名啊。」

這個解釋比呵斥還讓趙雲、魏延難受。因為這等於直接指斥二人年老無用。趙雲素來不會與上司頂嘴，而魏延又對諸葛亮十分懼怕，兩人不再與諸葛亮爭辯，憤憤不平地回到營寨。

兩人一合計，決定要以實際行動來證明自己絕非不識地理、年老無用之人。兩人憋足了勁出擊，直入中軍，輕而易舉地殺了金環三結元帥。而同時馬忠、王平兩路，也分別擊敗了另兩路蠻兵。董荼那元帥和阿會喃元帥也被張嶷、張翼拿下。

蜀軍大獲全勝。諸葛亮隨即將董荼那和阿會喃放歸。要想讓人心服口服，這是必須的。孟獲羽翼已喪，實力大傷。諸葛亮乘勝追擊，孟獲只帶了數十騎人馬逃入山谷之中。蜀兵追來，孟獲等棄馬而逃，被事先埋伏的魏延撞個正著。孟獲無處可逃，只好束手就擒。此為一擒孟獲。

諸葛亮把孟獲叫了過來，說：「先帝待你不薄，你怎麼敢造反呢？」

孟獲振振有詞：「兩川之地本來各有其主，不過被你家主人強行占奪，自稱為帝罷了。我等世居此地，你們好生無禮，侵入我的土地，怎麼反倒說我造反？」

孟獲的話蠻有道理。諸葛亮也不和他多爭辯，只是問他：「你已經被我擒了，你心裡服氣嗎？」

錨定效應在發揮作用了。「不服」兩個字就像護身符一樣，只要孟獲說「不服」，諸葛亮就一定會給他捲土重來的機會，直到他「服」為止。

所以說孟獲的這條性命其實是馬謖救下的。本來平蠻是很簡單的一件事情，只要抓住首惡，一刀兩斷，事情也就完結了。但殺人易，服人難，像孟獲這樣的蠻夷之人，血性之勇更加勝過開化已久的文明人，要他心服口服，還真是不容易。

果然，孟獲很容易就給自己找到了一個藉口，說：「這一帶山路狹窄，一時失誤，落入你手。我怎麼能服？」

孟獲的這個回答，非常鮮明地表現出了「自我服務偏見」。

所謂「自我服務偏見」，就是當人們加工和自我有關的資訊時，會出現兩種傾向——輕易地為自己的失敗開脫，也會欣然接受成功的榮耀。你看孟獲，明明是諸葛亮用兵如神，靠實力加謀略擊敗他，並將他生擒。孟獲卻輕輕巧巧地將自己的失敗原因歸結為山路狹窄，一時失誤。在他看來，如果山路稍微寬一些，他就能夠逃脫了，也就不會被捉了。

好在諸葛亮已經在等著你說「不服」了，不管你用多麼蹩腳的理由，只要你說「不服」，我就「無條件退貨」，讓你另起爐灶，重開戰局。

諸葛亮說：「你既然不服，我就放你回去如何？」

孟獲也真有幾分無賴精神。一般的人，聽到獲勝方這麼一說，要麼是唯恐有詐，不敢相信；要麼是深為感激，就此折服（這也是互惠原理的體現），但孟獲卻彷彿無知無覺一般，毫無觸動地說：「你要是放我回去，我就再整軍馬，與你一決雌雄。如果你能再把我擒下，我就服你。」

諸葛亮呵呵一笑，說：「好，這就放你回去。」當下為孟獲鬆綁，讓他酒足飯飽後，另送馬匹，配上馬鞍，送其回家。

諸葛亮帳下眾將看諸葛亮如此行事，非常訝異：「孟獲是南蠻之首。今天有幸一戰擒之，南方就此平定，丞相為什麼要放虎歸山呢？」

諸葛亮哈哈笑道：「我抓這個人，不過是探囊取物。等他心服口服了，這裡自然也就平定了。」眾將不以為然，唯有馬謖含笑不語。

再說孟獲，死裡逃生後都不知道諸葛亮為什麼要放他。部下殘兵看見孟獲回來，喜出望外，連忙問：「大王是怎麼回來的？」

孟獲回答說：「蜀人監看不嚴，被我奪刀殺了十餘人，乘夜逃回。」

只要有可能，就把自己包裝成英雄，這是人的通病，這也是自我服務偏見在作怪。孟獲總不能說自己是莫名其妙被諸葛亮放回來的吧。

> 心理感悟：貌似無關的聯繫，實際就可能是你一直在苦苦探尋的「神祕力量」。

# 52 貓和老鼠的遊戲

孟獲逃回之後，仔細一想，與諸葛亮正面作戰風險太大，不如以逸待勞。目前正值炎夏，蜀兵遠來，勞頓不堪，如果己方憑藉瀘水之險，堅守不出，諸葛亮豈能長久？孟獲的這一番想法，確實是迎戰來犯之敵的上策。

孟獲命令全線退防至瀘水南岸，所有船隻也一併聚攏在南岸。同時，在岸邊築起土城，深溝高壘。在依山傍崖之地，建起敵樓，多設弓弩炮石，只擬死守，決不與諸葛亮正面作戰，且看他如何擒拿自己？

諸葛亮大軍挺進，卻被阻於瀘水北岸，無船可渡。正好馬岱受劉禪差遣，押送解暑藥及糧草來到。

諸葛亮對馬岱說：「現在孟獲拒住瀘水，無路可渡。我想先斷其糧道。離此處一百五十里為瀘水下流沙口，此處水流緩慢，可以紮筏而渡。你率領本部三千人馬，渡過瀘水，直入蠻洞，斷其糧草，然後伺機鼓動董荼那、阿會喃兩個洞主，令其內亂。」

馬岱領命而去，到了沙口，驅兵渡水。士兵見河水很淺，紛紛棄筏，裸衣而過。不料全都口鼻出血而死。馬岱大驚，急報諸葛亮。

諸葛亮找來土人嚮導詢問。這才知道，酷暑之際，毒聚於瀘水。日間太陽高照，毒氣蒸發，渡水者沾之必死。如果要渡河，要等到晚間河水變冷，毒氣不起，才不會有事。

諸葛亮令馬岱依計行事，果然順利渡河，截了孟獲糧草。

再說孟獲，以為有瀘水之險毒，諸葛亮必然束手無策，自己也就高枕無憂，故每日只是飲酒作樂，不理軍務。

有一酋長提醒說：「沙口水淺，不可不防。如果蜀兵從此而過，就麻煩了。」

孟獲大笑道：「你是本地土人，怎麼不知道瀘水的厲害？我正是要蜀兵從此處渡河。只要他們渡河，必然中毒而亡，還要擔心什麼呢？」

酋長又說：「倘若有土人告知蜀兵夜渡之法，又該如何？」

孟獲又大笑道：「我境內之人，怎麼肯向著境外之人呢？你們不要多疑了。」

孟獲在這裡，表現出的是一種典型的「內群體偏見」。

人是群居性動物。我們會將自己歸入某一個或某幾個特定的群體。群體給單獨的自我帶來一個集體的概念——我們。「我們」和「他們」顯然是不一樣的。「我們」比「他們」更聰明，更強壯，更熟悉自己。這樣的看法就是「內群體偏見」。

孟獲認為當地的土人都是和自己同屬一個群體的，當然也會將蜀軍視為敵對的群體而加以排斥。所以，土人是不可能偏向於諸葛亮一方，而將夜渡瀘水的祕密洩露給他們的。

孟獲的看法並非全無道理。但他顯然不知道，在一個群體的內部，還存在著許多個子群體。

比如，我們一般把瑞士人看成一個同質的群體，但瑞士人卻在內部將自己分為講法語的瑞士人、講德語的瑞士人和講義大利語的瑞士人。而這些子群體之間的區別還是挺大的。又比如，很多盎格魯血統的美國人往往把「拉丁美洲人」混為一談。但其實這個群體還可以細分為墨西哥裔美國人、古巴裔美國人和波多黎各裔美國人。

在孟獲的整個南蠻群體中，也因為社會地位的不同而劃分為許多個不同的階層（子群體）。像孟獲這樣高高在上的野蠻統治者，其實也很難獲得被壓迫於下的草根階層的高度認可。當外敵來犯的時候，由於孟獲事先並未廣泛地宣揚群體偏見，很多草根土人並不會意識到這是入侵之敵。很多飽受欺壓的土人甚至希望所謂的外敵好好教訓一下孟獲這樣作威作福的統治者。

所以，當諸葛亮一方和顏悅色地問詢於土人時，土人的知無不言也就不足為奇了。

馬岱劫糧後，引兵再攻。孟獲派董荼那迎敵。馬岱知道諸葛亮此前曾有過放其生路的恩惠，就以此指責董荼那忘恩負義。

董荼那其實正是一個知恩圖報的人，雖然在孟獲重壓之下不得不引兵來敵，但馬岱的指責令他無心戀戰，匆匆退卻。

孟獲得知後，要將董荼那斬首。幸虧其他酋長、洞主求情，董荼那才免於一死，但還是被狠狠打了一百大棍。董荼那權衡一番，趁孟獲醉酒，和其他對孟獲早有怨言的人一起將其擒下，押送至諸葛亮大帳。是為二擒孟獲。

諸葛亮見了孟獲，說：「上次你說再把你抓住，你就降服。今天你還有什麼話說？」

孟獲說：「這次我被擒，也不是你的能力使然，而是我手下人自相殘害。我當然是不服的。」

只要你說「不服」，諸葛亮就會放你回去再戰。

孟獲於是又被鬆綁，酒食款待。酒足飯飽後，諸葛亮說：「我自出茅廬，戰無不勝，攻無不克。你不過是個蠻夷之人，為什麼不服？」

孟獲默然不答。諸葛亮帶他出了營寨，檢閱糧草兵馬。諸葛亮邊看邊說：「你看我兵馬雄壯，糧草充足，竟然不降服，真是愚不可及。你哪裡能夠勝得過我呢？如果早早投降，我啟奏天子，令你不失王位，子子孫孫永鎮此邦。你看怎麼樣？」

諸葛亮為什麼要在示威之後，對孟獲說這麼多勸降的話呢？馬謖的辦法確實好，可是孟獲實在是個頑劣之徒。諸葛亮也擔心，如果孟獲老是用「不服」為藉口，屢敗屢不降。如此耗日持久，也是很難忍受的。所以，諸葛亮想透過「示之以威，誘之以利」來盡快解決問題。

沒想到孟獲竟然一反常態，改變了態度，說：「不是我不肯投降，只是我部下之人不肯服氣。丞相這次放我回去，我一定好好招安部下，意見一致後，才可歸降。」

諸葛亮面露喜色，再請孟獲回營，繼續痛飲，然後親自將孟獲送到瀘水邊，派小船將孟獲送歸。問題真的就這樣輕易解決了嗎？諸葛亮高興得還早了點。

孟獲回到本寨，立即布好刀斧手，推說諸葛亮有命令，派人將董荼那、阿會喃二人詐來，一刀兩斷，棄屍山澗。

孟獲隨後又找來弟弟孟優，吩咐一番。孟優就帶著一幫大漢，搬運了大批金珠寶貝象牙犀角之類，直奔諸葛亮的大寨而來。

孟優剛剛過了河，就聽見鼓角齊鳴，一彪軍馬一字排開，當前大將，正是馬岱。孟優大驚失色，連忙向馬岱說明獻禮情由。

馬岱將孟獲遣弟獻寶的相關情形向諸葛亮詳細匯報。諸葛亮微微一笑，回頭看了馬謖一眼，問道：「你知道這是什麼意思嗎？」

馬謖當即領悟了諸葛亮的意思，不敢明言，寫在紙上給諸葛亮看。諸葛亮看了後，拊掌大笑，說：

「汝之所見，正與吾同！」當下喚入趙雲、魏延、王平、馬忠、關索等人，祕密吩咐。

安排停當後，諸葛亮吩咐孟優入見。孟優見了諸葛亮，下拜行禮，說：「家兄深感丞相活命之恩，無可奉獻，特準備了些許珠寶器物，聊表寸心。」

諸葛亮問：「你兄長現在何處？」

孟優說：「家兄深感丞相天恩，去銀坑山收拾寶物去了，稍後即來。」

諸葛亮問：「你帶了多少人來？」

孟優回答說：「不敢多帶，只帶了隨身侍從一百餘人，都是用來搬運貨物的。」

諸葛亮吩咐將這些人全部叫入軍帳。仔細一看，這些人都是青眼黑面，黃髮紫鬚，耳帶金環，蓬頭跣足，身長力大之士。諸葛亮吩咐他們席地而坐，一起喝酒。

再說孟獲，定好了這詐降之計，專等回報。正在擔心之際，兩人回來報告，說諸葛亮接受了禮物，絲毫沒有生疑，將隨行之人全部召入大帳喝酒。孟優同時還傳信給孟獲，約好是夜三更，裡應外合，共擒諸葛。

當夜二更，孟獲如約率兵而至，卻見孔明大寨不過是一座空寨。走入一看，只見帳內燈火輝煌，孟優及所有隨行人員爛醉如泥，倒於地上。孟獲情知不妙，急忙喝令撤退，但哪裡還來得及？

趙雲、魏延、王平、馬忠、關索等人分路殺到。蠻兵四散而逃。孟獲單人獨騎，來到瀘水岸邊，看見數十個蠻兵正駕著一艘小舟。孟獲連忙喝令靠岸。孟獲剛一上船，就被駕舟的小兵放翻。原來是馬岱引了人馬，扮作蠻兵，在此等候擒拿孟獲。此為三擒孟獲。

那麼，諸葛亮是如何識破孟獲的謊言，判定他是詐降的呢？

心理感悟：信任是一種不易覺察的偏見。

## 53 識別謊言的高手

說謊其實是天底下最為複雜艱辛的腦力勞動之一，說謊者必須同時在大腦中處理許多條思路，並應對很多種真實的情緒反應。這麼多層次繁多的反應纏繞在一起，對一個人集中注意力的能力構成了巨大的挑戰。所以，除了極少數極具說謊天賦的人以外，要把謊言說圓且面不改色並不容易。也就是說，謊言總是有跡可尋的，如果你具備了敏銳的觀察力，並掌握了一定的判斷規則，要識破謊言並不是很難的事情。

孟獲、孟優兄弟倆不幸遇上的諸葛亮就是一個識別謊言的高手。

識別謊言的一條基本規則就是常態異變法則。一個成熟的人，其世界觀、價值觀基本成型，其行為模式也基本固定，這就是一種常態。那麼，一旦這種常態突然之間出現了異變，那麼，這種與常態大不一致的異常狀態就值得你高度警覺了。而且，你對某個人的常規行為模式越是熟悉，你就越容易解讀他的欺騙行為。

在識破孟獲的謊言之前，諸葛亮已經和孟獲打了兩次交道了。在這兩次接觸中，孟獲表現出了非常典型的桀驁不馴與頑劣不堪，從來不輕易低頭。尤其是第一次接觸，孟獲對諸葛亮很不了解，自以為勝券在握，處於很放鬆的狀態，其所表現出來的態度是非常真實的。在第二次被擒後，孟獲先是不服，後來諸葛亮帶著他看了軍馬糧草，軟語相勸後，孟獲突然俯首低眉，彷彿換了個人似的。其態度從不服氣改變為因為手下人心不順才不肯投降，而且還表態說回去招安部眾，一起來降。這個一百八十度的大彎轉得非常突然，這就足以讓機警的諸葛亮起了提防之心。

一個人異於常態的表現也可能不是說謊導致的，所以，在確證謊言之前，還需要交叉驗證，即從不同的管道加以證實。

孟優前來獻寶，見到馬岱率兵布防時大驚失色，也是一個異常的舉動。孟優如果懷著善心而來，那麼就不該有如此大的戒心，看到蜀軍後也就不會噤若寒蟬了。當馬岱把這一情形報告給諸葛亮後，諸葛亮心裡已經基本判定了孟獲是詐降。所以，他才會和馬謖玩了一幕默劇，並一一做好布置。

諸葛亮隨後詢問孟優的幾句話看似隨意，其實暗藏機鋒。

諸葛亮問：「你帶了多少人來？」

孟優回答說：「不敢多帶，只帶了隨身侍從一百餘人，都是來搬運貨物的。」

孟優的回答非常奇怪。以他的身分，帶一百個人並不為多，但孟優首先說「不敢多帶」，說明他此前對帶多少人經過仔細的衡量。而為什麼要衡量呢？顯然是擔心人帶多了，會招致諸葛亮的懷疑。隨後，孟優又特意強調了自己所帶的人都是為了搬運貨物的。這種「此地無銀三百兩」式的辯解顯然是「做賊心虛」的表現。

孟優所帶之人，個個身高馬大，身強力壯。這樣的人，如果只是用來搬運貨物，顯然有些大材小用。總之，諸葛亮從孟獲兄弟的異常表現以及其他的輔助跡象，足可判定這兄弟倆是在行詐降之計。諸葛亮於是就根據事先的安排，故意不露聲色，請君入甕，再次將孟獲擒獲。

孟獲第三次被擒後，諸葛亮照例問他服也不服。

孟獲說：「這不過是我兄弟貪圖口腹之物，誤中了你的麻藥，因此誤了大事。我怎麼會服氣呢？」

諸葛亮一聽，那麼還是照舊吧。於是再次將孟獲釋放。

孟獲抱頭鼠竄而去。諸葛亮渡過瀘水，大賞三軍。

諸葛亮把自己如何識破孟獲詐降詳細向諸將說明。眾將深為嘆服，齊聲讚歎：「丞相智、仁、勇三者皆備，連姜子牙、張良都比不上啊！」

這本來是諸葛亮最希望聽到的評價，但他深受劉備之死的打擊，當他終於聽到部下心悅誠服地如此讚歎後，卻感到不堪重負。諸葛亮說：「我現在哪裡還敢與這些古人相比啊。不過是依靠你們的力量，才能建功立業。」

諸葛亮這輩子就沒有謙虛過，這可以說是他一生中唯一的一次謙虛。顯然，劉備之死引發的效應已經在諸葛亮心底開始發芽了。這將會驅使他不顧天時，像飛蛾撲火般為實現那個永遠也無法實現的願景而鞠躬盡瘁，死而後已。

再說孟獲，受了三次被擒之辱，憤憤不平地回到老窩銀坑洞，重整旗鼓，再與諸葛亮作戰，又被諸葛亮用陷阱擒獲，此為四擒孟獲。孟獲早已總結出經驗，諸葛丞相的耐心好得很，只要自己「不服」，總能夠獲得自由。

孟獲回去後，兄弟孟優給他出了一個主意。孟優說：「此去西南有一個禿龍洞。洞主朵思大王與我交厚。可以去那裡避暑。蜀兵受不過暑氣，自然就退了。」

孟獲跟著兄弟來到朵思大王處。朵思大王說：「大王寬心，如果蜀兵過來，我讓他們有來無回。」

原來禿龍洞只有兩條大路。東北方一路，地勢平坦，土厚水甜，人馬可行。但只要用木石壘斷洞口，雖有百萬之眾，也不能前進一步。西北方另有一路，山險嶺惡，道路窄狹；其中雖有小路，但多有毒蛇惡蠍。黃昏時分，煙瘴大起，直至巳、午時方收，唯未、申、酉三時可以往來；水不可飲，人馬難行。此處更有四個毒泉：一名啞泉，其水頗甜，人若飲之，則不能言，不過旬日必死；二曰滅泉，此水與湯無異，人若沐浴，則皮肉皆爛，見骨必死；三曰黑泉，其水微清，人若濺之在身，則手足皆黑而死；四曰柔泉，其水如冰，人若飲之，咽喉無暖氣，身軀軟弱如綿而死。此處蟲鳥皆無，唯有漢伏波將軍馬援曾經到過。自此以後，再無一人到此。

朵思大王的主意是壘斷東北大路，只留西北大路。而蜀兵見東路難行，只有走西路。西路上無水，看見泉水必然飲用。那麼就算是百萬之眾，也只有死路一條。

孟獲聽後大喜，指著北方痛罵諸葛亮：「任你神機妙算，也難逃此劫。我終於能報四擒之仇了。」

諸葛亮果然率大軍追擊。王平為前部，一路上人馬皆渴，看見一泉，立即狂飲不已。未幾，個個啞而難言。王平急報諸葛亮。

諸葛亮親自駕小車來察看泉水。只見一潭清水，深不見底，水氣凜凜。登高遠望，四壁峰嶺，鳥雀不聞。諸葛亮不由得心中生疑，卻束手無策。

諸葛亮有生以來，從來沒有感到如此無助過。他甚至後悔和孟獲玩這個「服也不服」的遊戲了。真不如快刀斬亂麻，一刀砍了，再新立一個南蠻王。但是作為三軍主帥，作為整個蜀國的精神領袖，諸葛亮無法逃避。

在這個完全陌生的窮山惡水環境中，諸葛亮該何去何從呢？

諸葛亮探看周圍，忽然看見遠處山岡上有一座古廟。他攀藤附葛，來到這座破敗不堪的廟中。這座廟正是漢伏波將軍馬援之廟。當年馬援因平蠻夷到此，土人後來立廟祭祀。

隨行眾人都不知諸葛亮要做些什麼，但他們相信，像神一般的諸葛軍師一定可以找到破敵之道的。但他們怎麼也不敢相信，一貫自信，以神自居的諸葛亮軍師，竟然會對著這座破廟中的一個破舊將軍像下拜祈禱！

諸葛亮對著馬援將軍像下拜，口中念念有詞：「亮受先帝托孤之重，今承聖旨，到此平蠻；欲待蠻方既平，然後伐魏吞吳，重安漢室。今軍士不識地理，誤飲毒水，不能出聲。萬望尊神，念本朝恩義，通靈顯聖，護佑三軍！」

諸葛亮竟然把解決難題的希望寄託於馬援顯靈？

諸葛亮向來是最崇尚自己的智力的，所有的問題都是憑藉智謀解決的。對孟獲的數次擒縱，也是出於對自己智力的自負。他認為，以自己的智力，要讓孟獲心服口服，沒有任何困難。但他絕沒有想到，孟獲蠻性十足，雖然他可以屢屢以智取勝，卻總是不能以智服人。

要讓人服氣，一般有三種方法：以德服人、以智服人、以力服人。以德服人，對於孟獲這樣的人可能是對牛彈琴，所以，諸葛亮選了第二種。但其實，最能讓孟獲立即拜服的卻是以力服人，如果諸葛亮能夠親自和孟獲角鬥而勝之，恐怕孟獲早就服氣了（當然這不過是一句笑語，諸葛亮怎麼可能屈尊玩這樣低級的遊戲）。而諸葛亮的智謀，在孟獲看來，等同於陰謀詭計，不夠光明正大。這正是文明人與野蠻人之間的價值觀差異，也是這兩個不同群體之間必然存在的偏見。

諸葛亮四擒孟獲而沒有收服，讓他感到自己的權威受到了極大的挑戰。而此刻的啞泉之怪，已經超過了諸葛亮平生所學的範疇。在最無助的時刻，諸葛亮選擇了和絕大多數一般人相同的做法，放棄自己的控制權，而把控制權交給神！

這也足以說明，我們的諸葛先生始終也不過是一個人。

> 心理感悟：迷信是極端無助時的最後一條出路。

# 54 天之驕子天也保佑

為什麼諸葛亮會對一尊泥像頂禮膜拜，全然失去了往日那個羽扇綸巾、揮斥方遒的瀟脫形象？

馬凌諾斯基是世界上最偉大的人類學家之一，他曾經寫過一本經典的著作《西太平洋的航海者》。在這本書裡，馬凌諾斯基描寫了他對西太平洋上的特羅布里恩群島島民的觀察。

馬凌諾斯基注意到，當島民們在礁湖區相對平靜的海面作業時，他們使用的是普通的捕魚技巧。而當他們進入更為危險的外海時，他們會使用極為複雜的巫術和迷信儀式。馬凌諾斯基判斷，這是因為在礁湖區捕魚時，島民們面對的不確定性較少，他們覺得自己完全可以掌控局勢，沒有必要透過巫術來求得保佑。而外海就不同了，那裡的局勢難以預料，也難以掌控，所以島民們會寄希望於各種各樣的巫術，以圖借此掌控外海的局勢，降低捕魚的風險。

不僅僅是這些尚處蠻荒的島民會如此行事，已經處於文明社會的現代人也會在面臨不確定的危險時選擇迷信。

1991年波斯灣戰爭期間，以色列臺拉維夫大學的心理學家做了一項實驗。當時，臺拉維夫和拉馬特甘等大城市時刻面臨著飛毛腿導彈襲擊的危險，而另外一些城市則相對安全一些。研究者們想知道，在更危險地區生活所帶來的巨大壓力會不會讓人們變得更加迷信一些。他們設計了很多奇怪的問題，比如與幸運的人握手會不會給你帶來幸運？走進房間時先邁右腳是不是更安全？如此等等。最後的實驗結果表明，為了應付不確定性，人們確實變得更為迷信了。

所以，諸葛亮的行為絲毫不令人奇怪，他畢竟不是神，他也有脆弱的時候。而對著神像祈禱，讓他的內心獲得安寧，也讓他重新有了奮鬥的勇氣。

諸葛亮祈禱完畢，出廟尋找當地土人詢問，恰巧對山有一老叟扶杖而來，諸葛亮連忙迎上問訊，終於獲悉惡泉的情況。

諸葛亮不由倒吸一口涼氣，頓時心灰意冷，說：「如果真是這樣的話，那麼蠻夷是難以平定的了。蠻夷不平，我又怎麼能夠吞吳破魏呢？吳魏不滅，又怎麼能興復漢室呢？我有負先帝重托，不如死在這裡算了！」說罷，就要投崖自盡。

諸葛亮這一刻真是脆弱到了極點！當然，其實他並不是想死，他只是不知道該如何活下去了。一個一貫強大、無所不能，一路順風順水的人，抗打擊能力遠遠比不上那些飽經風霜、屢遭挫折的人。多年苦心經營的「神」的形象，今天因為這四個惡泉無法破解而到了坍塌的邊緣。一旦「神」敗名裂，那確實是生不如死。以諸葛亮骨子裡的傲氣，他的確也沒法接受這個現實。

老叟見他尋死覓活，不由生了惻隱之心，說：「丞相不可如此。老夫指引你一個去處，可解此難。」

諸葛亮連忙請教。老叟說：「此去正西數里，有一條萬安溪。那裡有一個隱士，號為『萬安隱者』。他的草庵後面有一個安樂泉，中毒之人，飲了安樂泉之水，就可解毒。草庵前面還有一種藥草，名叫『薤葉芸香』，取其葉含於嘴中，則瘴氣不侵。丞相可速往求之。」

諸葛亮大喜，連連稱謝，立即按照老叟指引，準備好信香禮物，帶著王平及一眾啞軍連夜去尋「萬安隱者」。

諸葛亮見了萬安隱者，訴說情由。隱者當即讓童子帶王平及一眾啞軍到庵後取泉水飲用。果然神效，啞軍紛紛吐出惡涎，恢復了說話能力。

萬安隱者又告訴諸葛亮說：「此間蠻洞多毒蛇惡蠍，柳花飄入溪泉之間，水不可飲；但掘地為泉，汲水飲之方可。」

諸葛亮拜謝，又求薤葉芸香，隱者慷慨與之。

諸葛亮請教隱者姓名。隱者呵呵一笑說：「我是孟獲之兄孟節是也。」諸葛亮驚愕不已。孟節接著說：「我父母共生三子。我是老大，孟獲是老二，孟優是老三。如今父母皆亡，兩個兄弟強橫霸道，我屢次勸誡，都不肯聽從。所以隱名埋姓，隱居於此。」

孟節的出現，讓諸葛亮彷彿抓住了一根救命稻草。此人乃孟獲之兄，同樣是蠻王之後，具有合法的王位繼承權，只要說服孟節出來替代孟獲，和孟獲之間的「服也不服」的遊戲就不用再玩下去了。說實在的，諸葛丞相早已厭倦了這個遊戲，但因為已在諸將面前屢次宣示自己的意圖，諸葛亮已經騎虎難下。個人承諾一經公開，自然就具有了更強的自我約束力。

諸葛亮對孟節說：「如果我申奏天子，立你為南蠻之王，可以嗎？」

孟節搖頭道：「我當初就是因為厭倦權力之爭而到此處隱居的，怎麼還會貪圖富貴呢？」堅決不肯出山。

諸葛亮是使用「不情願賣家」策略（諸葛三寶之一）的頂尖高手，當然能夠分辨出孟節確實是不想出世，只好作罷。

諸葛亮回到大寨，吩咐軍士按照孟節所說，掘地取水。軍士往下掘了二十餘丈，根本看不到水。一連換了十幾個地方，還是看不到水。此時軍中已經極度缺水，如果掘地不能得水，諸葛亮的大軍全部要斃命於此。

我們絕對想不到，這個曾經呼風喚雨的人竟然會如此脆弱，我們也許很難體會他那種身處絕地而無依無靠的焦灼無奈之感。總之，諸葛亮再一次把自己交給了神，而這正說明了他不是神。

諸葛亮夜半起身，焚香告天，說：「臣亮不才，仰承大漢之福，受命平蠻。今途中乏水，軍馬枯渴。倘上天不絕大漢，即賜甘泉！若氣運已終，臣亮等願死於此處！」

這個禱告詞聽起來像是在對老天進行要脅。如果你再不給我出泉水，我就死給你看。諸葛亮為什麼會用這樣的口吻來對老天說話呢？

這是典型的天之驕子或曾經的天之驕子的想法，這些驕子們在得到上天眷顧的時候，從來沒有把老天放在眼裡，他們認為憑藉自己超人一等的能力，人定勝天，所有的成功全部是理所當然的。

一旦遭遇挫折，他們不能接受人生中最為常見的沉浮波折，怨天尤人。而當他們脆弱的心靈防線被現實的打擊突破之後，他們很快就會來一個一百八十度的大轉彎，從相信自己轉變為相信上天，從一個內部控制者轉變為一個外部控制者。

其實，諸葛亮用不著這麼急著向上天祈求，孟節是不會忽悠他的。只要耐下心來，一定是可以掘出水來的。

但祈禱也不是毫無用處，至少讓諸葛亮獲得了短暫的自信，而這短暫的自信已經足以維持到他的軍士從地下掘出水來了。因為，本來也就該出水了。

果然，甘泉隨之而出。

諸葛亮由此深信，一度被他忽視的上天還是眷顧他的。他依然是天之驕子，而不是天之棄子。既然如此，蠻夷是一定可以平服的，魏吳是一定可以吞併的，大漢是一定可以興復的。

諸葛亮再度自信滿懷，重新發起了對孟獲的圍剿。

朵思大王聽說諸葛亮大軍不懼惡泉、不懼瘴氣，先是不信，親自帶領部將遠遠觀察後，深感恐懼，以為諸葛亮所部是天兵神將。

正在軍心動盪之際，有迤西銀冶洞二十一洞主楊鋒引三萬人馬前來助陣。楊鋒所部，身穿鐵甲，可以飛山越嶺。孟獲見了，十分高興，但他萬萬沒有想到，楊鋒竟然會「吃裡爬外」，趁著飲酒之機，將自己拿下，押送給諸葛亮，是為五擒孟獲。

孟獲質問楊鋒：「我和你都是南蠻之人，往日無冤，為什麼要加害於我？」

楊鋒回答說：「我與兄弟子侄都深感諸葛丞相的活命之恩，無以為報，你負隅頑抗，不捉你捉誰？」

這正是諸葛亮的分化策略發揮了作用。諸葛亮多次擒縱孟獲，孟獲是變本加厲，愈演愈烈，但其他的洞主蠻將卻逐漸為諸葛亮所折服。他們也曾對諸葛亮的「以智服人」不認可，但多次的累加，加上諸葛亮的有意施恩加惠，「以智服人」已經變成了「以德服人」。所謂的德，不過就是平常事情的積累積澱，一以貫之罷了。

> 心理感悟：神所能給你的，不過是你自己放棄掉的自信罷了。

## 55 遊戲成本有點高

孟獲五度被擒，諸葛亮又得天眷，心情頗為不錯，笑呵呵地對孟獲說：「這次你服了嗎？」孟獲已經有了豐富的「抗諸」經驗，況且此次又是遭了自己人的毒手，孟獲當然是頑抗到底，堅持不服。

諸葛亮說：「你把我騙入無水之地，更以四大惡泉、瘴氣來對付我軍。但我軍竟然安然無恙。這難道不是天意嗎？你為什麼還執迷不悟呢？」

孟獲對「抗諸」樂此不疲，而諸葛亮對「服孟」卻早已厭倦。因此，他才會苦口婆心，搬出「天意」這個世上最大的權威，想要透過口頭說服來達到目的。

但孟獲堅持說：「我祖居銀坑山中，有三江之險，有重關之固，你如果能在我家中把我擒住，我才心服口服，子子孫孫決不背反。」

諸葛亮大好的心情頓時受了影響，回頭白了馬謖一眼，口氣不善地對孟獲說：「好！我再放你回去，重整兵馬。如果我再抓住你，你再不服，我就滅你的九族！」

諸葛亮實在有點氣急敗壞了，現在這個局面是他當初萬萬沒有想到的。之所以會出現這個困境，是因為服與不服，並沒有一個客觀的標準。無論孟獲內心的真實態度如何，他只要口頭表示不服諸葛亮就必須按照自己的設定把他放了。而要心服而口不服，又是一件多麼容易的事情啊！一切掌控權都在孟獲手上。

諸葛亮放了孟獲，又對一同被擒的孟優和朵思大王說：「孟獲的事，和你們倆無關。」說完，鬆了他們的綁，好酒好菜款待一番，這才放走。孟獲背反，怎麼會和他倆無關？這不過是諸葛亮苦無良策後聊勝於無的分化策略罷了。

隨後，諸葛亮指揮大軍，攻破了三江城，將「無關的」朵思大王殺死，隨即又占領了銀坑洞。諸葛亮正要分兵緝拿孟獲，突然聞報孟獲的妻弟等人因勸孟獲投降而被斥責，一怒之下，將孟獲夫妻及親信宗黨等數百人盡數擒來，押到諸葛亮的大帳。

諸葛亮當即安排好人馬，等這夥人進帳後，大喝一聲：「全部擒下！」不等他們分說，諸葛亮就當眾宣示了自己這麼做的理由。

「你們這點小把戲，怎麼瞞得過我？你以為前兩次本洞人將你擒來送降，我都沒有懷疑。這次就故意來詐降，想趁機行刺我。這點雕蟲小技，怎麼能夠得逞呢？」

軍士一搜，果然發現這些南蠻皆身藏利刃。

諸葛亮這次是怎麼判斷出孟獲等人是詐降的呢？這和上次他判斷出孟優的詐降其實不是一回事。上次他是察言觀色後，透過常態變異法則以及交叉驗證，做出了正確的判斷。而這次，他則根本沒做判斷，就先擒拿了再說。

這種做法，實質是博弈中的一種最優選擇。不管孟獲是真降假降，先拿下都不會錯。如果是假降，就杜絕了危險。如果是真降，諸葛亮完全可以說自己不過「試探」一下，隨即鬆綁即可。

孟獲啞口無言，是為六擒孟獲。但當諸葛亮問他「服也不服」的時候，孟獲又找到了新的理由：「這是我自己送上門來的，顯不出你的厲害。我當然還是不服。」隨即又開出了一個新的條件：「你如果第七次還能抓住我，我就服了。」

這個出爾反爾的傢伙，簡直快讓諸葛亮抓狂了。但是沒有辦法，也只能指著孟獲痛罵幾句，放他歸去了。

孟獲回去後，又請來烏戈國國王兀突骨。兀突骨身長丈二，不食五穀，以生蛇惡獸為飯；身有鱗甲，刀箭不能侵。他手下的軍士，俱穿藤甲；這些藤生於山澗之中，盤於石壁之上，採來後浸在油中，半年方取出曬乾；曬乾復浸，十幾遍之後，才造成鎧甲。這樣的鎧甲穿在身上，渡江不沉，經水不濕，刀箭皆不能入，因此號為「藤甲軍」。

諸將見「藤甲軍」刀箭不入，來去如風，均心生懼意，紛紛勸諸葛亮退兵。一直給諸葛亮當嚮導官的呂凱也說：「像這樣的野蠻人，就算是我們獲得全勝，又有什麼好處呢？不如班師早回。」這從另一方面表明，大家對諸葛亮始終不能收服孟獲也已經失去了耐心。而呂凱的建議也給諸葛亮找了一個下臺的階梯，好讓他保全顏面，克服內心的認知不協調後，安心退兵。

但誰也沒想到，諸葛亮竟然豪氣逼人地說道：「我們到這裡來一次很不容易？怎麼能輕易放棄呢？有始無終，不能算是智者啊。我自有對付他們的良策。」

要知道，諸葛亮是用火攻的老祖宗。哪個對手忘記了這一點，就一定會大吃苦頭。藤甲雖然刀箭不入，卻是用油浸過的，極易著火。諸葛亮據此設下「驕兵誘敵之計」，將藤甲軍全部誘入盤蛇谷，一把火燒了個乾淨。烏戈國人幾乎都死了。

諸葛亮見到如此慘狀，不由流下了眼淚：「我雖然有功於社稷，但必然折壽啊！」

藤甲軍既已消滅，孟獲當然是手到擒來。這一次諸葛亮卻沒有問他「服也不服」，只是解去了他的綁縛，讓他到另一個營帳進食。

孟獲吃飯之際，心想不管諸葛亮耍什麼花招，反正酒足飯飽之後，就說「不服」，看他如何應對！正在此時，過來一人對孟獲說：「丞相心情沉重，不想與你見面了。你吃好後，可以自己回去了。」

諸葛亮為什麼會如此反常呢？這是因為「壞心情─好行為」效應發揮了作用。

當一個人做出了背離社會一般規範和自己慣常信念的行為後，就會產生內疚感。而當內疚感產生之後，人就會採取行動加以彌補挽救，以平息內疚感。

大衛・麥克米倫和詹姆斯・奧斯丁曾經於1971年在美國密西西比州立大學做過一個非常有名的實驗。幾位學生被試為了得到學分而參加了這個實驗。在實驗進行之前的等待中，一個自稱已經參加過實驗，現在回來尋找丟失在這裡的一個本子的人，會主動和被試攀談，並告訴他們實驗中要做一個選擇題。其正確答案應該是B。等此人離開後，實驗者就會出現，宣布實驗開始。實驗者首先會對學生被試提出一個問題：「你們在參加實驗之前有沒有聽到過和它有關的東西？」

一部分的學生被試撒了一個小小的謊。實驗結束後，實驗者說：「你們可以走了。但如果你們有空的話，能幫忙給我們的一些問卷打分嗎？」

實際上，這才是實驗的真正目的。麥克米倫和奧斯丁想要搞清楚，撒謊造成的內疚感會在多大程度上激起當事人的彌補心理。

結果表明，那些沒有撒謊的學生平均貢獻了兩分鐘來義務閱卷，而那些撒了小謊的學生竟然慷慨地平均奉獻了六十三分鐘來義務閱卷。

當我們犯下的錯誤已經眾所周知後，內疚感會強烈地驅動我們去做出好的、對他人或社會有利的行動來加以彌補。而即便外界沒有覺察到你此前的不當行為，你也會主動地做出彌補。

丹尼斯・雷根等人1972年的一個實驗證明了這一點。在紐約的一個購物中心，實驗者使一些婦女相信是她們弄壞了照相機。過了一會兒，研究者的同伴提著一袋蠟燭從婦女的身邊經過，並故意讓蠟燭掉到地上。沒有負疚感的婦女中只有百分之十五的人會對此發出提醒。而有負疚感的婦女則有百分之六十發出了提醒。儘管有負疚感的婦女認為這個丟掉蠟燭的人和自己先前的不當行為無關，她們還是對這個毫不相干的人做出彌補。

三萬藤甲軍在盤蛇谷中被活活燒死，慘相不忍目睹，這激起了諸葛亮內心強烈的負疚感，也讓他反省自己一直以來的行為。

為了收服一個孟獲，到底付出了多大的代價？死了多少人？除了三萬藤甲軍，還有一心歸順的董荼那洞主、阿會喃洞主等。更有不計其數的雙方不知名的兵卒。難道收服孟獲真的如此重要嗎？只有收服孟獲才是獲得南蠻長治久安的唯一方案嗎？

答案顯然是否定的。諸葛亮因此深感惶恐愧疚，也就發出了「折壽」的哀歎！在這種心理的導引下，諸葛亮覺得再和孟獲玩「服也不服」的遊戲沒有任何意義。所以，他連面也不見，就吩咐放了孟獲。

事情的運轉規律往往出乎人的意料。當你苦苦相求的時候，往往求而不得，而當你淡然處之的時候，反而水到渠成。

孟獲聽了這番話，就在這一瞬間被深深折服了。而這已經是屬於「以德服人」的範疇了。道德其實就是細節的多次累積，諸葛亮七擒七縱積澱而成的感化力，終於喚醒了孟獲這個頑冥不靈的化外之人。孟獲袒背來見諸葛亮請罪，就此心悅誠服，發誓子孫萬代決不背反。

諸葛亮大喜，當即將蠻地一切事務仍舊交由孟獲管理，己方不留一人。

諸葛亮班師回朝，行至瀘水之濱，心中仍為此次出兵殺戮太重而深感不安，就在瀘水邊設祭，超度亡魂。

心理感悟：執著之後的放棄也許更有利於成功。

# 出師北伐

說完大話就得幹大事 / 存在不就是合理 / 僕人眼裡無偉人 /
和對手一起演雙簧 / 你怎麼能讚美我的錯誤 / 車輪碾不碎螳臂
神話破滅的後遺症 / 怕什麼就來什麼

# 56 說完大話就得幹大事

魏文帝曹丕在位只有短短的八年。他將帝位傳給了兒子曹叡，以曹真、陳群和司馬懿為托孤大臣。曹叡即位後，司馬懿一片忠心，發現雍州、涼州無人把守，立即請命去鎮守西涼。司馬懿絕不會想到，這個赤誠之舉，竟然差一點給自己以及整個家族帶來滅頂之災。

諸葛亮平蠻剛回，得知這個消息，不顧兵馬勞頓，決定北伐。

諸葛亮為什麼會如此急於北伐呢？難道真的僅僅是為了完成先帝重托嗎？劉備臨死之際確實說過自己「本想和大家一起同滅曹賊，共扶漢室」，現在只有請諸葛亮好好輔佐劉禪了。這當然是諸葛亮要興兵的一個原因，但絕不是全部。

驅動諸葛亮做出這個決定的還有其他兩個因素：承諾壓力和中年危機。

諸葛亮出山前自比管樂，此後又屢屢放言「管樂不過是亮小可之比也」。而名士司馬徽等人也十分推崇他，說什麼「伏龍、鳳雛，兩人得一，可安天下」，還說什麼只有姜子牙、張良才可以比得上他。

凡此種種，構成了一個公開的承諾。而諸葛亮的這個承諾廣為人知的程度絲毫不低於劉關張桃園三結義時的那個承諾。但顯然，以諸葛亮目前的成就，與先前的承諾是相去甚遠的。這個差距造成了極大的壓力，逼得諸葛亮必須盡快證明自己，用實際業績來滿足天下人的期望。

而諸葛亮此時已經四十多歲，中年危機也不可避免地在他心中滋長。人生七十古來稀，在當時的戰亂年代，人的平均壽命並不太長。四十多歲的人，如果再不抓緊時間建功立業，恐怕去日無多了。時光的飛速流逝逼得諸葛亮要及早行動。

何況劉備已逝，共扶漢室的大業未成，無法兌現諾言的沉重始終壓在諸葛亮心頭。現如今，如果再不抓緊，恐怕在劉禪手上也無法兌現這一諾言了。

上述種種因素的綜合，才是諸葛亮急於興師北伐的動因。

馬謖得知諸葛亮的想法後，給他出了一個主意。這個主意又為馬謖在諸葛亮心目中的形象增加了一道光環。

從司馬懿此前為數不多的表現中，諸葛亮敏銳地判斷出這個人將會是自己的勁敵。如果等到他在雍涼二州形成勢力，就很難找到突破口了。馬謖的主意就是先用離間計要了司馬懿的命，然後再出兵。

諸葛亮非常高興地採納了馬謖的建議。很快，洛陽、鄴郡等處流言四起，說司馬懿要謀反。

曹叡大驚，立即召集群臣商議。任何一個人，不可能只有朋友，沒有敵人。司馬懿的敵人正好抓住了這個機會，太尉華歆啟奏說：「不久前司馬懿上表要去鎮守西涼，正是要擁兵自立啊。當初太祖武皇帝（曹操）就曾經和我說過：司馬懿鷹視狼顧，決不能交給他兵權，否則必為國家大禍。今天他謀反的跡象已經暴露，請皇上趕快誅殺他。」王郎也湊上來說：「司馬懿深明韜略，善曉兵機，素有大志；若不早除，必成王莽之禍。」

曹叡聽了，當即要御駕親征。

人們往往偏好於發現事物之間的聯繫，從而形成了一種「錯覺相關」，即在本來沒有聯繫的兩件事情之間發現聯繫，甚至推導出因果關係。華歆的看法正是如此。司馬懿主動要去鎮守西涼，本是出於對國家負責的忠心之舉，而司馬懿要造反也不過是諸葛亮命人散布的謠言而已，但華歆卻「敏銳」地在這兩件毫無關聯的事情中找到了因果關係。而且，他還用曹操當年的話語來印證自己的觀點。曹操對曹睿的影響力顯然是相當巨大的。所以，華歆的意見很容易就被曹睿接受了。

如果沒有曹真，華歆就給諸葛亮幫上大忙了。曹真指出，這很可能是離間之計，如果我們立即進攻司馬懿，恐怕正好逼反了他。陛下不如以出巡的名義去西涼探聽虛實，再隨機而定。

曹睿覺得曹真的方法更具靈活性，就按照他的做法，出巡西涼。

再說司馬懿，聽說皇帝要來，急著表現自己練兵的成果，吩咐十萬士卒帶甲而立，擺出威武姿態，等待皇帝檢閱。沒想到曹睿的先行近臣發現後，立即向曹睿匯報說：「司馬懿果然要造反了。他已經帶著十萬甲士，迎面撲來！」

司馬懿要多冤有多冤，由於先入為主的首因效應作怪，人人都抱了司馬懿謀反的念頭，司馬懿的一舉一動看上去都像是在驗證他的謀反之舉。

曹睿慌了手腳。還是曹休鎮定一些，帶著精兵上前。司馬懿以為皇帝到了，伏地而迎。曹休吩咐軍士四周圍住，然後斥問道：「仲達，你是先帝托孤重臣，為什麼要謀反呢？」

司馬懿嚇得汗流全身，急忙分辯。但首因效應是很頑固的，很難輕易改變。曹睿將信將疑，華歆一錘定音，說：「決不能再給他兵權了。把他罷黜回鄉吧。」

司馬懿就這樣被削職為民，趕回老家去了，雍州、涼州軍民全部由曹休總督。

消息傳來，諸葛亮樂開了懷，說：「司馬懿已去，我還有什麼好擔憂的呢。」當然，此刻他不會知道，自己高興得早了一點。

次日，諸葛亮上朝，向劉禪上了《出師表》。

出兵就出兵，為什麼諸葛亮要寫這一篇大義凜然、言辭激昂的《出師表》呢？

首先，這是尊重劉禪的需要。

劉禪畢竟是名義上的「第一人」，諸葛亮必須在禮節上充分尊重他。只有做到了這一點，才可以消滅「大權獨攬」帶來的負面影響。以諸葛亮之於劉禪的控制力，已經絲毫不弱於當年曹操之於漢獻帝。曹操其實對漢室貢獻不小，如果沒有他，漢獻帝的小命早不知道去到哪裡去了。他之所以廣為人詬病，就是因為他不但在實質上大權獨攬，而且在外表上對漢獻帝也是毫不尊重。諸葛亮是個聰明人，他不想像曹操一樣被人視為「亂臣賊子」，所以，他必須光明正大、鄭重其事地以出師表的形式來請求劉禪對此次出兵的形式上的同意。

其次，這是自我包裝的需要。

運用「光暈效應」為自己塑造光輝高大的形象，是「諸葛三寶」中的第一寶，也是諸葛亮每時每刻，不放過任何小的細節，把形式主義發揮到極致的一以貫之的做法。

先帝創業未半，而中道崩殂；今天下三分，益州疲弊，此誠危急存亡之秋也。然侍衛之臣，不懈於內；忠志之士，忘身於外者：蓋追先帝之殊遇，欲報之於陛下也。

《出師表》開篇就點出，這次出師，並不是我擅作主張，而是為了完成先帝未竟的事業。而現在蜀漢正處於危急存亡的時刻，我作為忠義之士，不得不挺身而出，來把先帝當年給我的恩遇，回報給陛下您啊！

諸葛亮首先搬出了先帝劉備，這是利用權威人物的影響力。諸葛亮又描述了情勢危急，不出兵不行（當然，這個理由其實很牽強。蜀漢在諸葛亮身故之後還存在了三十多年。此刻顯然不是生死存亡的危急關頭）。諸葛亮還利用了一下互惠原理：先帝殊遇，報之於陛下。這樣的出師理由難道還不夠充分嗎？這樣的出師理由難道還不能令人肅然起敬嗎？

由此，諸葛亮不負先帝重托，於危難之際挺身而出的高大形象就躍然而出。可見，不管做什麼事情，也不管這事情會不會成功，給這件事情加上一個冠冕堂皇、符合道德道義的包裝總是沒錯的。《出師表》上這些鏗鏘有力、義正詞嚴的文字就成了這次出兵北伐最完美的一道光環。

最後，這是人事安排的需要。

諸葛亮出兵後，就遠離了政治中心。如果劉禪或其他人借機行事，就能輕鬆奪走控制權，行事謹慎的諸葛亮必須事先安排好防範措施。所以他在《出師表》上用白紙黑字鄭重聲明：

誠宜開張聖聽，以光先帝遺德，恢弘志士之氣，不宜妄自菲薄，引喻失義，以塞忠諫之路也。宮中府中，俱為一體，陟罰臧否，不宜異同。若有作奸犯科及為忠善者，宜付有司論其刑賞，以昭陛下平明之治，不宜偏私，使內外異法也。

這段話就是諸葛亮用來約束劉禪或其他人的。所謂的「宮中府中」，分別指的是皇宮和丞相府。這等於說宮中府中都得按照諸葛亮的規矩來行事。

另外，要確保執行不變樣，還得事先在關鍵崗位上安排好人選，否則也會流於形式，造成權力的流失，從而失去了對整個組織的控制力。所以，諸葛亮就先借《出師表》這個載體，特別給自己有意重用的留守幹部做了推廣廣告。這應該是史上最早的置入性廣告了吧？

侍中、侍郎郭攸之、費禕、董允等，此皆良實，志慮忠純，是以先帝簡拔以遺陛下。愚以為宮中之事，事無大小，悉以諮之，然後施行，必能裨補闕漏，有所廣益。將軍向寵，性行淑均，曉暢軍事，試用於昔日，先帝稱之曰能，是以眾議舉寵以為督。愚以為營中之事，事無大小，悉以諮之，必能使行陣和穆，優劣得所也。

諸葛亮非常清楚地告訴劉禪，我走之後，內政之事要聽郭攸之、費禕、董允的，軍營之事得聽向寵的。

既然這幾個人如此才能卓絕，連先帝劉備都曾經親口表揚過，那麼任用他們是理所當然的事情了。郭攸之、費禕、董允於是就以侍中的身分總攝宮中之事。向寵被提升為大將，總督御林軍馬。

諸葛亮沒有曹操那樣的野心，並不想（也不敢）取劉禪而代之，但他對權力的極端控制欲顯然與任何身居高位者沒有兩樣。

安排好了這些，諸葛亮可以放心地出征了。但諸葛亮絕對沒有想到，竟然會有人反對出師北伐。

> 心理感悟：高尚是偽裝高尚者的通行證。

劉禪是不敢反對諸葛亮北伐的。反對諸葛亮的是太史譙周。

還記得這個人嗎？當初勸劉璋向劉備投降的人就是他。這次在諸葛亮掌控一切，足可為所欲為時加以阻攔的人也是他。他的理由和上次一樣：天象。

譙周說：「臣夜觀天象，北方旺氣正盛，星曜倍明，未可圖也。丞相深明天文，何故強為？」

諸葛亮在觀測天象上的水準可以說是天下無雙的。當初龐統隨劉備入川之際，他就看出了太白星曜的凶相，提醒龐統注意，而龐統不聽，終遭厄運。譙周能看出的天象，他當然也能夠看出來。但他反駁譙周道：「天道變易不常，豈可拘執？」

眼前的這個諸葛亮，和不久前平復蠻夷時的諸葛亮已經大為不同。還記得他在馬援神廟前為了解惡泉之毒的祭拜嗎？還記得他因挖泉不得而向上天禱告嗎？同一個老天，在不同時刻的諸葛亮看來，其地位和影響竟然截然不同！

這是為什麼呢？收服孟獲，在很大程度上有幸運的成分。這本是一個百轉千回的過程，諸葛亮也首次經歷了極端無助的心路歷程。但人們總是善於記住結果，而樂於遺忘過程。最後的大好結局讓諸葛亮忘記了自己曾經的無助，反而對自己能夠操控命運這一點更為自信了。既然收服孟獲如此之難，我都能得天之助而告成功，那麼，滅魏吞吳怎麼就做不到呢？

諸葛亮再一次選擇了相信「人定勝天」。諸葛亮不顧譙周的勸阻，令趙雲為先鋒，揮師北伐。曹睿聞報，慌問群臣誰可抵敵。夏侯淵之子夏侯楙（史實上為夏侯惇之子）為報父仇，主動請纓出戰。

魏延向諸葛亮獻策，說：「夏侯楙不過是個紈絝子弟，懦弱無能。丞相請分撥我精兵五千，我從子午谷而行，只需十天，就可攻至長安。夏侯楙聽說我兵已到，必然懼而棄城。然後丞相帶領大軍，從斜谷而出。如此兩路夾擊，則咸陽以西，一舉可得。」

諸葛亮一看是魏延，心中就有幾分不悅。諸葛亮對魏延的偏見由來已久，怎麼可能採納他的建議？如果是馬謖提出來這個計策，諸葛亮必然會慎重考慮一下。

諸葛亮說：「這哪裡是好計策？你以為魏國沒有人物啊？如果他們在子午谷設伏，你的人馬不就全軍覆沒了嗎？這條計策絕對不能用，你再也不要提起。」

魏延強辯幾句，諸葛亮更為不悅。平心而論，魏延的這條計策是行險之策。是否冒險或冒險能否成功則要視對象而定。如果對手是司馬懿，那麼這個險不冒也罷。而如果對手是夏侯楙這樣的無能之輩，為什麼不冒險一試呢？後來重新得到重用的司馬懿也談到過這個問題。他的看法和魏延如出一轍，他說：「如果是我用兵，早就走子午谷直取長安了。但是諸葛亮過於謹慎，決不肯行險，所以只會從斜谷出兵。」

諸葛亮指揮大軍，從斜谷一路向前。先鋒大將趙雲雖年事已高，但依然勇不可當，一路過關斬將。夏侯楙敗逃入南安郡。此郡西連天水郡，北連安定郡。

諸葛亮圍住南安，偽作要「燒城」，卻派人假扮南安郡求救之人，去詐取天水、安定。安定郡太守崔諒中計，帶了大隊人馬去救援南安郡，卻被魏延襲取了安定郡。崔諒急往天水郡而逃，卻被一彪人馬擋住去路，當先一人，羽扇綸巾、道袍鶴氅，端坐於四輪車上，正是諸葛亮！

崔諒不得已投降，諸葛亮要他去勸降南安太守楊陵。崔諒入城，楊陵卻說不忍背負大魏深恩，反過來說動崔諒將計就計，引諸葛亮入城而擒之。

崔諒回來見諸葛亮。諸葛亮要他帶著關興、張苞等大將一併入城，裡應外合。崔諒唯恐諸葛亮生疑，毫不猶豫就答應了。殊不知諸葛亮是察言辨色的大行家。崔諒答應得如此爽快，顯然與常態不符。關興、張苞二人體貌特徵非常明顯（請參照關羽、張飛二人之相貌），崔諒將這兩人帶在身邊，很容易引起他人懷疑。而崔諒竟然毫不遲疑，顯然是內心有詐。

諸葛亮據此識破了崔諒的詐降。關興、張苞二人早有防備，將楊陵、崔諒殺了，攻占了南安郡，並生擒了主將夏侯楙。諸葛亮善於使詐，也善於辨詐，但他派往天水郡詐稱求救之人卻被姜維識破。趙雲也因此未能襲城得手。

姜維辨別謊言的方法與諸葛亮如出一轍。首先，南安郡被圍得水泄不通，很難有人逃出求救。而諸葛亮所派之人，自稱裴緒，是無名之將（三郡間有名者應該相互熟悉，無法假扮），不見得有這般好武藝能突破重圍。更為重要的是，裴緒手上並無求救公文。這幾點都異於常態，相互之間交叉驗證後，即能判斷此人有詐。

諸葛亮在使詐上從未失手，而姜維是第一個讓他失手的人。姜維與趙雲大戰，亦不分勝負。這讓諸葛亮對姜維產生了極大的惜才之心，想要收歸己用。

姜維的弱點在於他的母親。他本人在天水，其母卻在冀縣居住。所謂智者千慮，必有一失，當年徐庶就是因為沒有處理好母親的安危問題而受制於曹操。今天姜維也將因此而受制於諸葛亮。

諸葛亮當即引兵去攻冀縣。姜維急回救母，諸葛亮卻趁機故意放了夏侯楙，又派人偽裝成姜維反叛，反戈一擊，乘夜攻打天水郡。

諸葛亮的這一招逼得姜維不得不下馬投降。諸葛亮親自下車相迎，開口就說：「我自出茅廬以來，一直沒有找到能夠傳授平生所學的人。今天遇到了伯約，我算是找對人了。」

縱觀諸葛亮一生，以如此高的評價來看待一個人，這是唯一的一次。可見，諸葛亮其實也是個性情中人，非常容易受第一印象（首因效應）的影響與制約。姜維可以說是一個幸運的例子，而魏延則是一個非常不幸的例子。

姜維既已歸降，天水唾手而得。諸葛亮輕鬆占了天水、南安、安定三郡及冀縣等地，威名大振。

曹睿只得再拜曹真為大都督，領兵迎擊。司徒王朗主動提出助曹真出征。曹真又保舉郭淮為副將，一同進發。

兩軍交接，王朗有備而來，十分自信，提出：只需一席話，就可以說得諸葛亮拱手而降。

王朗對諸葛亮說：「天數有變，神器更易，而歸有德之人，此自然之理也。曩自桓、靈以來，黃巾倡亂，天下爭橫。降至初平、建安之歲，董卓造逆，傕、汜繼虐；袁術僭號於壽春，袁紹稱雄於鄴土；劉表占據荊州，呂布虎吞徐郡。盜賊蜂起，奸雄鷹揚，社稷有累卵之危，生靈有倒懸之急。我太祖武皇帝，掃清六合，席捲八荒；萬姓傾心，四方仰德。非以權勢取之，實天命所歸也。世祖文帝，神文聖武，以膺大統，應天合人，法堯禪舜，處中國以臨萬邦，豈非天心人意乎？」

看來王郎是事先認真做過功課的。他以東漢末年群雄更替的鐵的事實，來說明天命確實已經棄劉歸曹。所謂「順天者昌，逆天者亡」，你諸葛亮既然經常自比管樂，應該也是個識天命、知天理的人，怎麼就連這麼粗淺的問題都看不清呢？如果你趕快投降了，以你的才能，必然能在魏國大放異彩，這不是強過舉兵反叛一萬倍嗎？

諸葛亮知道，又一個薛綜前來送死了。當年他初到江東，舌戰群儒時，薛綜就曾經以類似的套路來打壓諸葛亮，結果被諸葛亮說得羞慚而退。

王朗以為自己這番議論驚天動地，無可辯駁，勢必說得諸葛亮棄甲投降，卻沒想到這正撞上了諸葛亮熟門熟路的套路。

諸葛亮毫不猶豫，搬起「道德的巨石」直接砸向王朗。

吾以為漢朝大老元臣，必有高論，豈期出此鄙言！吾有一言，諸軍靜聽：昔日桓、靈之世，漢統陵替，宦官釀禍；國亂歲凶，四方擾攘。黃巾之後，董卓、傕、汜等接踵而起，遷劫漢帝，殘暴生靈。因廟堂之上，朽木為官，殿陛之間，禽獸食祿；狼心狗行之輩，滾滾當道，奴顏婢膝之徒，紛紛秉政。以致社稷丘墟，蒼生塗炭。吾素知汝所行：世居東海之濱，初舉孝廉入仕；理合匡君輔國，安漢興劉；何期反助逆賊，同謀篡位！罪惡深重，天地不容！天下之人，願食汝肉！……汝既為諂諛之臣，只可潛身縮首，苟圖衣食；安敢在行伍之前，妄稱天數耶！皓首匹夫！蒼髯老賊！汝即日將歸於九泉之下，何面目見二十四帝乎！老賊速退！可教反臣與吾共決勝負！

王朗不知道，他的這番話雖然是鐵的事實，事實固然勝於雄辯，但事實必須站在道德的立場上才能生威；而且，必須是一個無關的第三方站出來說，才是無可指摘的。王朗本來是漢室的重臣，和漢室有千絲萬縷的聯繫，怎麼能夠輕鬆甩掉漢室曾經給他重重恩惠而不顧，直接為曹魏搖旗吶喊呢？

王朗失去道德外衣的庇護，就只能任由諸葛亮揮舞道德大棒，肆意侵凌！

王朗對自己說服諸葛亮的期望是很高的，不然也不會主動在曹睿、曹真面前誇口。但是期望越高，失望越大。當年的薛綜不過是面紅耳赤而退，而年事已高的王朗卻經不起諸葛亮的反擊，竟然被活活氣死，墜於馬下。

諸葛亮乘勢一舉將曹真擊潰。但他沒有想到自己的勝利最終卻給自己帶來了大麻煩。

心理感悟：征服權威的唯一辦法就是擊敗權威。

# 58 僕人眼裡無偉人

諸葛亮不知道，他的節節勝利直接幫助了司馬懿。他贏得越乾脆俐落、越酣暢淋漓，幫司馬懿的忙就越大越多。

這應該是諸葛亮太過托大了，他既然知道司馬懿是「世之英雄」，就應該徹底解決好這個問題再大張旗鼓地進行北伐。

慘敗的消息不斷傳來，曹叡的腸子都悔青了。但好在他還沒殺掉司馬懿，還有後悔藥可吃。所以，當太傅鍾繇以全家性命做擔保來保薦司馬懿復出時，曹叡立即就答應了。司馬懿當即被官復原職，並加封為平西都督，屬於司馬懿的縱橫天下的時代就這樣開始了。

這對諸葛亮來說，絕對是一個壞消息，但也有一個好消息正在等著諸葛亮。

蜀將孟達當初擔心劉備追究他不救關羽的罪責而叛蜀歸魏。曹丕對他十分重視，這讓孟達非常受用。但曹睿即位後，孟達就受了冷遇。孟達就派人聯繫諸葛亮，要叛魏歸蜀。諸葛亮大喜，但當司馬懿重新被起用的消息傳來，諸葛亮聽畢，「頓首跌足，不知所措」。這個壞消息的分量顯然比孟達來降的好消息要重得多。

馬謖從來沒有見過諸葛亮如此驚慌失措。當初平服孟獲時遇困，諸葛亮也只是表現得很無奈，並沒有慌了手腳。馬謖問諸葛亮為何如此動容？

諸葛亮說：「我平生所患者，只有司馬懿一個人。現在孟達要舉事反魏，與我呼應，本想大功可成。但司馬懿一出，這件事就必定失敗了。孟達絕不是司馬懿的對手，必然被司馬懿所擒。孟達若死，中原就不容易得手了。」

以前的諸葛亮，不管對手如何強大，都是意存悠閒，閒庭信步般加以對待的，像這樣的驚慌失措的情形是第一次出現。

諸葛亮立即寫信給孟達，告誡他先不要輕舉妄動。但孟達根本沒把司馬懿放在眼裡，還是舉兵反叛。他認為司馬懿就算得知自己舉兵的消息，也要先向曹睿匯報後才能著手平叛。這個公文來回的過程需要一個月時間，而一個月的時間，大事早已成了。但司馬懿先斬後奏，趁孟達立足不穩，就發起攻擊，將叛亂迅速平息。

諸葛亮得知孟達死訊後，當即判定司馬懿將會直取街亭這個咽喉重地。諸葛亮立即發問：「誰願意去守街亭？」

參軍馬謖說：「我願意去！」

諸葛亮說：「街亭雖小，但卻干係重大。一旦失守，全軍危急。你雖然深通謀略，但此地沒有城郭，也無險可依，很難把守。」

馬謖說：「我自幼熟讀兵書，難道就不知道兵法嗎？如果連一個街亭都不能守住，那要我還有什麼用呢？」

諸葛亮說：「街亭乃咽喉重地，司馬懿不是等閒之輩，其先鋒大將張郃更是勇不可當，我擔心你不是他們的對手啊。」

諸葛亮雖然慣用激將法，但他這番話卻並非激將。他對馬謖十分欣賞，某種程度上是「以子視之」的，所以他是誠心誠意地說這番話的。但也正因為諸葛亮太喜歡激將了，但凡他這樣說話，自然都會被下屬視為激將。

馬謖覺得自己受了輕視，更加不想失了面子，繼續堅持說：「別說是司馬懿、張郃，就是曹睿親來，我也不怕！我願意立下軍令狀！若有差池，可斬我全家！」

馬謖決絕的態度讓諸葛亮無法拒絕，只能同意馬謖去鎮守街亭。

街亭如此重要，而馬謖身為參軍，從來沒有獨當一面的實際經驗。諸葛亮一開始判斷馬謖不敵司馬懿是符合客觀事實的，但為什麼諸葛亮會在馬謖的苦苦堅持下就會轉變態度了呢？

其原因就在於「首因效應」！馬謖給諸葛亮留下的第一印象實在是太完美了。

諸葛亮出征蠻夷的時候，馬謖提出了要「攻心收服」，直接導致了七擒孟獲。雖然過程曲折，但最後的結果令諸葛亮德聲遠揚，回憶起來令人盪氣迴腸。而此次北伐之前，馬謖又獻上離間計，令司馬懿被棄用，直接導致了戰爭前期的節節勝利。

凡此種種，讓諸葛亮覺得馬謖確實是個人才，對他高看一眼。雖然他沒有實戰經驗，但諸葛亮自己初出茅廬的時候，也是沒有任何實戰經驗而屢屢取勝的。這樣一類比，諸葛亮也就認為足智多謀的馬謖也可能會像自己當年那樣創造輝煌與奇跡。

因此，諸葛亮就同意了馬謖的請求，當這個想法確定下來後，諸葛亮就必須考慮確保馬謖立功了。實際上，諸葛亮是有意將馬謖當作接班人培養的，他收了姜維後，準備將自己在軍事謀略上的所學傳授給姜維。而諸葛亮還有另外一塊——政治謀略，則是要傳授給馬謖的。如果馬謖能夠因鎮守街亭而立功，當然是很好的一個業績，也就為未來的提升做好了鋪墊。

諸葛亮另派老練機智的大將王平當馬謖的副手，與他共守街亭。臨行之前，諸葛亮對王平諄諄告誡：「我知道你行事謹慎，所以派你前往。你一定要小心鎮守，把營寨安紮在要道之處，使賊兵不能輕易偷過。」諸葛亮還不放心，又說：「等你安好了營寨，就畫好地圖，給我送來。如果你鎮守得好，就是奪取長安的一等功勞。千萬要記住！」

馬謖、王平告辭而去。諸葛亮想想，還是不放心，又叫來大將高翔，對他說：「街亭東北角上有一座列柳城，我給你一萬兵馬，去那裡屯駐，一旦街亭危急，你立即引兵救援。」高翔領命而去。

諸葛亮又想了想，還是不放心，認為王平、高翔都不是張郃的對手，只好把王牌大將魏延叫來，讓他帶領本部人馬，去街亭之後屯駐，隨時接應。

魏延極不高興，頂撞說：「我是先鋒大將，這麼艱巨的任務理應讓我來承擔，我萬死不辭。為什麼偏偏讓我閒置，給別人做掩護？」

諸葛亮所為確實難逃偏心的嫌疑。魏延的這番話讓他很難應對。諸葛亮只好說：「我讓你接應街亭，總守咽喉之地，這是大都督才能擔當的事情啊，怎麼會是閒置你呢？像衝在前面打打殺殺的，不過是些偏裨小將做的事情。你好好去做吧，到那裡就是代理我行權啊！」

諸葛亮總是這樣，面對那些狂傲不羈的人，先是激將打壓，無效後就開始大送高帽，以前對關羽是這樣，現在對魏延還是這樣。

好聽的話，人總是願意聽的。魏延本來滿腹怨氣，聽諸葛亮這樣高看自己，也就大喜而去。

安排好了魏延，諸葛亮這才心安。街亭這一路的鎮守應該沒有問題了，馬謖這次大功應該是立定了。

諸葛亮又派趙雲、鄧芝各引一軍，從箕谷而出，故作疑兵，另以姜維為先鋒，兵出斜谷，直取郿城。

再說馬謖、王平來到街亭，馬謖一看地勢，哈哈笑道：「丞相怎麼如此小心？這麼偏僻的地方，司馬懿怎麼敢來呢？」王平說：「不管他來不來，我們就在這五路總口下寨吧。」馬謖卻說：「怎麼能在當道下寨呢？這裡旁邊有一座山，乃天賜之險，我們應該在山上屯軍。」王平實戰經驗極為豐富，說：「參軍你錯了啊。如果屯兵當道，築起城垣營寨，賊兵就算有十萬，也輕易不能過。如果棄了這個要道，在山上駐紮，如果魏兵將我們團團圍住，該如何應對？」

馬謖一聽王平說他錯了，心裡已經不高興了。這是他第一次受命擔任主將，怎麼能容下屬駁了自己的面子呢？當即哈哈笑著反擊道：「你真是女子之見！兵法有云：憑高視下，勢如破竹，如果魏兵敢來，我教他片甲不回。」

王平見單憑自己的力量說服不了馬謖，就搬出了諸葛亮這個權威人物來加重分量。王平說：「我多次跟著丞相出征，多蒙丞相指點。我看這座山，屬於絕地，如果魏兵斷了我們取水之道，我軍就不戰自亂了。」

所謂僕人眼裡無偉人（特別是諸葛亮得知司馬懿復出後驚慌失措的那一幕被他看在眼裡）。馬謖跟在諸葛亮身邊久了，經常看到諸葛亮真實的一面，也就看不到諸葛亮的光環了。而那個能夠讓諸葛亮手足無措的司馬懿，曾因為自己一個小小的離間計而差點丟了身家性命。這兩相比較，馬謖很容易就產生了過度自信，不但瞧不起司馬懿，也不怎麼尊重諸葛亮了。

馬謖呵斥道：「你別胡說八道。難道你沒有聽孫子說過『置之死地而後生』嗎？魏兵敢斷我水道，我蜀兵豈不死戰，以一當百？我熟讀兵書，連丞相有事都要問我，你算老幾，竟然勸阻我！」

官大一級壓死人。王平畢竟是副將，只能聽馬謖的。但諸葛亮臨行前的諄諄重托，讓王平不敢輕易放棄責任。王平說：「如果參軍一定要在山上紮寨，就請分我五千人馬，在山下紮一小寨，互為掎角之勢，也好有個照應。」

馬謖卻因王平傷了其自尊，堅決不從。王平只好以退為進，準備告辭而去。馬謖只好冷冷地說：「既然你不聽我的號令，我就給你五千兵馬。等我破了魏兵，你可不要來分我的功勞！」

王平鬱鬱而去，令人畫好營寨之圖，星夜去報諸葛亮。

司馬懿揮師直逼街亭，令兒子司馬昭前去探路，吩咐若街亭有兵把守，即按兵不動。司馬昭回報父親說街亭已有蜀兵布防。司馬懿長歎一聲，內心充滿了對諸葛亮的敬佩之情。所謂英雄惜英雄，一點也不假。這兩人都看到了這一軍事要地，但還是諸葛亮出手快了一步。

司馬昭見父親有些灰心，不由笑道：「街亭雖有兵把守，但和沒人把守完全一樣。」隨即將蜀兵駐紮在山上等情形說了。

司馬懿大喜道：「果真如此，真是天意要我成功啊！」

司馬懿不敢相信用兵如神的諸葛亮竟會如此用兵，擔心其中有詐，當即更換衣服，打扮成普通士卒，親自往前探視。這正是司馬懿精細過人的地方。

司馬懿探看明白，命令張郃引一軍擋住王平，又令申耽、申儀引兩路軍馬，圍山斷水。馬謖喝令蜀兵下山出擊，但蜀兵見魏兵陣容齊整，氣勢威嚴，竟然不敢下山。這是因為馬謖本來就沒有獨立御兵的經驗，而此前他和王平的一番爭論早被這幫老兵油子聽在了耳裡。以他們的經驗來看，馬謖的部署純屬瞎胡鬧。所以，馬謖根本沒能真正建立起自己的權威，事到臨頭，指揮不動軍馬。這一場潰敗也就在所難免了。

咽喉要地街亭就此失守。

> 心理感悟：把一件大事做好，人們就會認為你「一好百好」。

## 59 和對手一起演雙簧

魏延、高翔等人聞知街亭已失，急忙與敗退下來的王平合兵一道，想要收復街亭。而魏兵曹真、郭淮一路，聽說司馬懿、張郃這路建了大功，急忙出兵前來搶功，正好迎頭碰上魏延等人，一陣廝殺，魏延等再度潰敗。

司馬懿躊躇滿志，命令張郃直取西城。這西城雖是偏僻小縣，卻是蜀軍屯糧之地。司馬懿的判斷是，如果能夠奪下西城，那麼南安、天水、安定這三郡就能失而復得。

再說諸葛亮剛剛收到王平送來的安營圖，打開一看，拍案大驚道：「馬謖這個匹夫，竟然如此坑陷我軍！」諸葛亮立即想派人去把馬謖換回來。

長史楊儀在側，看到諸葛亮大驚失色，十分納悶，覺得諸葛軍師近來全然沒了往日談笑殲敵的灑脫，不由追問緣故。

諸葛亮說明緣由，楊儀主動提出，自己可以去替換馬謖回來。諸葛亮同意，隨後畫好安營之圖，對楊儀交代清楚。

從安排楊儀去替換馬謖這件事上，可以看出諸葛亮確實是慌了手腳，無法做出正確的決策了。楊儀也不過是個參謀人員，也沒有獨當一面的實戰經驗，且智謀不如馬謖。雖然諸葛亮畫好安營圖給他，但前線戰勢，絕非靜止不變，一旦出現變數，諸葛亮畫的安營圖就形同廢紙。楊儀又怎麼能掌控住瞬息萬變的局面？諸葛亮其實根本不用派人去替換馬謖，只需派人傳令，將馬謖就地撤職，令王平為主帥，就足以應對了。諸葛亮明知王平之能，卻只讓他擔任副職，這樣用人確實大有問題。

楊儀正要動身，探馬報來，街亭已經失守！

諸葛亮跌足長歎道：「大勢已去啊！都是我的錯！」諸葛亮任用馬謖的僥倖心理終告破產。但他也有很可貴的一點，那就是直接承認是自己犯了錯，而沒有為自己文過飾非。

諸葛亮終於清醒過來，分撥各路人馬，準備撤退。分派已定，諸葛亮自引五千人馬，去西城搬運糧草。但他沒有想到，司馬懿的十五萬大軍正在向西城撲來，而諸葛亮已經將所有的大將分派出去，身邊只有幾個文官，就連五千士兵還分了一半，運糧去了。

眾人皆驚。諸葛亮登上城牆一望，只見遠處塵土沖天而來，情勢萬分危急。

諸葛亮淡然一笑，在這危急關頭，他排除了一切雜念，自信、冷靜、雍容再度回到他的身上。諸葛亮吩咐，將所有旌旗全部隱藏好，士兵們在城內藏好，不得隨便出入，高聲言語。同時，大開四座城門，每一城門派二十個軍士扮作百姓，灑掃街道。魏兵到了之後，不可擅動，不得驚慌。

諸葛亮自己披上鶴氅，頭戴華陽巾，帶了兩個童子，攜琴一張，來到城上敵樓前，憑欄而坐，焚香操琴。

司馬懿前軍到了城下一看，見到如此情狀，大吃一驚，均不敢輕舉妄動，立即飛馬去報司馬懿。

司馬懿聞報後，笑而不信，但還是命令三軍停步，待自己上前探看後再做計議。

司馬懿靠近望去，只見諸葛亮端坐於城樓之上，笑容可掬。左邊一個童子，手捧寶劍。右邊一個童子，手執麈尾。香霧裊裊，琴聲悠悠。城門之下，二十多個百姓，低頭灑掃街道，旁若無人。

司馬懿立即決定，後軍作前軍，前軍作後軍。兩個字：撤退！

司馬昭看了，笑著對司馬懿說：「莫非是諸葛亮手中無兵，故弄玄虛？父親為什麼不試著進攻一下，為什麼要立即撤退呢？」

司馬懿立即喝道：「你懂什麼！諸葛亮平生謹慎，從來不敢弄險。今天他極為反常，打開城門，必有伏兵。我兵若進，就中了他的計了！」

諸葛亮見司馬懿退去，會心一笑。

眾人無不駭然！紛紛來問諸葛亮：「司馬懿是魏國名將，深通兵法。現在他帶著十五萬精兵前來，為什麼見了丞相彈琴，就立即退兵了呢？」

諸葛亮微微笑道：「這個人料定我一生謹慎，從來不肯冒險。突然見到這副情形，必然擔心我城內設有伏兵，所以會立即撤兵。」

眾人無不嘆服，齊聲贊道：「丞相之機，真是神鬼莫測啊！如果是我來做決定，必然是立即棄城而走了。」

諸葛亮說：「我們只有兩千五百軍馬，如何和他十五萬大軍抗衡？如果棄城而走，肯定會被司馬懿抓住。所以，只能用疑兵之計來迷惑他。」

諸葛亮的說法和司馬懿的說法嚴絲合縫。無論是司馬懿的兒子司馬昭還是諸葛亮的下屬，都上了他們的當了。實際上，這一幕是諸葛亮和司馬懿合演的一齣雙簧戲，也就是說，這不應該被稱為「空城計」，而是應該稱為「空城戲」。

你想想看，司馬懿是用兵的大行家。連司馬昭都能想到先用小股兵力試探一下，他怎麼會想不到呢？司馬懿之所以撤兵，是因為他聽懂了諸葛亮的對「馬」彈琴！

對牛彈琴是沒有用的，但對「馬」彈琴卻極為有用。因為司馬懿是一匹極具政治智商的「馬」。音樂其實是一種妙不可言的語言，而琴聲更可以稱得上是音樂王冠上的璀璨明珠。琴為心聲，可以準確而到位地傳遞、表達彈奏者的微妙心理。

當年，司馬相如對卓文君一見鍾情，就借彈琴之機，以琴聲挑之。卓文君聽懂了他的心語，兩個人私奔而去，琴聲成就了一段美滿姻緣。

赤壁之戰時，蔣幹來訪，周瑜見了他就說：「吾雖不及師曠之聰，聞弦歌而知雅意。」周瑜所說的師曠，就是春秋時晉國的音樂大師。師曠精擅操琴，能夠辨別出琴聲的極細微之處。

諸葛亮所彈的是吳越古曲。戰國時期，吳越爭霸。越王勾踐被吳王夫差打得大敗，被捉去當了吳國的俘虜。後來，范蠡、文種輔佐勾踐，奮發圖強，文種更是獻上了平吳九策。但只用了三策，吳國就已經被越國滅了。范蠡知道勾踐可以共患難，卻不能同富貴，就勸文種和他一起歸隱。但文種還是貪戀來之不易的富貴，最後被勾踐逼得自殺。「飛鳥盡，良弓藏；狡兔死，走狗烹。」這樣的例子數不勝數。

司馬懿頓時領悟，是誰幫助自己官復原職、東山再起的？不是鍾繇，也不是曹睿，而是諸葛亮。如果沒有諸葛亮的節節勝利，自己恐怕就是老死鄉間也無人問津了。

此刻確實是擒獲諸葛亮的良機。而且，諸葛亮是蜀國的頂梁之柱，擒獲他之後，一路揮師南下，蜀國指日可平，這固然是奇功一件。但這之後呢，司馬懿再往下想就不寒而慄了。

此前，自己一片忠心，主動去鎮守西涼卻被誣謀反，差點連命也丟了。而這次一旦自己克成大功，必然也會面臨「兔死狗烹」的局面。自己的根基並不牢固，太祖曹操當年對自己的評語極為不利。同僚們也虎視眈眈，剛剛攻下了一個街亭，就有曹真、郭淮前來搶功。如果自己真的擒了諸葛亮，滅了蜀國，下一個死的必然是自己和整個司馬家族！不如放諸葛亮一條生路，等自己培固好根基，再徐徐圖之……

諸葛亮面露微笑，不動聲色地透過琴聲將這一切如數傳遞給司馬懿。司馬懿知道，絕對不能遲疑，必須立即撤軍。否則萬一部下有搶功心切者一時衝動，突入城中，那麼就「辜負」諸葛亮的一番「美意」了。

所以，司馬懿當即下令撤軍。

但這還不算完，司馬懿還必須逼真地偽裝出自己中了諸葛亮的空城計。因為只有中計才是最合理的藉口，否則，他回去無法向曹睿交代，為什麼諸葛亮近在咫尺卻不進兵捉拿。而司馬懿內心擔心的「飛鳥盡，良弓藏，狡兔死，走狗烹」是絕對不能宣之於外的。

為了配合司馬懿能夠擁有合理的藉口，諸葛亮也在細節上狠下功夫，讓每一個細節能夠在事後的解釋中看起來合情合理。

兩大絕頂高手，就這麼演出了一幕「只可意會，不可言傳」的雙簧戲，將所有的人都蒙在鼓裡。這個祕密只有他們兩人知道，而決不能洩漏。司馬懿是不敢洩漏，因為一旦洩漏，就會有滅頂之災；而諸葛亮是不想洩漏，因為如果他洩漏了，固然可以顯一時之能，但遠不如保守祕密，而將這一情形加添為自己頭上的光環更為合算。「空城計」也從此成為諸葛亮新的傳奇。

當然，諸葛亮要實施這一齣「空城戲」也並不容易。如果沒有他事先苦心經營的「形象工程」，將自己包裝成「神」一般，也是很難做到位的。你想，即便是軍士扮成的百姓，難道會不害怕十五萬大軍兵臨城下嗎？還有那兩個小童，如果不是對諸葛亮有著迷信般的認可，怎麼可能做到鎮定自若，淡看千軍萬馬呢？

諸葛亮知道，司馬懿留給自己撤退的時間不會太多，他立即開始安排。而司馬懿也恰到好處地「發覺」自己中了諸葛亮的計。中計雖然會惹人恥笑，但總比丟掉性命好多了。再說了，諸葛亮一撤退，天水、南安、安定等三郡就失而復得，這已經是大功一件了。

> 心理感悟：音樂是社會生活的重要工具。

## 60 你怎麼能讚美我的錯誤

諸葛亮撤回漢中，檢點軍馬，發現少了趙雲、鄧芝，正要派人去接應，卻聽趙鄧二人已經平安撤回，未折一人一騎。

諸葛亮大喜，親自帶領眾將迎接。趙雲說：「敗軍之將，何勞丞相遠接？」趙雲本是謙遜之詞，卻觸動了諸葛亮敏感的神經。要說「敗軍之將」，諸葛亮自己才是最大的「敗軍之將」，而這次北伐，本來形勢大好，卻因諸葛亮誤用了馬謖而乾坤顛倒。

諸葛亮慚愧地說：「是我不識賢愚，以致如此啊！」

正在此時，忽報馬謖、王平、魏延、高翔等人到了。令人奇怪的是，諸葛亮先是把王平叫了進來，狠狠地斥責：「我要你與馬謖同守街亭，你為什麼不勸諫他？」

王平分辯道：「我已經再三相勸，要馬參軍當道築城，安營把守。參軍大怒，責怪我無禮。我只好自引五千人馬，在山腳駐紮。丞相如果不信，可以召來各部將校對質詢問。」

如果王平沒有盡責，那麼馬謖之罪尚屬可救，但既然王平已經盡責，一切只能由馬謖一人來承擔了。畢竟，這麼大的一次慘敗，必須有人為之負責。

馬謖將自己綁了，跪在帳前。這本是減輕罪責的好辦法，但馬謖剛愎自用帶來的惡果實在太嚴重了，這種方法也就起不了太大的效用。

諸葛亮變了臉色，對馬謖喝道：「你自幼熟讀兵書，我也累次叮囑你，街亭是我軍之根本，你自己以全家之命，領此重任，你現在還有什麼話說？」

人在落水的時候，總是要為自己撈一根救命稻草的。馬謖回答說：「是因為魏兵太強大了，我不能抵擋，所以才會失了街亭。」言下之意，這不是我的態度問題，而是我的能力問題。能力不足，就是沒有辦法的事情了。有意思的是，當年關羽在華容道放了曹操後，回來見諸葛亮交令，也是這樣說的。不過，馬謖的運氣沒有關羽好。

諸葛亮喝道：「胡說！你要是早聽王平之言，怎麼會有此慘敗！現在我軍損兵折將，全是你的過錯，如果不明正典刑，難明軍法！我今天殺了你，你也別怨我。你的家小，我會按月發放俸祿，你不必掛懷。」

說實話，諸葛亮還是很護著馬謖的，當初馬謖是以全家性命為擔保立下的軍令狀的，嚴格說來，失了街亭，馬謖全家都要抄斬的。而現在諸葛亮不但放過他的妻小，而且還會按月發放馬謖的俸祿給他們。這顯然是法外開恩。

馬謖放聲大哭，道：「丞相你視我為子，我視你為父。我也知道自己死罪難逃，只請丞相照顧好我的兒子。」

諸葛亮此時卻不願將自己與馬謖的關係牽扯到「父父子子」中。因為兩人的關係越是親密，就越顯得諸葛亮當初是用人唯親。所以，諸葛亮說：「我和你義同兄弟，你的兒子就是我的兒子，你不用多牽掛了，趕快正了軍法！」

所謂義同兄弟，更接近於同事關係，顯然比父子疏遠一些。諸葛亮急著要殺馬謖，就是為了盡快處理好此次慘敗的歸責問題，以免軍心生怨。

軍士正要將馬謖處斬，正好參軍蔣琬從成都趕來，立即叫道：「刀下留人！」蔣琬急忙來見諸葛亮，為馬謖求情。但諸葛亮堅持己見。

過了一會兒，軍士將馬謖首級獻上。諸葛亮痛哭不已。蔣琬問：「馬謖既已正法，丞相為什麼還要如此痛哭呢？」

諸葛亮邊哭邊說：「我不是為馬謖哭啊！我想起先帝當年在白帝城臨危托孤時，曾經叮囑我說：『馬謖言過其實，不可大用。』沒想到今天果然應驗了這句話啊。我真是痛恨自己用人不當，又想起先帝識人之明，所以才痛哭流涕啊！」

劉備是極具權威的人物，又是在臨危之際抽出極為寶貴的時間來對諸葛亮提出「慎用馬謖」的囑託，為什麼諸葛亮會在任用馬謖的時候忘了個一乾二淨呢？

其實，諸葛亮所遭遇的這一情形並非孤例，而是普遍存在的一種現象，心理學上將其稱為「睡眠者效應」。

我們知道，說話者本身的權威程度是會影響到所說內容的權威性的。也就是說，同樣的一句話，在不同的人嘴中說出來，其效用是大不相同的。但是，隨著時間的流逝，說話者的權威程度對所說內容的影響會出現兩種傾向。

第一種傾向是，當說話者是一個極具權威的人時，他所說的內容隨著時間的流逝，其影響力會下降；第二種傾向則是，當說話者是一個毫無權威的人時，他所說的內容本來無人認可，但隨著時間的流逝，其影響力反而會上升。

之所以會出現這兩種傾向，是因為人們忘記溝通的來源（傳達者）比忘記溝通的內容要更快一些。

諸葛亮遭遇的就是第一種傾向。劉備是個權威人物，他所說的話也因此而分量極重，當時諸葛亮必然會牢牢記住。過了很長一段時間後，劉備的權威性帶來的說服力就大大下降了，所以諸葛亮就把他臨終前的重要囑託忘得一乾二淨。

諸葛亮雖然殺了馬謖，但此次慘敗讓他產生極大的內疚感，他甚至不想回成都去見劉禪，以免難堪。諸葛亮寫了一封奏章，交給蔣琬帶回成都給劉禪，要求自降三級，以示懲罰。這也說明，諸葛亮雖然兵敗，但還是沒有把劉禪放在眼裡。一個敗軍之將，竟然敢擅自駐留漢中，而不是回歸成都當面請罪！

劉禪看了諸葛亮的奏章，也不敢處罰他，只是說：「勝負乃兵家常事，丞相不必自責。」當下要派使者去漢中下詔，讓諸葛亮官復原職。但侍中費禕卻說：「我聽說治國者以法為重。丞相出征失敗，自降三級，正是奉法之舉。如果官復原職，又怎能為群臣示範呢？」劉禪聽從了費禕的建議，貶諸葛亮為右將軍，但仍舊行丞相事，照舊總督軍馬。

劉禪派費禕到漢中下詔。諸葛亮受詔後，費禕唯恐他難堪，努力在這次失敗中尋出一些亮色，來抵沖諸葛亮的不快。

費禕說：「蜀中的老百姓，知道丞相把西城的百姓全部遷了回來，都很開心啊。」戰爭年代，最重要的就是人口。沒有人口，就無人種糧，就無人當兵。所以，當諸葛亮把西城的老百姓隨軍遷到蜀中後，司馬懿得到的是一座空城。

沒想到諸葛亮勃然變色道：「你這是什麼話?!普天之下，都是漢民。我國威力不夠，這才讓百姓困於豺狼之口。哪怕是死了一個人，都是我的罪責。你這麼說，不就等於指著我的鼻子在罵我嗎？」

費禕略感難堪，但還是把自己找出來的亮色往外搬：「聽說丞相得了姜維，連天子也很高興呢。」

諸葛亮卻大怒道：「我兵敗而歸，沒有奪得一寸土地。這是我的大罪。得了一個小小的姜維，對魏國有何損失？遷回西城之民，又怎麼能彌補街亭之失呢？你這麼說，不是在稱讚我，而是在諂媚我！」

費禕嚇得惶恐而退。

費禕的馬屁為什麼會拍在馬腳上？

這和諸葛亮內心的愧疚感有關。當一個人做出了令自己內疚的事情之後，會主動加以彌補，以減輕對沖內疚感。彌補的方式有兩種，一種是透過幫助他人，哪怕是和先前造成內疚毫無關聯的陌生人來得到緩解；另一種則是希望接受適當的懲罰，來加以緩解。

此次慘敗，諸葛亮雖然斬了馬謖作為歸責。但他自己識人不明、用人不當才是最主要的原因。諸葛亮是一個有擔當的人，並不因為馬謖已經正法而輕易放過對自己的譴責，所以，他當眾表明自己忘了先帝的提醒，上表自貶三級。只有透過這些不利於他的譴責性、懲罰性措施，才能讓他的內心的認知不協調得以消融。這其實是一種「合理化措施」。

而費禕費盡心機找出失敗中的亮點來為諸葛亮粉飾美化，反而造成了一種「過度合理化」。當你對一種應該受到譴責或懲罰的行為進行表揚時，就過猶不及了，反而會讓對方感到極度不適。在不該讚美的時候讚美，在不該安慰的時候安慰，都是極其愚蠢的行為。費禕也許是太過在乎維護好與諸葛亮的關係了，才會犯下這樣的錯誤。

正確的做法應該是像費禕先前對劉禪進言的那樣，對飽受內疚感困擾的諸葛亮進行嚴厲處罰，反而能緩解他的痛楚。所以，費禕如果懂得心理學的話，應該指著諸葛亮的鼻子大罵一通……

> 心理感悟：時間是權威的最大敵人。

## 61 車輪碾不碎螳臂

且說陸遜在石亭大破魏國大都督曹休，曹休氣憂成病而死。諸葛亮覺得這是一個好機會，決定再次北伐。

正在準備之時，趙雲的死訊傳來，諸葛亮大驚而痛哭。五虎將中關張馬黃死的時候，諸葛亮都沒有如此悲痛過，難道趙雲比上述四人都重要得多嗎？並非如此。諸葛亮之所以如此傷痛，是因為正當厲兵秣馬、大舉出兵之時，趙雲的死讓他切切實實感到蜀漢的人才凋零了。在這幾年，陽群、馬玉、閻芝、丁立、白壽、劉郃、鄧銅等一大批將領紛紛去世，諸葛亮手中已經沒有幾個可堪大用的猛將了。

此時的諸葛亮，性情的轉變已經慢慢顯露出來了。那種氣定神閒、談笑退敵的灑脫一點點地消退，取而代之的是，一點點小的挫折、一點點小的打擊，都會讓他情緒產生激烈變化。

諸葛亮將軍馬分撥完畢，想起出師前還是給劉禪再上一次《出師表》吧。他在漢中寫好奏章，派參軍楊儀送到成都給劉禪。

諸葛亮這次出師，純屬先斬後奏。劉禪畢竟是蜀漢政權名義上的一把手，但諸葛亮事先並未請示匯報，事後也只是派一個無足輕重的下屬楊儀去上《出師表》。這於情於理都是說不過去的。這只能說明諸葛亮確實情緒不高，所以他連形式上對劉禪的尊重都不是很在意了。一個人在心情不好的時候，總會放鬆對自己的要求，哪怕僅僅是形式上的要求。

與上一次出師北伐相比，諸葛亮明顯自信不足。上一次他信心很足，甚至連譙周的「天象說」都無法讓他改變主意。但這一次，他在出師表上寫道：「臣鞠躬盡瘁，死而後已；至於成敗利鈍，非臣之明所能逆睹也。」意思是說，我只能竭盡全力，但能否成功，就不是我所能預料的了。諸葛亮這麼說，有自作多情之心之嫌，你要「鞠躬盡瘁，死而後已」，但劉禪也許根本就沒有要北伐的念頭呢。

大軍開拔，行至陳倉。魏國陳倉守將為郝昭。郝昭深溝高壘，遍排鹿角，嚴陣以待。

諸葛亮先派魏延攻打，數日不克。諸葛亮大怒，要將魏延斬首，只是看看陣前再無猛將，才悻悻而止。諸葛亮又派郝昭的同鄉靳祥前去勸降，也被郝昭嚴詞拒絕。

諸葛亮大怒道：「匹夫無禮太甚！豈欺吾無攻城之具耶？吾一切完備，俱在軍中，吾自去攻之。」

諸葛亮找來當地住民一問，才知道陳倉城內只有約三千人馬。而諸葛亮的兵馬是其一百倍，為三十萬。諸葛亮不由笑道：「這麼一個彈丸小城，就算城內擠滿了人，又怎麼能和我的大軍相比?!」

諸葛亮立即下令用雲梯攻城。郝昭看見，吩咐三千軍士用火箭直射雲梯。雲梯全都起火，蜀軍燒死無數，敗退下來。

諸葛亮大怒，說：「你燒我雲梯，我就用『衝車』攻你！」郝昭命令部下將石頭鑿眼，用葛繩穿住飛打，衝車全被打折。

諸葛亮再命廖化挖地道進攻，又被郝昭在城內橫挖壕溝擋住。

諸葛亮以絕對優勢兵力，進攻了二十多天，竟然毫無所得。這在諸葛亮用兵的歷史上是絕無僅有的。一個小小的陳倉，就擋住了諸葛亮前行的步伐；一個無名的郝昭，就讓諸葛亮陷入了無計可施的困境。當初那個算無遺策、戰無不勝的諸葛亮到哪裡去了呢？

其實，並不是諸葛亮的軍事能力在一夜之間消失殆盡。主要的原因在於諸葛亮性情大變後，心浮氣躁，急於求成。你看他，在進攻陳倉的過程中，多少次動怒。一個不能很好控制自己情緒的軍事首領，怎麼可能不吃敗仗呢？

隨後，魏國援兵來到。而諸葛亮的軍糧僅夠一月之用，兩軍相持未久，諸葛亮因糧草難以為繼，只好悻悻而退。第二次兵出祁山就這樣黯然收場。

此後，東吳孫權登基為帝，派使者到成都，提出要與蜀漢結盟，共破曹魏。劉禪與群臣商量，蔣琬提出要和諸葛丞相商議後再定。但堂堂一國的大丞相還是繼續待在漢中，沒在成都。劉禪自己拿不了主意，只好派陳震去漢中見諸葛亮。諸葛亮表示同意，盟約遂成。

諸葛亮又要準備出兵伐魏。這是第三次了，這一次，他連《出師表》也不想上了。誰還敢說三道四呢？況且，冠冕堂皇的理由用多了，也會惹人厭煩的。但諸葛亮還是很擔心鎮守陳倉的郝昭，唯恐重蹈覆轍，再丟面子。

諸葛亮先派人去探聽陳倉的消息。探馬回報說郝昭病重，諸葛亮大喜，連聲道：「大事成了！」馬上叫來魏延、姜維二將，讓他倆率兵五千，連夜直奔陳倉城下，如見火起，立即攻城。

這兩個人也是被上一次的陳倉之戰打怕了。當初諸葛亮親率三十萬大軍都沒能拿下陳倉。如今卻要這兩人只帶五千人馬就去攻城，他們當然是疑慮重重了。兩人不是很積極，問道：「哪一天進兵呢？」

諸葛亮說：「三日內準備完畢，即可出發，也用不著向我來辭行了。」魏姜二人半信半疑去了。

諸葛亮又叫來關興、張苞兩人，祕密吩咐。

再說郝昭病重，急報張郃。救兵未到，蜀兵已至，郝昭驚懼而死，蜀兵輕鬆奪了陳倉。

魏延、姜維來到陳倉城下，看看城上沒有旗號，也無打更之人，心中驚疑不定，竟然不敢攻城。忽聽城上一聲炮響，四面城牆上旗幟齊齊豎起，兩人大驚，卻見一人羽扇綸巾、鶴氅道袍，放聲大叫道：「你二人來遲了！」此人正是諸葛亮。

魏延、姜維慌忙下馬，拜伏於地，連稱：「軍師真神計也！」

諸葛亮哈哈一笑，這才解開了「陳倉心結」。上次諸葛亮率三十萬大軍竟然未能攻克陳倉，顏面盡失之餘，也讓諸葛亮產生了「陳倉心結」。他內心暗暗發誓，一定要乾淨俐落地攻取陳倉，為自己雪恥。退回漢中後，他早派出細作潛伏於陳倉城中。此次郝昭病重，諸葛亮明著讓魏延、姜維準備進攻，就是為了虛張聲勢，引開敵方的注意力。而他自己卻喬裝打扮，帶著關興、張苞祕密潛行，在魏姜二人開拔之前就先行趕至陳倉（難怪當初吩咐魏姜二人開拔之前無須再向自己辭行）。城內細作相機放火，郝昭驚懼而死，諸葛亮輕鬆攻取了陳倉。當魏姜二人趕至陳倉，諸葛亮處心積慮謀劃的一幕情境劇就此上演，為的就是讓眾人再度拜服於諸葛亮的光環之下。

諸葛亮隨即命魏延、姜維順勢攻取了散關。諸葛亮進展順利，東吳陸遜在武昌訓練兵馬，整裝待發。兩處危急，曹叡坐立不安，而大都督曹真患病在家。曹叡改封司馬懿為大都督，總攝隴西諸路兵馬。

曹叡命人去曹真府上取回都督大印。司馬懿急忙說：「我自己去取吧。」

這是非常奇怪的一件事情。曹真被免去都督一職，當然會心生不滿。他不敢對曹叡有意見，但一定會對取代自己的司馬懿有意見。換了其他人，避開曹真還來不及，司馬懿為什麼敢自投羅網，自己去曹真府上索取代表都督大權的金印呢？

司馬懿確實是被流言中傷嚇怕了。他擔心自己取代曹真後，再度引起曹氏、夏侯氏及其他元老重臣的嫉妒，而他此時羽翼未豐，稍有不慎，厄運就會再度來臨。與其讓他人去取印而引發曹真的不滿，還不如自己親自登門，用恭敬低調的態度，把表面文章做足，讓曹真主動把金印交給他。

司馬懿來求見曹真。問候完畢，司馬懿問道：「東吳、西蜀聯合進犯，現在諸葛亮又出祁山，明公可知否？」

曹真大驚道：「他們可能是擔心我病重，都沒有告訴我啊。如今正是國家危難之際，皇上應該拜你為大都督，去擊退蜀兵啊。」

司馬懿明明已經被曹睿拜為大都督，到曹真府上就是來取都督大印的，但卻揣著明白裝糊塗，連連推讓道：「我才疏學淺，哪裡稱職呢？」

曹真病重，知道自己已經無法行使都督之責了，就命人將大印取來，一定要交給司馬懿。司馬懿連連推讓，堅決不肯接受。

曹真奮然起身說：「如果你不肯擔當此任，國家就危急了。我要抱病去見皇上，還是要保薦你當都督！」

司馬懿這才吐露了半句實話，說：「天子已經下旨，讓我擔任都督。但我不敢接受啊。」這句話前半句是真話，後半句是假話。司馬懿的高明之處或者說狡猾之處就在於此。他這一番虛虛實實，目的就是一個：既要取了曹真的大印，又要讓曹真不會對他有意見。

曹真覺得司馬懿對他非常尊重，而皇帝又已經下旨，當然更要將大印交給司馬懿了。司馬懿一看火候已到，也就坦然領受了。

心理感悟：發怒其實是對自身能力不足的一種補償。

## 62 神話破滅的後遺症

司馬懿領兵而來，但陰平、武都兩城已經被諸葛亮派王平、姜維攻破。諸葛亮又揮師擊敗郭淮、孫禮，但大將張苞在追擊時不慎落入山澗，跌破了頭。

司馬懿親自出擊，又被諸葛亮連連擊敗。司馬懿因此按兵不出。此時，劉禪派費禕前來下詔，恢復其丞相之職。諸葛亮推辭一番，終於接受了。在中國人的各項社會活動中，推辭是一個必不可少的程序，古往今來，概莫能外。

諸葛亮想好了破魏之計，故意連退六十里。司馬懿判定這是諸葛亮的誘敵之計。但先鋒大將張郃堅決要引兵追擊，司馬懿只好讓張郃在前追擊，卻暗暗留下大半人馬守住營寨，自己只帶了五千精兵隨後接應。

諸葛亮探查敵情後，準備派遣大將設伏兵。諸葛亮用兵，向來喜歡運用「諸葛三寶」之一的激將法，這次也不例外。

諸葛亮說：「現在魏兵追來，必然要死戰搶功。我要設伏兵在後面截斷其歸路，這項重任非智勇雙全的大將不能擔任啊。」說完，用眼睛瞄了瞄魏延，意在激起魏延主動討令。

沒想到魏延竟然視若無睹，低下了頭，卻不作聲。魏延性格外向，本是個非常容易受激的人，為什麼今天會如此反常，甘願當一個悶嘴葫蘆呢？

諸葛亮自以為激將之道，萬用萬靈。但像魏延這樣的老將其實早已經厭倦了諸葛亮的這套把戲。同一形式、相同劑量的外部刺激會因為重複使用而失效，這也是心理學上的一個規律。而目前諸葛亮的威信因為屢出祁山而無功，已經受了很大的影響，魏延更是對諸葛亮不肯採納自己的「子午谷方案」深為不滿。所以，魏延乾脆就置若罔聞，不跟諸葛亮玩這遊戲了。

諸葛亮正擔心無法下臺，王平站出來說：「我願意擔此重任！」

諸葛亮一見有人搭話，用熟了的那套手法立即隨之而出：「如果失敗了，又怎麼說？」

王平大聲道：「我願意殺身報國，如果失敗，甘願獻上這顆腦袋！」

諸葛亮感歎一聲，說：「王平真是忠臣啊！只是我要設兩處伏兵，王平雖然智勇雙全，可惜不能分身兩處。還得需要一員大將啊。只是軍中再也沒有捨生忘死之人啊，可歎我的計策不能成功啊！」

諸葛亮的用意還是要激魏延出來，但魏延的內心一直以來受到了很大的傷害，那顆曾經滾燙忠勇的心已經慢慢冷漠了。魏延還是置之不理。

總是會有人甘願受激的，這次站出來的是大將張翼。既然有人「上鉤」，諸葛亮還是照方抓藥：「張部是魏國名將，英勇無敵。你不是他的對手！」張翼既然站出來了，當然要維護自己的面子，說：「如果失手，我也願意獻上這顆腦袋！」

只要你願意用腦袋擔保，諸葛亮就認為達到激將的目的了。當下諸葛亮就命王平、張翼各自引兵去埋伏。

諸葛亮又拿出幾個錦囊。這是「諸葛三寶」中第一寶——光暈效應——重要的組成部分，其他的還有羽扇綸巾、道袍鶴氅、作法寶劍、五弦瑤琴、四輪小車等諸多道具。四輪小車我們一直沒有多提，諸葛亮但凡用得上的地方，都是要用到它的，其威力已經和剛開始使用時不可同日而語了。

諸葛亮將錦囊分派給姜維、廖化、吳班、吳懿諸將。

張郃率兵追來，果然被蜀中諸將用諸葛亮的錦囊妙計擊敗。幸虧司馬懿預先有所準備，這才不至於全盤皆輸。

諸葛亮大勝，所得降兵及軍器馬匹不計其數。諸葛亮大喜，正要乘勝追擊，忽有人來報，張苞因摔破頭得了破傷風身死！

諸葛亮聽了，放聲大哭，竟然口吐鮮血，昏厥於地。張苞之死，為什麼會對諸葛亮造成如此之大的打擊？

實際上，張苞之死只是一個誘因。諸葛亮用兵，從來都是得心應手的。但自從司馬懿開始嶄露頭角後，諸葛亮就深感時時處處受到掣肘。明明形勢大好，總是會橫生事端，甚至以多攻少，都沒能拿下陳倉。這難免讓諸葛亮想到，天時似乎已經不再屬於自己。其實，諸葛亮現在的心理狀態和當年的周瑜頗為相似：無論怎麼掙扎對抗，總是難奈對手。諸葛亮其實鬱積已久，只是被張苞這個噩耗激發而已。

諸葛亮被救醒後，臥床不起。十餘日後，諸葛亮知道自己短時間內無法恢復了，只好安排撤軍。諸葛亮的第三次兵出祁山同樣無果而終。

諸葛亮回到漢中，將大軍屯於漢中，自回成都養病。諸葛大丞相已經很久沒回成都了，這次抱病而歸，文武百官全部出城迎接，將諸葛亮送入丞相府中，劉禪也親自到府上探望。

諸葛亮生病了，曹真的病卻好了。一個人生病的時候，萬念俱灰，可以輕易地放下功名利祿這些雜念。但一旦病癒，這些東西立即又變得重要起來。曹真開始惦念起被司馬懿取走的那顆都督大印了。

曹真當即向曹睿建議，自己願意和司馬懿共同領兵去征討蜀漢。曹真是本宗族的元老重臣，曹睿當然要滿足他的要求，當即任命他為大司馬、征西大都督，而司馬懿則被任命為大將軍、征西副都督。曹真是老大，司馬懿只是他的副手。

司馬懿是個很識相的人（他也不能不識相、不敢不識相），毫無怨言地接受了曹睿的新任命。兩人統領四十萬大軍，殺奔劍閣而來。

此時，諸葛亮的身體漸漸康復。聽說曹真、司馬懿來犯，立即叫來張嶷、王平二將，讓這二人率領一千兵馬去鎮守陳倉古道，抵擋魏兵。

以一千人馬去抵擋魏國的四十萬大軍？張嶷、王平簡直不敢相信自己的耳朵，還以為諸葛丞相病體未癒，在胡言囈語呢。

張王二人雖非怕死之徒，但以如此懸殊之兵力去送死，也是心有不甘，當下顧不得冒犯諸葛亮的尊嚴了，急忙求告道：「丞相，你可不要誤了大事啊！據報魏兵有四十萬，號稱八十萬。曹真、司馬懿親自率領而來，你怎麼只給我們一千人馬去守隘口啊？」

張嶷、王平之所以會如此表現，其實與諸葛亮的威信大大下降有關。試想當日空城計之時，司馬懿三十萬大軍壓境，諸葛亮身邊也只有兩千五百人馬，但不論是兩個小童子，還是假扮百姓灑掃街道的士兵，均冷靜沉著，不露懼色。那時，諸葛亮還是高居神壇的百勝將軍，手下兵將均以為「信諸葛，沒錯的」。但隨後的屢次大敗，加上諸葛亮本人無法控制不良情緒的外露，導致諸葛亮已經漸漸走下神壇。當張嶷、王平以正常人來看待諸葛亮的時候，他們的腦袋就清醒多了，也就不敢拿自己的性命冒險了。

諸葛亮卻不動聲色：「我倒是想多派點兵馬給你們，只是擔心士兵們太辛苦。」

張嶷、王平面面相覷，不敢前去，也不敢拒絕。諸葛亮說：「你們但去無妨。如果有個閃失，也不追究你們的罪責。不要再跟我多說了，趕快去吧。」

張嶷、王平一聽，更加不敢去了。你說得倒是輕巧，我們這一去，小命肯定丟在那兒了。你就是想追究我們的罪責，也追究不了了。兩人一想，估計是自己行事不慎，不知道在哪裡得罪諸葛亮了。兩人當即跪倒在地，苦苦哀求道：「丞相，如果你要殺我們兩個人，就在這裡殺好了。我們真不敢去，我們不想把命丟在那裡。」

諸葛亮哈哈一笑，笑聲中透出一絲無奈，說：「你們這兩個笨蛋啊！我讓你們只帶一千人馬去，當然有我的道理。我早已看過天象了。畢星躔於太陰之分，此月內必有大雨滂沱。魏兵雖有四十萬，也難以進兵。因此你們不用多帶軍馬，也絕不會受傷害。我方十萬大軍先安居一月，待魏兵撤退，再大肆掩殺，以逸待勞，就能取勝。」

諸葛亮善觀天象是出了名的。當然，他自己是選擇性加以相信的。他只相信對自己有利的天象，而對不利於自己的天象是不予採信的。但一般的人，對天象則是深信不疑的。

張嶷、王平這才釋然，真的帶了一千人馬去抵擋魏國四十萬大軍去了。

再說曹魏大軍，果然深受暴雨連降之苦，前進不得。人馬都缺少糧草，死傷無數。曹睿得知後，只得下令退兵。

諸葛亮趁機部署兵馬，令魏延、張嶷、杜瓊、陳式出箕谷，又令馬岱、王平、張翼、馬忠出斜谷，諸葛亮自領大軍，以關興、廖化為先鋒，直取祁山。

曹真與司馬懿商議。曹真認為蜀兵必不追來，司馬懿卻判斷諸葛亮必從二谷進兵追來。曹真不信。司馬懿說：「你如不信，我們可以打賭，以十日為期。如果蜀兵不來，我情願面塗紅粉，身穿女衣，到你營中服罪。」曹真受激，衝動之下，就說：「如果蜀兵真的追來，我願意將天子賜給我的一條玉帶和一匹御馬輸給你。」兩人當即兵分兩路，曹真在祁山之西的斜谷口把守，而司馬懿則在祁山之東的箕谷把守。

司馬懿好端端地為什麼要和曹真打這個賭？歸根結底還是這顆都督大印惹的事。曹真是司馬懿掌權之路上的攔路虎，而曹真心胸狹窄，極要面子，這次他大病初癒，身體其實並未復原，只因急於奪回權力而出征。司馬懿就是想抓住這個機會，用打賭來刺激他再度發病，從而把權力奪回來。

> 心理感悟：迷信的力量遠超過你的想像。

## 63 怕什麼就來什麼

司馬懿和曹真各守一個谷口。司馬懿嚴陣以待，決不輕慢；曹真卻十分懈怠。一個連打賭都無法刺激鬥志的人，真是不可救藥的行屍走肉。

再說魏延、陳式等四將，帶著兩萬人馬往箕谷而來。正行之間，諸葛亮派參謀鄧芝前來傳令，要魏延等停止前進。

諸將不解其用意。陳式首先質疑道：「丞相用兵，怎麼這麼多疑？我們正應該加速前進，才能擒獲曹真、司馬懿。我看魏兵飽受暴雨之苦，衣甲皆毀，歸心似箭，哪裡還有鬥志？丞相先讓我們出兵，又傳令停止前進。真是號令不明！」

也難怪陳式抱怨。諸葛亮發號施令，向來是不說明原因的。部下都是知其然，而不知其所以然，最後的謎底一定是在獲勝之後由諸葛亮當眾揭開的。

鄧芝說：「丞相計無不中，謀無不成。你怎麼敢這樣說？」

陳式哈哈一笑，道：「丞相如果真的足智多謀，就不會失了街亭了。」

魏延想起諸葛亮向來對自己抱有偏見，也幫腔說：「丞相如果早聽我的話，從子午谷進兵，此時別說是長安，就是洛陽也被我們攻陷了。」

陳式、魏延兩人一唱一和，把鄧芝憋得啞口無言。

陳式說得口順，繼續往下說：「我這就自己帶著五千人馬，直出箕谷，先取了祁山，看丞相羞也不羞？」由此可見，諸葛亮的威信確實已經到了岌岌可危的地步了。

鄧芝急忙阻攔，但有魏延在旁煽風點火，哪裡攔得住。陳式帶著兵馬開拔。鄧芝只好回去向諸葛亮匯報。

諸葛亮聽了鄧芝的回報，十分不悅。一怒之下，他就把心底的話說了出來：「魏延素有反相，我早知道他一直憤憤不平。我只不過是憐惜他的勇猛，這才用他。我當年曾經和先帝說過，此人久後必生禍害。今天他既然形跡已露，那就把他除掉吧。」

鄧芝聽了，不敢接話。

諸葛亮對魏延向來抱有成見，失街亭又正是他的傷疤，魏延、陳式竟敢公開質疑他的權威，令諸葛亮心中殺機頓生。

陳式率兵前行，被司馬懿迎面痛擊，五千人馬只剩四五百人。幸虧魏延等人接應救援，才救回陳式。

諸葛亮得知後，立即令鄧芝前去箕谷，穩住陳式，以免生變。諸葛亮這樣做是因為透明度錯覺所致。他內心已經決定要殺陳式了，因為透明度錯覺的緣故，他覺得陳式也會知道這一想法，所以要先派鄧芝先行撫慰。

而馬岱、王平、張翼、馬忠這一路兵出斜谷，將毫無防備的曹真擊潰。司馬懿早有準備，領兵前來救了曹真。

司馬懿打賭成功，卻偏偏做出一副大度的樣子，說：「都督切莫再提打賭之事。咱們兩人正該同心報國。」曹真又羞又怒，果然如司馬懿所料，氣得舊病復發，臥床不起。

諸葛亮驅動軍馬，復出祁山，傳令諸將來見。魏延、陳式等入見，諸葛亮板起面孔，說：「是誰損兵折將？」魏延見機不妙，搶先說：「陳式不聽號令，擅自進兵，因此大敗。」陳式一看魏延先洗脫自己，連忙說：「這都是魏延攛弄我幹的。」

諸葛亮冷冷道：「他救了你命，你怎麼反倒攀附他？你既已違令，就不必多說了。」當即吩咐將陳式推出斬了。

諸葛亮本意是要連魏延一起殺了的，但左思右想，手下除了魏延，確實沒有像樣的大將可以抵得住敵方張郃，只好強自忍了。

探馬來報，說曹真因和司馬懿打賭輸了，氣得臥病在床。諸葛亮大喜，覺得這正是一個落井下石，置曹真於死地的大好機會。

諸葛亮對氣人一道極有心得。當年他三氣周瑜，讓周瑜英年早逝。不久前，他痛斥王朗，讓王朗陣前身亡。而這個曹真竟然會因為打賭而被氣病，顯然是個心胸狹窄之人。諸葛亮立即修書一封，派人送給曹真。

諸葛亮在信中極盡諷刺挖苦之能事：「都督心崩而膽裂，將軍鼠竄而狼忙！無面見關中之父老，何顏入相府之廳堂！史官秉筆而記錄，百姓眾口而傳揚：仲達聞陣而惕惕，子丹望風而遑遑！吾軍兵強而馬壯，大將虎奮以龍驤；掃秦川為平壤，蕩魏國作丘荒！」

曹真看了，真是恨氣滿胸，當晚就死在軍中。

曹真實際上是被司馬懿、諸葛亮聯手氣死的。司馬懿氣死他，是為了爭權奪利，而諸葛亮氣曹真，卻是極不明智的舉動。只有像曹真這樣無能的人竊居高位，執掌兵權，諸葛亮才有獲勝之機。現在，諸葛亮把曹真氣死後，魏國只能讓司馬懿總攝兵馬了。諸葛亮不但幫助最厲害的對手司馬懿東山再起，而且還幫助他獨掌大權。

曹真死後，曹睿下詔令司馬懿掌軍，向諸葛亮發起進攻。諸葛亮擺出八卦陣，司馬懿大敗虧輸。形勢一片大好，諸葛亮正要乘勝追擊。在後方鎮守的李嚴派都督苟安前來送糧。苟安路上貪酒，誤了十天。苟安為自己找藉口，諸葛亮不聽解釋，怒道：「糧草乃軍中大事。誤了三日，該當徒刑。五日該處斬。你誤了十日，還有何話可說？」吩咐推出斬首。

長史楊儀在旁勸道：「苟安是李嚴所用的人，我們在前方打仗，錢糧均是李嚴在後方操辦。如果殺了此人，以後就沒人敢送糧了。」

楊儀此話，真是婦人之見。但誰也沒想到，諸葛亮竟然聽了進去，吩咐武士不斬苟安，改為杖打八十。

為什麼楊儀一提李嚴，諸葛亮就網開一面了呢？劉備生前，對李嚴是非常重視的，所以才會在臨終之際把諸葛亮和李嚴一起找來，交代後事。如此說來，李嚴實際上也是托孤重臣。但劉備死後，諸葛亮一家獨大，逐步將李嚴邊緣化了。李嚴對此肯定是心有不滿的，但由於諸葛亮勢大而不得不隱忍。諸葛亮也擔心李嚴會趁自己大軍外出之際，在後方對自己不利，所以也有所忌憚，這才會聽了楊儀的建議。

諸葛亮的這一舉動，顯然也是不明智的。此前陳式違令被斬，毫不留情，而此次卻放了苟安一條生路。執行軍法的兩種尺度只能讓眾多部屬認為諸葛亮是看人下菜碟的。這是治軍之大忌。

而最關鍵的是，苟安受了杖打之後，心中懷恨，連夜去投司馬懿。司馬懿正苦於無法破解八卦陣，苟安來投，剛好給他提供了一個逼退諸葛亮的妙策。

司馬懿讓苟安趕回成都，到處散布流言，說諸葛亮有不軌之心，早晚要取代劉禪，自立為帝。

苟安潛回成都，依言而行。不久，流言大肆傳播，傳入宦官耳中，也就被匯報給了劉禪。劉禪十分驚訝，他對諸葛亮向來十分敬畏，聽到這個消息，還真不知該怎麼辦。劉禪問計於宦官。宦官出主意說：「不如下詔，讓諸葛亮班師回朝，趁機削掉他的兵權，以免他叛逆篡國。」

劉禪本是個懦弱的人，他顯然是真的相信諸葛亮要圖謀不軌才敢下這個詔書的。諸葛亮已經多次表白過自己的心跡，為什麼劉禪還是會相信流言呢？

其實，這個禍根還是諸葛亮自己種下的。

劉禪剛剛繼位，諸葛亮就擺架子裝病，逼得劉禪親自到府上探看。諸葛亮第一次北伐，在《出師表》中不容置疑地安排好前方後方的一切事物。出征失敗後，連成都也不回，只是留在漢中操練兵馬，儼然「漢中王」模樣。第二次出師，連《出師表》都是事後讓楊儀送回成都的。此後幾次出兵，則乾脆連招呼也不打了。

這些做法，說得好聽些，是大行不顧細謹，但實際上無一不是有違為臣之道的。劉禪再懦弱，卻不傻。諸葛亮不把他放在眼裡，他當然是心知肚明。旁人對諸葛亮的大權獨攬也是看得一清二楚，只是諸葛亮的地位實在太過神聖，從來沒有人敢把他的行為與「篡逆」聯繫在一起。但是一旦有人起了這個頭，大多數的人會選擇相信。

這正是苟安幾句並不高明的流言能發揮如此之大效力的真正原因。當年諸葛亮初出兵時，用謀反的流言擺了司馬懿一道，害得司馬懿差點身首異處。如今，司馬懿一報還一報，也用謀反的流言回敬了諸葛亮一次，諸葛亮四出祁山的大好形勢就此付諸東流。

諸葛亮聽到讓他回師的詔書，不由得仰天長歎。如果他不奉詔行事，就坐實了流言。而一個人，一旦背上了「簒逆」的罪名，是很難洗刷乾淨的。諸葛亮大權獨攬之心是有的，簒逆之心卻是沒有的。他知道，儘管眼前就是最好的得勝機會，但他還是只能選擇撤軍，以示清白。

諸葛亮吩咐，兵分五路而退。撤退過程中，一路增加灶頭。司馬懿得知諸葛亮撤退，知道流言已經生效。他一路追來，看看灶數每日增加，心中頓時驚疑不定。因為灶數增加意味著兵力增加。莫非諸葛亮是在以退為進，只等集中優勢兵力回頭打一個殲滅戰？司馬懿不寒而慄，不敢再追。蜀軍不折一人，平安退回漢中。司馬懿事後探明真相，對諸葛亮敬佩不已。

> 心理感悟：大行不顧細謹，細謹必毀大行。

# 征途無盡

誰說裝神弄鬼沒有用 / 逆天的悲愴 / 替罪羊的抉擇 /
姓名裡潛藏的命運玄機 / 五丈原的一聲歎息 /
預言的神威 / 活在傳奇中的那個人

諸葛亮回到成都來見劉禪。

諸葛亮直截了當地問：「老臣我出了祁山，正要攻取長安，忽然被陛下召回，到底是有什麼大事呢？」

諸葛亮的這句話表露出了典型的反事實思維。

反事實思維就是對過去已經發生了的事件，事後再來做出相反的判斷與決策的一種心理模擬。反事實思維通常是在頭腦中對已經發生了的事件進行否定，然後模擬想像原本可能發生但現實並未發生的心理活動。

比如，奧運會的銅牌選手的幸福感要比銀牌選手更強一些。因為銀牌選手會覺得如果自己之前再努力一點，或者運氣再好一點，就能獲得金牌了。而銅牌選手則會覺得如果自己之前稍有鬆懈，或者運氣稍差一點，可能就得不到銅牌了。銀牌選手和銅牌選手表現出的正是兩個不同方向的反事實思維。這也正是人們後悔感或幸運感的來源。

諸葛亮對劉禪說自己出了祁山，正要攻取長安，彷彿長安唾手可得。而事實上勝負尚未可知。但在諸葛亮事後的心理模擬中，這次被劉禪下詔阻止的出兵顯然應該取得更好的成果。

劉禪知道諸葛亮這是在興師問罪了，不敢明言，只好推說：「我久沒有見丞相之面了，心裡非常想念，故而把你叫回來了，並沒有其他的事情。」

諸葛亮絲毫沒有給劉禪留情面，直接反駁了他的話：「這肯定不是陛下的本意。一定是有亂臣賊子說臣有篡逆之心，讓陛下生疑了。」

劉禪一直畏懼諸葛亮，見他毫不客氣，更加不敢多辯，訥訥無語。諸葛亮還不放過，責問道：「如果朝內有奸邪之人，我怎麼能安心在外討賊呢？」

劉禪受逼不過，只好說：「都是宦官讓我把你叫回來的。今天我才知道，是我弄錯了，後悔也來不及了。」

劉禪已經認錯，但諸葛亮決不肯放過向劉禪進讒言的人。他把宦官找來，一一詢問，這才知道原來是苟安作怪。諸葛亮急忙下令追捕苟安，但苟安早已遠投魏國去了。諸葛亮只能將給劉禪出主意的那個宦官一殺了之，其他有牽涉的宦官全部趕出宮中。劉禪不敢有任何意見。

諸葛亮回過頭來，又把蔣琬、費禕等痛責一頓：「奸臣在天子面前害我，你們怎麼不為我說話呢？當初重用你們，讓你們留守，就是讓你們給我管好後方的，怎麼會搞出這麼大的亂子？」

蔣費二人連連請罪，只說自己實在不知，辜負了丞相信任。

說實話，諸葛亮回來之後的這番作為，確實有點過分了，難免給人留下話柄。

也許有人說，諸葛亮之所以敢如此直接斥問皇帝劉禪，是因為他問心無愧，理直因而氣壯。但反觀此前司馬懿被誣造反，他同樣理直，卻氣不壯，反而是惶恐不可終日，哪裡敢去質問曹睿？這只能說明，諸葛亮才是蜀漢的真正掌控者。劉備當年的擔心，也不是沒有一點道理的。

諸葛亮快刀斬亂麻，處理好後宮之事後，再度去往漢中，準備下一次出征。

此時，士兵們針對諸葛亮屢屢出兵的議論和怨言已經開始出現。楊儀建議說：「不如將二十萬大軍分為兩班，以三個月為期，實行輪換。」這楊儀倒是聰明，現代企業管理制度中的工人輪班制最早在英國的工業革命中出現。楊儀的這項建議超前了一千三百年。司馬懿得知諸葛亮前來進犯，料定諸葛亮是想趁隴西麥熟之際，搶收軍糧，就相應做了防範。

諸葛亮卻令人推出四輛一模一樣的四輪小車來。每一輛車配備二十四人，全部身穿黑衣，光著腳丫，披頭散髮，仗劍作法，推動小車前行。小車四周，高舉七星皂幡。諸葛亮又令姜維、魏延、馬岱等三人各引一千兵馬護車，另有五百人在車旁擂鼓助威，分成三路而去。

諸葛亮自己卻坐了另一輛小車，裝備設施全部一樣，又叫關興扮作天蓬元帥的模樣，手持七星皂幡，在諸葛亮的車前步行。

這正是諸葛亮最為善用的「光量效應」，種種道具，似神非神，似鬼非鬼。司馬懿派出的探馬驚疑不定，急報司馬懿。司馬懿親自前來探看，只見諸葛亮簪冠鶴氅，手搖羽扇，端坐於四輪車上；左右二十四人，披髮仗劍；前面一人，手執皂幡，隱隱似天神一般。

司馬懿知道諸葛亮這是在裝神弄鬼，急派兩千人馬去捉拿諸葛亮。

魏兵急追，諸葛亮掉頭緩行，忽地不見。魏兵停止追趕，諸葛亮卻又掉轉回來。連番幾次，魏兵更加驚疑。而姜維、魏延、馬岱另推三輛小車，也扮出諸葛亮的形象，從不同方向出現，令魏兵心膽俱裂。

在當時那個年代，鬼神之說深入人心。戰場上出現如此詭異之事，連司馬懿都以為這是諸葛亮的奇門遁甲之術。魏兵急回，閉門緊守，而諸葛亮的三萬精兵卻趁這個當兒將隴西之麥盡數收割，充為軍糧。

司馬懿探明真情，對諸葛亮用兵之神出鬼沒也是深為嘆服。兩軍相持，司馬懿又吃了幾次敗仗。司馬懿只得徵調大將孫禮，率雍涼二州的二十萬大軍前來助戰。而諸葛亮方的軍士輪換之期已到。楊儀急告諸葛亮說：「魏兵來勢很猛，不如將換班軍士先留下迎敵，等新兵到來之後再換。」

諸葛亮想了想說：「不行，我用兵以信為本，否則縱然取勝，也不光彩。就讓該輪換者先回。我自有主張。」

諸葛亮為什麼沒有採納楊儀的建議呢？

諸葛亮在實行輪換制時，為了防止軍士心生怨言，一開始就立下嚴令，輪換遲到三日者，杖五十；遲到五日者，杖一百；遲到十日者，處斬。這是諸葛亮對軍士的要求。而責權利是相互關聯的。如果士兵們都凜遵奉行，這就意味著諸葛亮必須要按時放回已經盡到職責的軍士。

否則，兩不對等，就會激發怨懟。諸葛亮自己也知道，士兵們苦於作戰已久，卻總是勞而無功。誰不想在天府之國中安享天倫之樂呢。

當年劉璋為什麼最後關頭不忍再和劉備作戰了？部分也是因為西川乃天府寶地，人民多安享逸樂，不樂征伐。

如今的蜀中兵、民卻因諸葛亮連年征戰，苦不堪言。如果諸葛亮只顧讓他們賣命而不講信用，兵心必變，反而必敗。所以，諸葛亮硬著頭皮也要放他們回去。但這樣一來，士兵們深感諸葛亮之恩惠，在互惠原理的作用下，反而會主動提出留下來，為諸葛亮而戰。

孫禮人馬，遠奔而來，兵困馬乏。諸葛亮所部卻受了激勵，人人奮勇，將孫禮殺得大敗。

諸葛亮得勝收兵，卻收到了永安李嚴的一封急信。信上說：近聞東吳令人入洛陽，與魏連和；魏令吳取蜀，幸吳尚未起兵。今嚴探知消息，伏望丞相早做良圖。

諸葛亮大驚，如果東吳進兵抄自己的後路，後果不堪設想。諸葛亮只能再一次在形勢大好之際安排退兵。

司馬懿派先鋒大將張郃追趕，被諸葛亮射殺於木門道。

諸葛亮退回漢中，五出祁山無疾而終。

當此之時，李嚴卻到劉禪那裡告了諸葛亮一狀。

李嚴對劉禪說：「我這邊糧草已經徵集打理完畢，正要運往前線，丞相卻突然回師，不知是何道理？」

李嚴的言下之意是諸葛亮可能有順曹之心或者有不軌之意。李嚴之所以要誣陷諸葛亮，也是有緣故的。他和諸葛亮同屬托孤大臣，但諸葛亮一路扶搖，全盤掌控了軍政大權，而自己卻日漸靠邊站。李嚴心理很不平衡。這次他受命在後方籌備糧草，卻沒能及時完成，他擔心諸葛亮會借此機會壓制自己。前次他的部屬苟安已經讓他受了牽連，這次諸葛亮可能就不會寬宏大量了。

李嚴思考對策時想起上次苟安散布諸葛亮的流言，而懦弱的劉禪竟然果斷地下詔令諸葛亮班師回朝，這讓李嚴看到了一絲扳倒諸葛亮的希望。

李嚴認為，無論劉禪多麼懦弱，要是有人威脅到了他的位子，他也會勇敢地予以反擊。所以，李嚴決定兩頭捏造謊言，意圖通過謊言來讓劉禪對諸葛亮下手，自己不但不會因置辦糧草不力而受罰，而且還可以趁機上臺。

但李嚴顯然高估了劉禪而低估了諸葛亮。

劉禪心中將信將疑，但卻不敢採取激烈的行動。他只是派費禕去漢中詢問諸葛亮。兩相對照，李嚴拙劣的謊言不攻自破。

諸葛亮大怒，派人查明實情後，決定將李嚴斬首。費禕及時提醒李嚴也是托孤之臣，殺了他會引發不利的輿論。諸葛亮這才只將其貶為庶人。

看起來，諸葛亮經常無辜受到內部人的汙蔑陷害，但他其實應該好好想一想了，為什麼自己的後院老是起火？為什麼一個形象光輝、智謀百出的「神人」會陷入如此尷尬的境地？

諸葛亮到底做了什麼，又到底做錯了什麼？

> 心理感悟：強求而不可得，不求反而必得，世上的事情往往如此。

## 65 逆天的悲愴

諸葛亮在漢中經營三年，操練兵馬，積草屯糧，整治軍器。諸葛亮覺得再次出征的時機成熟了，就來到成都，當面向劉禪啟奏。

諸葛亮的話鏗鏘有力：「臣今存恤軍士，已經三年。糧草豐足，軍器完備，人馬雄壯，可以伐魏。今番若不掃清奸黨，恢復中原，誓不見陛下也！」

這將是諸葛亮第六次出祁山討伐曹魏。也許在他的潛意識中也把這次出征當成了最後一搏。所以，他才會說，如果不能成功，就不再見劉禪的面了。這句話被他不幸而言中了。這是諸葛亮一生中最後一次出征。這一次出征，諸葛亮再也沒能全身而退，他也終於沒能再見劉禪一面。

沒想到劉禪竟然說：「方今已成鼎足之勢，吳、魏不曾入寇，相父何不安享太平？」劉禪的意思是，相父啊，你太多事了，現在三國鼎立，互不侵犯，不是挺好的嗎？你也一大把年紀了，為什麼還要折騰不休呢？

那麼，諸葛亮為什麼要折騰不休呢？他到底是為了什麼對北伐念念不忘，孜孜不倦呢？真的是為了完成先帝劉備的重托嗎？真的是為了證明自己比姜子牙、張良都要強嗎？

這些理由曾經是對的，卻不足以解釋諸葛亮近乎偏執地屢敗屢戰。要知道，蜀國只擁有兩州之地，是三個國家中實力最弱的，卻偏偏採取最為消耗實力的進攻戰略。而劉禪的觀點頗有幾分道理，西川易守難攻，如果蜀漢著眼於防守，維持目前的鼎足之勢，倒是最為恰當的戰略。以諸葛亮的智商與眼光，不可能看不到這一點。那麼，他為什麼還要一次次兵出祁山呢？

其實，連諸葛亮本人也不知道自己為什麼會如此拘執於北伐。因為諸葛亮深深陷入了「投入陷阱」。

當年，諸葛亮自高身價，引得劉備欲罷不能，三顧茅廬才將諸葛亮請出山，劉備也是陷入了「投入陷阱」。所謂「投入陷阱」，就是說人們往往會因為先前已經投入而繼續追加投入，而不會理智地重新衡量追加投入是否明智。這實際上是一個欲罷不能的惡性循環。

我們前面講過，馬丁・舒比克在1971年設計的「拍賣一美元」遊戲。說的就是這個「投入陷阱」，但諸葛亮顯然陷入了比劉備當年更大的「投入陷阱」。

我們再看一個升級版的美元競拍案例。

哈佛商學院的馬克斯・巴澤曼教授將一美元的標的改成了二十美元，並在哈佛大學的本科生、研究生以及一些公司管理者之間多次做這個實驗，結果大同小異。

競拍以兩美元起價。剛開始的時候，大家拚命地報價。當報價到了十二到十六美元時，其他人都退出了競拍，只剩下了兩個報價最高的人。這兩人此時已經進退維谷了。一個報十六美元，另一個立即報十七美元。因為如果不報，那麼就將白白付出報價而毫無所獲。而一旦自己的報價逼退了對手，至少還可以得到作為標的的那二十美元。如此兩者競相加價，直到報價超過了二十美元。這時，旁觀者們會哄然大笑。但兩個參與者卻毫不理會，繼續加價。

顯然，這是非理性的行為。但參與者已經失去理性了。他們已經不再權衡得失利弊，而是為了競拍而競拍了。

最終的成交價在二十到七十美元之間。巴澤曼教授主持的競拍遊戲的最高成交價甚至達到過二百多美元，另外還有十五次突破一百美元。而這不過是為了得到區區二十美元。

二十年間，巴澤曼教授多次做這個實驗，屢屢得手，總共賺進了三萬多美元。後來，巴澤曼把標的提高到一百美元，最後競拍的結果也是大同小異。人們都願意為自己先前的投入而投入更多的資源。

諸葛亮也是如此，他五次北伐，投入了幾乎所有的資源。這個資源不但指整個蜀國層面的人力、物力、財力，也指諸葛亮本人最為寶貴的黃金年華、最為寶貴的智略謀劃。而每一次北伐，都是對上一次的追加投入。如此累積，諸葛亮的投入已經異常巨大。如果他不追加投入，實現「掃清奸黨，恢復中原」的終極目的，那麼，他此前所有的投入都將血本無歸。只有像賭徒一樣孤注一擲，也許才有翻本的可能。

相對於諸葛亮，劉禪倒是比較清醒的。但可惜的是，決定權並不掌握在他手上。當諸葛亮堅持要繼續出征後，劉禪除了同意，還能有什麼別的選擇嗎？

劉禪不敢反對，但還是有人反對，這個人當然還是譙周——一個不唯書、不唯上，只唯天象的客觀主義者。

譙周的反對還是拿天象說事。

譙周說：「臣今職掌司天臺，但有禍福，不可不奏。近有群鳥數萬，自南飛來，投於漢水而死，此不祥之兆；臣又觀天象，見奎星躔於太白之分，盛氣在北，不利伐魏；又成都人民，皆聞柏樹夜哭：有此數般災異，丞相只宜謹守，不可妄動。」

譙周是一個幾乎沒有情境依賴性的人。在這樣的時刻，連劉禪都不敢直接拒絕諸葛亮，但是譙周卻不管不顧地再一次冒犯諸葛亮，根據自己的觀察結論，果斷地提出了反對意見。也正是他，在日後魏國大兵壓境的時候，冷靜地勸劉禪投降，就像當年他勸劉璋投降一樣。這樣的人，不會見風使舵，不會人云亦云，不會明哲保身，也許沒有人會喜歡他，但我們不得不說，我們應該尊敬他。

天象說又怎能說服精通天象的諸葛亮？這個被「投入陷阱」如惡魔一般深深纏繞的天縱奇才，怎麼也不甘心自己的失敗。他駁斥道：「吾受先帝托孤之重，當竭力討賊，豈可以虛妄之災氛，而廢國家大事耶！」

諸葛亮還是堅持己見。這次出征前，他先到太廟去祭奠劉備，希望劉備的在天之靈能夠給他護助。這一幕情形，和諸葛亮當年平服蠻夷受困時，祭拜馬援之廟非常相似。這也說明諸葛亮內心的無助感又漸漸萌生了。一個人總是在無助的時候，才會去尋求外界的幫助，而諸葛亮所謀的大事，又不是一般的人可以提供助力的。所以，諸葛亮只能向已經故去的先帝劉備求助。

還記得習得性無助嗎？曾經的天之驕子周瑜在生命的最後一刻領悟到了這個終極的規律，而這一終極規律也已經漸漸逼近了諸葛亮。

諸葛亮祭拜完畢，回到了漢中。大軍整裝待發，卻傳來噩耗——關興亡故了。諸葛亮放聲大哭，昏倒在地。眾將將他救醒。諸葛亮半晌才說出話來：「可憐忠義之人，天不與壽也！我今番出師，又少一員大將也！」

可憐的諸葛丞相，多年來操勞經營，也已經快到油盡燈枯的狀態了。關興之死，就像是在他脆弱的心靈上狠狠扎了一刀。以這樣的精神狀態出征，諸葛亮還能有所作為嗎？

但諸葛亮仍然是堅強的，他很快強迫自己恢復過來，大軍按照原定日期開拔。

曹睿得知後，連忙把司馬懿叫來，說：「蜀兵三年不曾入寇，如今諸葛亮又出祁山，該如何應對？」司馬懿也看了天象，他看到的預兆與譙周完全一致。司馬懿自信地說：「臣夜觀天象，見中原旺氣正盛，奎星犯太白，不利於西川。今孔明自負才智，逆天而行，乃自取敗亡也。臣托陛下洪福，當往破之。」

譙周、司馬懿都看到了同樣的預兆，諸葛亮卻偏偏逆天而行。這一份知其不可而為之的悲壯悽愴，千年之後回想起來，仍然令人不勝唏噓。

心理感悟：放棄也許比付出更能決定你的命運。

## 66 替罪羊的抉擇

諸葛亮六出祁山第一陣卻吃了一個大敗仗，折損人馬萬餘。諸葛亮正自鬱悶，楊儀過來打魏延的小報告，說魏延私下發牢騷，對丞相不滿。大多數領導者一般都喜歡聽這種小匯報的，只有一種情況例外。那就是領導者本人心情不佳的時候，打小報告者往往就會成了領導者的出氣筒。果然，諸葛亮狠狠斥責道：「我心中自然有數，你不要在我面前進讒言！」楊儀面紅耳赤，惶恐而退。

兩軍僵持之際，諸葛亮乘了小車，在祁山之前渭水兩岸察看地理。忽然看到了一座山谷，形如葫蘆，裡面可容納一千多人，兩個出口卻僅容一人一騎通過，此處就是上方谷。諸葛亮大喜，叫來馬岱仔細叮囑。諸葛亮令五百人守住谷口，一千人在谷內隱祕施設，兩班人馬絕不替換，以防走漏消息。諸葛亮則一連十多天，親自在谷內安排指揮。

楊儀來報，說如今糧草都在劍閣，人夫牛馬，搬運極為不易，已經不敷支用了。諸葛亮拿出圖紙，命人製造木牛流馬。不到半月，木牛流馬製造成功，就如活物一般，上山下嶺，往來搬運糧草，極其方便。

魏兵看見，立即去報司馬懿說蜀兵用木牛流馬運送糧草，牛馬自己不吃草，軍士也很省力。司馬懿本來是想用拖延戰術，逼得諸葛亮因糧草不濟而退。但現在木牛流馬的出現讓司馬懿的戰略設想落空。他當即派人去搶了幾匹回來，一一拆開後，原樣仿製了一大批，也用來搬運糧草，果然行走如飛。

諸葛亮得知這個消息，不怒反笑。他立即派王平率兵去劫魏營的木牛流馬。等到魏國援兵趕來，就將木牛流馬口中的舌頭一扳，牛馬就不能行走。而等到魏兵放棄木牛流馬，蜀兵再扭一下舌頭，牛馬再度行走如飛，這一招就是為了製造一種神祕感。諸葛亮又派大將張嶷率五百人馬，扮作六丁六甲，鬼頭獸身，臉上塗彩，手持旗幡寶劍，身掛葫蘆，內藏煙火之物，埋伏在山旁。只等搶回木牛流馬後，裝神弄鬼，施放煙霧，讓魏兵以為蜀兵有天神護佑。

諸葛亮確實是利用資源的高手，這些裝神弄鬼的道具、舉動果然奏效，搶來魏兵糧草無數。而且，魏兵將木牛流馬視為神物，再也不敢有覬覦之心。

諸葛亮緊接著安排上方谷之謀。他令大將高翔假裝往上方谷內運送軍糧，自己也把中軍主帳安紮在上方谷附近。又令魏延接連詐敗。這都是為了將司馬懿等人引入上方谷中，一舉殲滅。

司馬懿探聽明白，決定親率人馬，去上方谷內燒掉蜀兵的軍糧。魏延一路詐敗，果然將司馬懿父子等人全部引進谷內。司馬懿等人剛一入谷，把守谷口的蜀軍伏兵就將谷口堵塞。司馬懿急退，但已經來不及了。四面山上火箭齊射，引爆谷內地下所埋的地雷。一時間火光沖天，爆聲陣陣，司馬懿父子三人抱頭痛哭，哀歎自己命喪於此。但突然間天響霹靂，大雨傾盆，滿谷之火全部被撲滅。地雷無聲，火器無功。過不多時，谷中竟然水深三尺。司馬懿大喜，立即帶領部下，拼死殺出谷口，逃出生天。

諸葛亮得知後，長歎一聲，說了一句：「謀事在人，成事在天。」

諸葛亮本來的打算是要畢其功於此役的。他要一舉解決兩個難題，首先是將勁敵司馬懿父子殲滅，這樣魏國就再也沒有能和他匹敵的對手了。司馬懿一死，消滅魏國就剩下時間的問題了。其次，司馬懿既然已經死了，魏延的勇猛無敵也就派不上用場了，那麼正好也在上方谷中用同一把火燒死。

所以，他安排馬岱鎮守谷口時不得將誘引司馬懿入谷的魏延放出。但諸葛亮沒有想到，人算不如天算，眼看大功告成，兜頭卻下了一場滂沱大雨。這大雨澆滅的不僅僅是上方谷中的大火，也澆滅了諸葛亮心頭那最後一點自信和所有的希望。

這場大雨，是一次典型的小機率事件。諸葛亮最擅長使用小機率事件了。當年赤壁之戰時，他利用大霧草船借箭、利用東風火燒曹兵，都是得益於對小機率事件的精準把握和巧妙利用。但這一次，諸葛亮竟然沒有推算出天降大雨這一小機率事件。這只能說明，天時確實已經站到他的對立面——司馬懿那邊去了。司馬懿不求而得天佑，父子三人竟然死裡逃生。

而同樣幸運的還有那位一直不走運的魏延。魏延僥倖逃了性命，怒氣沖天地來找諸葛亮。他根本不知道這一切都是出自諸葛亮的安排，他以為一切都是馬岱所為。

魏延對諸葛亮說：「馬岱早早將谷口堵死。我帶著五百軍兵誘敵深入，也無處逃生。要不是天降大雨，我們也沒命了。」

諸葛亮立即表現出大怒的樣子，叫來馬岱狠狠斥責道：「文長是我的得力大將。我當初派你去，只是叫你去燒司馬懿。你怎麼連文長也一起困在谷中？幸虧朝廷福大，天降驟雨，這才保全了文長。如果文長有個閃失，豈不是又傷我一臂？」

諸葛亮開口文長，閉口文長，說得好不親熱，幾句話就把自己洗清了，把一切罪責全都推到了馬岱身上。

馬岱心想：「當初明明是你親口讓我連魏延一起燒死的，怎麼現在全都栽到我頭上了。」馬岱正在想要不要分辯，諸葛亮已經下令：「將馬岱推出斬首！」

在這個節骨眼上，馬岱表現出政治投機上的敏銳感了。馬岱很清楚，魏延當面提出了這個不能回避的問題，諸葛亮肯定是不能直承此事的，否則就無法收場了。所以，諸葛亮急需有人為他頂缸。馬岱認為自己只能責無旁貸了。一般人即使願意為領導者當替罪羊，也是有底線的，總不能為了當替罪羊而把自己的小命也搭上吧。所以，一般人聽到領導者要將自己殺掉來文過飾非時，往往會口不擇言，將所有內幕揭破，大不了魚死網破。但馬岱硬生生忍住了，他判斷諸葛亮絕不會真正讓自己死的。只要有人為自己求一下情，諸葛亮就會順水推舟，饒過自己。相反，如果自己吐露真相，那麼諸葛亮反而真的要殺人滅口了。

馬岱為什麼會做出這樣的判斷呢？

這緣於諸葛亮一貫以來對魏延的偏見。蜀營中盡人皆知，諸葛亮肯定不會站在魏延這一邊。所以，必定會有人揣摩諸葛亮的心意來為馬岱求情。

馬岱的判斷是對的，他的投機成功了。當諸葛亮的斬首令一出，帳下一大堆人紛紛跪下為他求情。諸葛亮當即命令將馬岱剝去衣甲，杖責四十，並削去平北將軍、陳倉侯等官職，貶為散軍。

馬岱拖著傷體，回到寨中，暗暗稱幸，自己雖然挨了一頓毒打，丟了一切官職，但畢竟撿回了一條小命。看來，幫領導者去做見不得人的事，並不代表領導者的信任與看重，而是意味著極大的風險啊。

馬岱正在感歎之際，樊建受了諸葛亮的密令前來見他。樊建說：「丞相知道你向來忠義，所以故意用了這條計策。現在丞相又吩咐，你要如此如此，日後功成，你是排在第一位的功臣。今天的事，你可以推說是楊儀讓你做的，這樣魏延就不會再恨你了。」

馬岱聽了，先是驚疑不定，隨後又欣喜不已。驚疑不定是因為諸葛亮高大光明的形象一下子在他心目中坍塌了。馬岱絕沒有想到，這個神壇上的偶像竟然也有如此陰狠毒辣的心腸，欣喜不已是因為今天自己賭對了，丞相更加信任重用自己。否則，萬一自己也和魏延一樣被丞相視為眼中釘，恐怕下場將會比魏延還要慘。

次日，馬岱拖著傷體來見魏延。魏延剛想發怒，馬岱就拜伏於地，痛哭道：「非我之罪，全是楊儀指使。」

楊儀是魏延平生最看不起的人，也正因此，楊儀成了魏延的死對頭。魏延一聽，頓時將滿腔怒火轉移到楊儀身上了。馬岱又借機說：「我現在不過是一個散軍。我也知道自己錯了，願意跟著將軍你將功贖罪。」

魏延確實是個直性子的人，他看看馬岱一臉的可憐相，就痛快地答應了他的請求。魏延急匆匆跑到諸葛亮處，要求將馬岱劃歸於他的部下。

諸葛亮聽了，連連搖頭，說：「他這次差點累你送命，把他劃到你部下，你是不是要整死他啊？」魏延表示絕無此事，再三懇求。諸葛亮在用「不情願賣家」策略拒絕了幾次後，裝出勉強的樣子，同意了魏延的請求。

魏延非常高興，卻沒有想到，他要來的不是一個部將，而是一個掘墓人。

諸葛亮的這次行為，可以說是他一生中最大的汙點。任何一個視他為神明的人，都無法替他掩蓋這一劣行。

魏延雖然狂傲不羈，但功勞苦勞俱在。而諸葛亮初一見面，就斷定他腦後有反骨，將會造反。而此次竟然要在上方谷中將他與司馬懿一起燒死，這樣無罪而殺，理由何在，焉能服人？在魏延沾了司馬懿的光，僥倖不死後，諸葛亮又立即捏造出一篇謊言，人為製造出魏延與楊儀之間的矛盾，同時在魏延身邊埋下了一個定時炸彈。

總之，在諸葛亮的計畫中，無論怎樣，魏延是一定要殺的。那麼，魏延為什麼就這樣不受諸葛亮待見呢？

心理感悟：你可以用光芒包裝平庸，卻不能用光明掩蓋陰暗。

## 67 姓名裡潛藏的命運玄機

諸葛亮對魏延的偏見從兩人見面之初就開始了。當時，諸葛亮用激將法，讓關羽只帶本部五百校刀手去攻取長沙。魏延殺了太守韓玄，將長沙城獻給了關羽，破壞了諸葛亮收服關羽的大計，令諸葛亮十分惱火。

另外，魏延面色棗紅，生性狂傲，其形象與氣質均與關羽十分相似。關羽已經讓諸葛亮很頭疼了，再來一個「二號關羽」，諸葛亮怎麼可能會高興呢？

而當曹操即位魏王，後來曹丕建立魏國後，魏延的日子就更難過了。因為魏延，字文長，其表面的意思是「魏祚綿延，文脈流長」。這彷彿是為曹魏政權定制的頌詞。曹氏父子不僅執掌魏國，而且文名著於天下，是文學史上「建安七子」中的領袖人物。魏延的名字這一炫示性的活廣告，顯然是諸葛亮最不願看到的。只要提到、想到魏延這個名字，諸葛亮就會有說不出的難過。

這種因名字而引發聯想，並對名字主人的命運造成重大影響的例子，絕非只有魏延一個。南宋時，趙鼎作為丞相主持軍國大事。有人向他推薦會稽一個名叫「錢塘休」的讀書人，言說此人才華過人，正該重用。但當時趙鼎正在披閱前線來的報告，聽見這個名字，心中十分不悅，冷冷地說：「錢塘遂休乎？」倒楣的「錢塘休」因此而被棄置不用，空有滿腹才華也得不到施展的機會。

明永樂二十二年，廷試的結果，狀元是孫日恭，榜眼是邢寬。皇帝當時點頭同意了。但等到金榜公布出來，狀元卻換成了邢寬，孫日恭成了探花。這個重大變化連主考官也感到奇怪。後來一打聽，才知道問題出在名字上。當時寫字是豎寫的，在呈報皇帝御覽的小金榜上，抄寫人一時疏忽，將「日恭」二字寫得靠近了些，像個「暴」字。永樂皇帝的地位就是透過殘暴手段從侄子建文帝手上奪來的，像忠於建文帝的方孝孺就被滅了十族，所以永樂皇帝十分忌諱「暴」字。孫日恭因此失去了狀元。那麼，誰來當狀元呢？皇帝看到邢寬這名字，忽然一笑，說：「邢寬，刑政寬和，好！」於是，邢寬就幸運地成了狀元。

清末殿試，有個貢士叫王國鈞。這個名字頗有來歷，取自白居易所作之《賜樊著作》中的「卒使不仁者，不得重國鈞」。名字本來的寓意不錯，但不幸的是他姓王，連起來讀就是「亡國君」諧音。殿試時，王國鈞憑能力是可以名列前茅的，但慈禧太后念了他的姓名後，連聲說：「『王國鈞』不正是指『亡國君』嗎？此種人，此等名字，還能要他做官嗎?!」王國鈞這一生就此蹉跎。

所以，魏延因名而不為諸葛亮所喜，也是很正常的事情。怪只怪他投錯了主人，如果到曹氏手下效力，他這名字的好口彩也許能給他帶來好運。

諸葛亮預感到自己命不長久了，他已經對魏延忍耐很久了。現在時日不多，他必須提前做好安排。魏延的命運就這麼注定了。這麼一個雄武有力的猛將，卻不能掌控自己的命運，真是讓人慨歎人生的無常。

再說司馬懿僥倖逃得性命，深感幸運之餘，也倍加自信。如此絕境都能逢生，那還會有什麼不可克服的困難呢？這就是反事實思維帶來的幸運感。一直以來，司馬懿所受的挫折太多了，這也養成了他謹慎堅忍的性格。眼前的幸運並不會讓他得意忘形，他知道諸葛亮急於求戰，但他就是按兵不動，能忍則忍，能守則守。

司馬懿之所以採取這樣的對策，是出於兩方面的考慮。首先，魏強而蜀弱，但弱蜀卻偏偏主動發起進攻，進攻顯然比防守更消耗資源，那麼強魏只需穩固防守，即可有效消耗蜀國的實力。雙方相持久了，失敗的必然是資源率先被消耗殆盡的那一方。其次，也是最重要的一點，司馬懿吃了一塹後，已經深刻地懂得了生存智慧。只有像貓戲老鼠那樣，始終留著諸葛亮這個對手，才能讓自己長期有效於組織，才不會落入「兔死狗烹」的悲慘結局。

所以，司馬懿絕不會對諸葛亮趕盡殺絕。諸葛亮六出祁山，每次不管勝負，都能全軍而退，一方面是出於諸葛亮的巧妙安排，另一方面也是因為司馬懿始終沒有發全力。諸葛亮知道相持對己方極為不利，他必須想出辦法來破解這種相持僵局。諸葛亮決定，還是再用用激將法。

在評價技巧上，每個人都有個體差異。對這個人起作用的激將，可能對那個人毫無用處。那麼，司馬懿的軟肋是什麼呢？

司馬懿是一個大男子主義傾向很嚴重的人，他最不能忍受的就是被人評價為「像女人一樣」。此前，他和曹真打賭，賭注就是：如果他輸了，他願意面塗紅粉，身穿女衣。一個人絕不可能拿自己最喜歡做的事情來作為和別人打賭的賭注。所謂的賭注，只有最不願意付出的東西，最不願意施行的行為，才代表著真正的代價。

諸葛亮想起了這件往事，決定派人給司馬懿送去婦人所用的巾幗和縞素之服，還有一封信。諸葛亮的信上說：「仲達既為大將，統領中原之眾，不思披堅執銳，以決雌雄，乃甘窟守土巢，謹避刀箭，與婦人又何異哉！今遣人送巾幗素衣至，如不出戰，可再拜而受之。倘恥未泯，猶有男子胸襟，早與批回，依期赴敵。」

男人女人分屬兩個不同群體，男尊女卑，是當時的共識。男人對女人的外群體偏見非常明顯，作為一個位高權重的男人，怎麼可能願意被別人比擬成女人呢？司馬懿心中大怒，卻強自忍住，硬生生擠出一笑，說：「諸葛亮把我比作婦人啊？」隨之坦然接受了這婦人之服。不逞一時之快，忍人所不能忍者，才是真豪傑！司馬懿這一忍，諸葛亮的強力激將法就毫無效力了。

司馬懿調整心情，盛情招待諸葛亮的使者。席間，司馬懿問：「諸葛丞相現在寢食如何？公務繁簡如何？」司馬懿真是狡猾。如果他直接探聽軍旅消息，這個使者事先必然身懷戒備之心而絕不會隨意吐露。

但司馬懿看上去只是問問家常，使者也就放鬆了警惕，實話實說：「丞相日夜操勞，凡責罰二十軍棍以上的事情全部親力親為。但是他飯量很小，一天不過食用數升米。」

這個使者顯然不具備戰略眼光。像司馬懿這樣的雄才，問的每一句都是有深意的。司馬是打定主意要堅守的，但如果諸葛亮食量正常，身體強健，精力充沛，那麼司馬懿堅守的難度就會大得多。因為諸葛亮會不斷想方設法來挑起戰端。但現在諸葛亮的這個狀況，顯然是堅持不了多久的。所以，司馬懿就說「食少事煩，豈能長久」，由此更堅定了防守的決心。如果使者說，諸葛丞相就像當年赤壁大戰時那樣意氣風發，談笑揮灑，司馬懿也許會有微妙的變化。

使者回到蜀營，將情形稟告於諸葛亮。諸葛亮聽完使者轉述的「食少事煩，豈能長久」，不由得默然良久，才吐出一句：「最了解我的人還是司馬懿啊。」這句話正擊中了他的要害。諸葛亮很清楚，自己的身體狀況已經到了崩潰的邊緣，要不是還有強大的精神動力，哪裡還能堅持得住？

主簿楊儀聽了後，對諸葛亮說：「丞相何苦如此？古人說坐而論道，謂之三公；作而行之，士大夫也。而丞相每日親自理事，汗流浹背，勞苦異常。您為什麼要這樣呢？」

諸葛亮說：「我哪裡是不知道這個道理啊。只是我深受先帝重托，唯恐他人不能像我這樣盡心盡力啊。」

一方面，這是普天下聰明人都會犯的錯誤。在聰明人眼裡，旁人是做不好事情的，只有自己才能勝任。但一個人的力量是有限的，組織中不可能每個人都是諸葛亮，只有發揮出每個人的作用，才可能聚沙成塔，集腋成裘，完成光復漢室這項艱巨的任務。諸葛亮在用人之道上，確實還有值得商榷的地方。

另一方面，這是控制欲作怪。事情只要未經己手，就會有一種不安全感，彷彿要失控一般。但要想控制一切，自己就必須不休不眠，夙興夜寐。而這樣做的代價則是直接摧垮了血肉之軀。

司馬懿的這八個字勝過十萬雄兵，使心靈已經極度脆弱的諸葛丞相神思不寧。

司馬懿能夠忍受諸葛亮婦人之辱，他部下的這群大將卻不堪忍受。畢竟，在那個年代，一個男人被人公然稱為「婦人」，實在是奇恥大辱。魏將群情激憤，紛紛請戰。這個時候，就看出司馬懿極為高明的政治手腕了。如果他直接對請戰諸將加以拒絕，不但對自己的名聲不利，也會打擊部下的熱血之心。司馬懿的辦法是巧妙利用「第三方拒絕」，司馬懿的第三方就是皇帝曹睿。

司馬懿說：「哪裡是我甘心受辱，不敢出戰？只是天子有明詔，要求我等堅守不戰。我不敢違背天子之令啊。」

諸將仍是昂然欲戰。司馬懿見狀，知道如果不能很好地安撫，勢必釀成內亂。他說：「如果你們堅決要戰，我這就向天子奏告。如果他准許我們出戰，我們就立即行動。」

司馬懿真是高妙。戰與不戰，是主帥根據戰場情況的發展變化而定的，哪裡需要千里迢迢回京向毫不知情的皇帝請示呢？當年孟達就是希望司馬懿向皇帝請示如何鎮壓叛亂，但司馬懿先斬後奏，直接將孟達的造反撲滅。

何況，就算曹睿批准了作戰，路上來回也會延誤很多時間。而時間是激情最好的消退劑，這樣一延誤，群情早已不再激憤了。

而最終曹睿也懂得了司馬懿的用意所在，特頒詔書，明示不准出戰。這一道詔書，直接撲滅了諸葛亮最後的一點希望。因為他已經油盡燈枯，再也堅持不下去了。

心理感悟：幸運是自信之父，成功是自信之母。

# 68 五丈原的一聲歎息

諸葛亮駐兵在五丈原，等待費禕能給他帶來一個好消息。此前，他派費禕到東吳去見孫權，想要鼓動孫權一起進攻曹魏。但孫權之兵卻被曹睿打得慘敗，費禕帶回來的是一個壞消息。

本來東吳戰敗也是很平常的事情，但諸葛亮現在就像那隻心力交瘁、不堪重負的駱駝，這最後一根輕輕的稻草足以把他壓垮了。

諸葛亮聽說後，長歎一聲，昏倒在地。眾人急忙將他救醒，諸葛亮清醒後說：「我心亂如麻，渾身無力，看來是活不了多久了。」

眾人皆大驚，卻不敢多言。這些年來，諸葛亮滿滿當當地充塞在這些人的精神世界裡，讓他們有了足夠的安全感和依賴感。他們從來沒有想過，也從來不敢去想有一天會失去諸葛亮。

當夜，諸葛亮強撐病體，讓人扶著，走出中軍大帳，對著神祕的夜空，仰觀天象。看了一會兒，諸葛亮心慌意亂，回到帳中，把姜維叫了過來，歎息搖頭，說：「我已經命在旦夕了……」諸葛亮白天說自己「活不了多久」，是從自身的機體感覺來判斷的，但他也沒有想到這一天竟會如此近在眼前。看完天象，他極為驚慌失措。

姜維的眼淚頓時就下來了。在姜維的心目中，諸葛亮就像慈父一般，不但極為看重自己，而且將行軍布陣之策傾囊相授。姜維哭著說：「丞相為什麼要這樣說呢？」

諸葛亮說：「吾見三台星中，客星倍明，主星幽隱，相輔列曜，其光昏暗：天象如此，吾命可知！」

「習得性無助」就像幽靈一般，終於纏繞在諸葛亮的心上。

上方谷前，當一場突如其來的暴雨澆熄了大火地雷，挽救了司馬懿父子的時候，諸葛亮慨歎道「謀事在人，成事在天」。

這句話，實際上就是千百年來，人類對「習得性無助」最到位、最精當的總結。

歷史上那些雄才大略的偉人，在意氣風發的時候，沒有一個不是堅信「謀事在人，成事亦在人」的，沒有一個不是堅信「人定勝天」的。只有遇到了挫折，甚至是不斷地遇到挫折，無論你怎麼努力，無論你怎麼掙扎，都不能改變你的狀況，都不能達到你的預期，才會發現自己的局限性，才會領悟在天道面前，自己不過是渺小的一粒塵埃。

古往今來，這地球上不知道已經生存過多少個生命，不管是帝王將相，還是販夫走卒，又有哪一個人能夠勝天呢？

諸葛亮知道最後的時刻即將來臨了，但他遠大的抱負、美好的預期還遠遠沒有實現。這是多麼遺憾啊！這是多麼惆悵啊！可是又有什麼辦法呢？除了接受這個無奈的現實，讓自己的離開得儘量體面一點，還能有什麼別的選擇嗎？

如果有一線可能，每個人都不會放過。諸葛亮同樣難以免俗，在這個關鍵的時刻，姜維給他了一個提醒。

姜維說：「天象雖然如此，但我曾經聽說過祈禳之法。丞相您不是很擅長這個辦法嗎？為什麼不用一用呢？」

祈禳之法是用來延長壽命的祕術。這一方法的神祕性與功效在此不做分析。但有一點必須提及的是，這個方法在民間至今綿延不絕。

諸葛亮經姜維一提醒，內心又重新點燃了一線生機。諸葛亮說：「我學習祈禳之法已有很多年了，確實可以一試，但不知天意如何啊。」

這是諸葛亮一生無數次談判中最為玄妙的一次，因為他的談判對手是上天。在生命的最後時刻，諸葛亮其實已經接受了「人受限於天道」這個宇宙的終極規律，但他還是有點不死心，他還要困獸猶鬥般最後一搏。

諸葛亮命令姜維帶領甲兵七七四十九人，身穿皂衣、手執皂旗，環繞在軍帳之外。諸葛亮自己在帳中祈禳北斗。如果七日內主燈不滅，則諸葛亮就能增壽一紀，也就是多活十二年。如果主燈滅了，諸葛亮與老天的談判也就失敗了，諸葛亮必死無疑。

我們無法判斷祈禳之法是否真的有效。不過，如果祈禳之法真的有效，當年在白帝城，諸葛亮為什麼不為劉備祈禳延壽呢？

時值八月半間，是夜銀河耿耿，玉露零零，旌旗不動，刁斗無聲。姜維在帳外引四十九人守護。諸葛亮自於帳中設香花祭物，地上分布七盞大燈，外布四十九盞小燈，內安本命燈一盞。

諸葛亮拜祝祈禱道：「亮生於亂世，甘老林泉；承昭烈皇帝三顧之恩，托孤之重，不敢不竭犬馬之勞，誓討國賊。不意將星欲墜，陽壽將終。謹書尺素，上告穹蒼：伏望天慈，俯垂鑑聽，曲延臣算，使得上報君恩，下救民命，克復舊物，永延漢祀。非敢妄祈，實由情切。」

還記得諸葛亮兩次駁斥譙周的天象之說嗎？在那個時候，上天根本無法阻止諸葛亮前進的步伐，而此刻，諸葛亮卻要向上天祈命。這兩者之間巨大的差異，看似詭異，其間的緣由卻很簡單，不過是諸葛亮終於領悟到「習得性無助」罷了。

諸葛亮祈禱完畢，就在帳中安歇。此後數日，仍然抱病理事，竟然吐血不止。

再說司馬懿也是個善觀天象的高人，他看見諸葛亮的將星失位，又探聽到蜀營中的一些蛛絲馬跡，得出了一個準確的判斷：諸葛亮已經病重，很可能不久於人世了。他當即決定，派夏侯霸乘夜率兵去虛攻蜀兵，以探虛實。

諸葛亮連續祈禳了六天，看看主燈一直明亮燦爛，眼看大功即將告成，不覺大喜。最後一夜，諸葛亮披髮仗劍，踏罡布斗，正在壓鎮將星之際，魏延飛奔入帳，大喊道：「丞相，魏兵突然來襲！」

魏延走勢甚急，腳風強旺，竟然將主燈撲滅！魏延為什麼會如此慌急？這是因為魏兵已經久守不出了，突然發兵，當然會讓蜀營猝不及防。

諸葛亮一見主燈熄滅，知道自己最終的努力也付諸東流了，把寶劍一扔，長歎道：「生死有命，富貴在天！」

「生死有命，富貴在天」這八個字和「謀事在人，成事在天」一樣，也是千百年來，人類在神祕的天道面前苦苦求索、苦苦掙扎而終於認輸服膺的精練總結。

諸葛亮終於接受了命運對他的安排。

姜維見了，憤怒已極，立即拔出劍來要殺魏延。可是魏延又有什麼罪呢？他事先並不知道諸葛亮在為自己祈命。軍情緊急，立即趕來向諸葛亮匯報，足見他在長期的僵持中並未喪失警惕，其反應速度是諸將中最快的。這只能說明魏延對諸葛亮的尊敬以及在業務素質上的遠勝他人。

諸葛亮急忙攔住姜維，說：「是我天命已絕，不是文長的過錯啊。」冥冥中自有天意。諸葛亮一直處心積慮，要坐實魏延反叛之名，並以此罪名將其除去。卻沒想到，諸葛亮卻要先魏延而去。

諸葛亮知道，這不過是司馬懿對自己病重有所覺察而故意派來探聽虛實的。諸葛亮立即派魏延引兵出擊，魏兵當即退卻。

諸葛亮又對姜維說：「我本來想要竭盡全力，恢復中原，重興漢室。可是天意卻不如此。我馬上就要離開人世了。我要把平生所學的東西傳授給你，你可不要隨便洩漏了。」諸葛亮將軍事遺產悉數留給姜維，包括連弩之法。本來他的政治遺產是有意留交給馬謖的，但馬謖不爭氣，早早就因失街亭而被斬，諸葛亮只能把它交代給長史楊儀。

諸葛亮叫來楊儀，給他一個錦囊。這也是諸葛亮一生中最後使用的一個錦囊，諸葛亮對楊儀說：「魏延肯定要反叛的。這個錦囊你等他反叛時打開。那個時候，自然會有斬他之人。」

諸葛亮把諸事安排停當，又連夜派人到成都上表給劉禪。劉禪聞知諸葛亮危急，立即派尚書僕射李福星夜趕至五丈原探問。

諸葛亮對李福說：「我死後，你們要竭忠輔主。國家舊制，不可改易；我所用之人，也不可輕廢。馬岱忠勇，以後必須重用。我的兵法都已經傳授給姜維，定能鎮守西蜀。我自己另外有遺表會上奏天子。」李福急急離去，回報後主。

諸葛亮的這一番安排，非常明顯地要讓自己的控制力與影響力延伸至死後。他這樣做，固然是出自控制欲的慣性，但也有迫不得已的苦衷。劉備死後的十幾年中，諸葛亮幾乎將所有權力壟斷在自己手中，而一旦諸葛亮去世，權力的真空確實無人可以填補。如果劉禪對諸葛亮此前的各項制度、用人安排進行重大調整（這本來是很正常的事情），就會立即導致組織的混亂不堪、分崩離析，讓魏國有可乘之機。反之，如果能任用對的人，「蕭規曹隨」，諸葛亮的管理慣性仍在，組織反而能保持較好的穩定性。

蜀國家底諸葛亮瞭若指掌，而且當時的生產力水準幾乎不會有大的變化。他推斷，如果一切不加改變，那麼以蜀國易守難攻的地理優勢，國家應該還可以存在三十年左右。他甚至想好了接替自己擔任丞相的接班人。三十年時間，大概還需要兩任丞相。而人選嘛，自然是他早已選定的蔣琬和費禕了。

諸葛亮強支病體，吩咐左右將自己扶上小車，出寨巡視，遍觀各營。秋風瑟瑟，吹在臉上，徹骨生寒。秋涼如水，心涼亦如水。諸葛亮不覺淚流滿面，長歎道：「再不能臨陣討賊矣！悠悠蒼天，曷此其極！」

這一聲歎息，千年之後，猶自繞梁不絕。英雄末路的心酸，壯志未酬的遺憾，滾滾紅塵的眷戀，天人永隔的幽怨，都深深地蘊藏於這一聲歎息中。

無論你是建立萬世不拔基業的大英雄，還是默默無聞平凡度過一生的小人物，都會被這一聲歎息觸及心靈而淚濕衣襟！

是夜，諸葛亮黯然卒於五丈原，年僅五十四歲。一代巨星，就此隕落。正是「出師未捷身先死，長使英雄淚滿襟」！

> 心理感悟：哀莫大於心不死。

## 69 預言的神威

諸葛亮死後，楊儀暫時總制一切事務。他根據諸葛亮事先的安排，祕不發喪，並將諸葛亮事先按照原身大小雕刻好的木像置於那輛曾經頻頻出鏡的四輪小車上，罩上一層青紗，以備後用。

楊儀按照諸葛遺計，分派部隊，緩緩而退。費禕也根據諸葛亮的安排，來到魏延帳中告知此事。費禕對魏延說：「昨夜三更，丞相已經辭世了。他臨死之前，再三吩咐要將軍你斷後，擋住司馬懿，確保大軍緩緩撤退。現在兵符在這裡，你可依此行事。」

魏延對諸葛亮的死並不意外，但對諸葛亮安排自己斷後卻有意見。他的想法是，決不可因人廢事。

目前大軍行至此處，耗費無數，諸葛亮是主帥，固然是泰山之重，但征討魏國，則更是重上加重的大事，怎麼能夠因為諸葛亮一死就撤退呢？況且，魏延一貫認為自己英雄了得，只是諸葛亮不肯重用自己而已。

現在諸葛亮一死，自己的出頭之日也就到了。放眼蜀營，誰的智慧、誰的勇猛、誰的資歷還能與自己相比呢？魏延甚至覺得自己完全可以擔當軍事主帥之職，成為「後諸葛時代」的領軍第一人。

所以，魏延發問：「那麼，丞相死後，是誰在主理大事呢？」

費禕說：「丞相把一切事務，都託付給了楊儀。至於用兵行軍之法，則全部傳授給了姜維。我拿來的這個兵符，就是奉楊儀之命來讓將軍依令行事的。」

魏延聽後，勃然大怒。而這正是諸葛亮生前意料之中的事情，這其實是諸葛亮一生中最後一次使用的激將法。楊儀不過是諸葛亮身邊的親隨人員，無論是資歷、名望與戰功，都不能與魏延相比。

況且，也因為諸葛亮的緣故，魏延認定楊儀是暗中指使馬岱在上方谷燒死自己的主謀，魏延更是將楊儀視為死對頭。以楊儀這樣的人來領導魏延，魏延必然不服。

果然，魏延怒道：「丞相雖死，我還在。楊儀不過是丞相府的一個下人，怎麼能擔當此大任？他也只配將丞相的靈柩送回成都，擇地安葬。我自己親率大軍進攻，一定馬到成功。怎麼能夠因為丞相一個人而誤了國家大事呢！」

魏延的這句話其實揭示了縈繞了中國人數千年的一個話題，那就是，處世之道，應該是做事還是做人？魏延顯然是要做事的，但是如果只顧做事，卻不能見容於上司與同儕，又怎麼能把事做成呢？

費禕一看魏延發怒，也有些害怕，只好搬出諸葛亮來壓他：「這是丞相遺計要我們這樣做的，將軍為什麼還堅持要進攻作戰呢？」

魏延怒氣更盛，把積壓在心底的牢騷一股腦兒都發作出來：「丞相！丞相！要是丞相當時聽我的計策，現在長安也早就打下來了！再說了，我是堂堂的征西大將軍、南鄭侯，怎麼能給一個小小的長史斷後呢？」

費禕一看不妙，如果再堅持丞相遺計，恐怕自己的小命都要斷送在魏延身上。他非常善於見風使舵，此前諸葛亮誤用馬謖失了街亭後，自貶三級。劉禪不同意。費禕卻說正該這樣，以為百官垂範。而當他來到諸葛亮面前，卻又極力給諸葛亮臉上貼光，諛辭潮湧，結果被諸葛亮狠狠訓斥了一頓。今天，費禕再次掉轉風頭，迎合魏延以求自保。

費禕說：「將軍您說得對。楊儀不過是一個小小的長史，怎麼能節制我們？我也和你一樣，寧死也不受辱！」

魏延大喜，說：「好。如果你有這樣的看法，不如就來幫我。我自有辦法讓各寨人馬按兵不退，再圖進攻。」

費禕說：「我願意聽您的。」

魏延唯恐費禕只是口舌施惠，說：「你要是願意和我一起行事，就與我立誓畫押。」費禕欣然從命。

費禕見穩住了魏延，立即說：「將軍暫時還不宜輕舉妄動。等我去見楊儀恐嚇一番，這個人不過是個手無縛雞之力的文人，必然害怕。我讓他交出兵權後，扶柩入川。將軍您再總制所有兵馬，再圖北伐！」

魏延當即同意了，卻沒有想到這不過是費禕的脫身之計。

費禕回到大寨，立即向楊儀匯報此事。楊儀因諸葛亮早有安排，雖然從未主事，但也毫不驚慌。信諸葛，心安定，這其實也是崇拜偶像帶來的附帶效應。

楊儀不顧魏延，再令姜維斷後，徐徐退兵。

魏延久候費禕不至，這才知道上了費禕之當，惱怒萬分，立即引兵直奔棧道，準備火燒棧道，斷了大軍後退之路。

再說司馬懿，從天象及其他種種跡象判斷諸葛亮已死，立即引大軍急急追趕。追至山腳，眼看蜀兵就在不遠處，司馬懿連忙下令奮力追殺。卻聽山後一聲炮響，鼓角喧天，喊聲大震。只見蜀兵轉身而來，一面中軍大旗迎風招展，上書「大漢丞相諸葛武侯」八個大字。諸將簇擁，推出一輛四輪小車，車上一人，羽扇綸巾，鶴氅皂縧，不是諸葛亮是誰？

司馬懿見了，嚇得心膽俱裂。第一個念頭就是：「諸葛亮詐死，我又中計了，快跑！」急忙勒馬回退，魏兵全部嚇得魂飛魄散，丟盔棄甲，狼狽而逃，相互踐踏，死者無數。

這是諸葛亮一生中創造的最後一個軍事奇跡！四輪小車上的人，並不是諸葛亮本人，只是他的木雕像而已。這一段故事就叫「死諸葛嚇退活司馬」。

為什麼一個雕像竟會有如許神威？連司馬懿這樣老奸巨猾、老謀深算的老狐狸都被嚇得魂飛天外？這就要歸功於諸葛亮一直以來的深謀遠慮了！諸葛亮的這一生，其實可以歸結為只做了一件事情，那就是致力於包裝塑造自己的形象。而最重要的是，他深刻地了解人類因進化而來的易得性直覺。那些直觀、生動、形象的道具或載體的說服力和影響力遠遠勝過千言萬語。

所以，他會不厭其煩地精心選擇自己的服裝、用具，甚至有時候還故意裝神弄鬼。他的羽扇綸巾、鶴氅披風、四輪小車總是與他形影不離。他的所作所為也在這些道具的烘托之下，更顯得神祕威猛，深不可測。久而久之，外人就在這些道具和諸葛亮本人之間建立一種條件反射，就像巴夫洛夫的狗見了肉骨頭就會流口水一樣，當人們看到了這些道具，心中立即會浮現出諸葛亮神機妙策、決勝千里的神的形象。一個木雕像，無論如何都不可能做到唯妙唯肖，只要司馬懿稍加觀察，就能發現其中的漏洞。但當木雕像和諸葛亮生前其他道具一起出現的時候，司馬懿的潛意識立即搶在意識之前做出了「趕快逃命」的指令，哪裡還顧得上仔細觀察一番再做決定呢？

司馬懿望風而逃，一直逃出五十里外。後面兩員大將看看蜀兵並未追擊，忙扯住他的馬嚼環，說：「都督勿驚！」司馬懿用手摸摸頭，說：「我的腦袋還在嗎？」這才長長出了一口氣。等到他最後探明諸葛亮確實已死，蜀兵早已安全撤退了。司馬懿沉默半晌，心情極度複雜。在對諸葛亮的遺計深為嘆服的同時，他既為除掉這樣一個可怕的對手而慶幸，也為失去了這樣一個值得尊敬的對手而有一些失落。

蜀兵既已平安撤退，楊儀吩咐發喪。一時間哀聲遍野，心傷無數。蜀兵滿懷悲痛，跌跌撞撞地來到棧道路口，卻發現火光沖天，棧道已經被燒毀！

魏延橫刀立馬，擋住了大軍去路。魏延不但燒了棧道，阻住大軍，而且他還已經派人向劉禪奏告，說楊儀造反。

費禕果然深通官場謀略，他與楊儀、姜維商議後，立即派人先抄小路，急回成都，用密信向劉禪匯報魏延造反。如果魏延已經搶先奏告，則這封密信可抵擋緩衝，為辯解應對贏得時間；如果魏延並未奏告，那麼密信就可以先下手為強，將魏延置於不利的境地。

再說後主劉禪，聽了李福奏報說諸葛亮已死，頓時如失了主心骨一般，惶惶不可終日。這些年來，雖然諸葛亮牢牢控制了一切，但劉禪也因為有諸葛亮這棵大樹的蔭庇而得享安樂。諸葛亮一死，劉禪驟失依賴，當然是六神無主了。

等到魏延的奏報一來，劉禪就搞不清楚到底發生了什麼。他急忙請來吳太后請教。吳太后說：「我曾經聽先帝說過，諸葛亮早就辨別出魏延腦後有反骨，多次想殺他，都是因為憐惜他的勇烈而沒有下手。現在魏延反倒奏稱楊儀造反，我覺得情況可疑。楊儀不過一個書生，怎麼敢造反呢？如果只聽一面之詞，恐怕會壞了大事。」

吳太后的說法其實是潛意識中深受諸葛亮的影響所致。諸葛亮當年所說的「魏延腦有反骨」，正是一個「自我實現預言」。

所謂「自我實現預言」，就是說預言一旦說出，就會給直接相關者一種心理暗示，並給周邊相關者預埋下一種相應的預期。

以諸葛亮在蜀漢一言九鼎的權威，他所說的話，雖然不是一句頂一萬句，但也必會深深紮根於很多人的心中。在諸葛亮預言的作用下，「魏延將來必反」已經成為大多數人的一種共識般的預期。

吳太后是其中之一，蔣琬、董允等也不例外。等到楊儀奏告魏延謀反的密信一到，這兩人情願以全家性命擔保楊儀不反。在這二人帶動下，「從眾效應」隨之產生，文武百官紛紛只保楊儀，不保魏延。

預言必定會自我實現，魏延的命運其實已經注定。一個做人不成功的人，也許連命都保不住，哪裡還能做成事情呢？

魏延的悲哀，絕非他個人的悲哀。這種悲哀會日復一日，年復一年，換上不同的主角，不斷重演。

心理感悟：人生的成敗，很多時候取決你有多少個道具和面具。

# 70 活在傳奇中的那個人

魏延屯兵於南谷，把住隘口，卻不料楊儀、姜維星夜繞道到南谷之後，兵分兩路。一路護送諸葛亮靈柩回成都，一路派大將何平引三千軍馬來戰魏延。

何平一見魏延，立即喝道：「反賊魏延何在？」這是根據楊儀的安排，先聲奪人，先將魏延定位為反賊，以瓦解魏延所部的軍心。誰會願意跟著魏延造反呢？果然，何平隨即用事先想好的說辭，讓魏延所部一哄而散，只剩下馬岱所部三百餘人不為所動。

患難見真情。魏延十分感動，但他卻不知道，偽裝出來的真情更可怕。在馬岱的攛掇之下，魏延決定和馬岱一起先去攻取漢中，殺了楊儀，然後占據西川。魏延就這樣一步步落入了「造反」的陷阱。

魏延、馬岱直取漢中重鎮南鄭。姜維、楊儀正在此處，姜維高聲喝罵：「反賊魏延，丞相從不曾虧待你，如今他屍骨未寒，你就要背叛嗎？」

魏延心想，丞相何嘗沒有虧待我？但他今日的重點是要殺楊儀洩憤，所以對姜維置之不理，只是喝令楊儀出來。

楊儀眼見危急，急忙取出諸葛亮所遺的錦囊。看後欣然而笑，說：「丞相早就知道你會謀反，叫我小心提防，今日果然應驗。你敢在馬上大喝三聲『誰敢殺我』，才算是大丈夫。我就把這南鄭城獻給你！」

魏延狂笑道：「楊儀匹夫，諸葛亮在日，我尚懼他三分。如今他已經死了，天下還有誰是我敵手？別說連叫三聲，就是叫三萬聲，有何不敢？」

魏延說完，當即大喊：「誰敢殺我？」話音未落，腦後一人大喝道：「我敢殺你！」手起刀落，趁魏延猝不及防，將魏延斬於馬下！

此人正是已經深得魏延信任的馬岱。

馬岱奉了諸葛亮密令，潛伏在魏延身邊，就是為了這一天！當時，諸葛亮本來要馬岱將魏延與司馬懿一起燒死在上方谷中，因天降大雨，未能得逞。諸葛亮痛責馬岱，又密令馬岱將罪責推到楊儀身上，取得魏延信任。魏延哪裡知道，自己極為信任的這個兄弟，其實是諸葛亮埋下的定時炸彈。魏延就這樣一步一步走向諸葛亮為他預言的人生結局。

馬岱斬了魏延之後，魏延征西大將軍、南鄭侯的職位與爵位全部給了他。

魏延的鮮血成就了馬岱的榮耀。

魏延既死，楊儀姜維放下心來，護送諸葛亮的靈柩直到成都。劉禪親自帶著文武百官，盡皆掛孝，出城二十里迎接。劉禪放聲大哭。上至公卿大夫，下及黎民百姓，男女老幼，無不痛哭，哀聲震地。東吳孫權得知，也令諸葛瑾全家掛孝。

費禕上奏說：「丞相臨終時說，要將他葬於定軍山，不用牆垣磚石，也不用任何祭物，一切從簡。」劉禪從之，親自將靈柩送至定軍山，諸葛亮就此長眠九泉，而他那智慧、神奇的完美形象卻從這一天開始千古流傳，甚至變成了一個神話。

諸葛大名垂千古，這是不爭的事實。我們一路走來，追隨諸葛亮的足跡，體察他的心路歷程，可以清楚地看到諸葛亮絕不是一個無所不能的神，甚至也不是一個完美無瑕的人。

他會耍手腕兒，甚至耍無賴，以借荊州之名，將老實人魯肅玩弄於股掌之上。

他有時心狠手辣，毫不留情，不放過任何一個機會，硬生生將周瑜氣死。他也心懷偏見，從一開始就不待見魏延，在茲念茲地要坐實魏延的反叛之名，甚至在臨死前精心謀劃好將魏延推入「造反」的陷阱。

他在用人上也會犯錯誤，馬謖、楊儀都是他非常看重的人，但最終都辜負了他的期望。楊儀後因未得丞相之位，上書誹謗朝廷，終被流放，後自盡。

他對生性狂傲的人總是施加打擊，關羽、魏延、劉封、廖立等人都深受其苦。

他還喜歡炫示自己的聰明才智，動輒以激將法來刺激部下的自尊心。

他也會在脆弱無助的時候，低下高昂的頭，向神靈祈禱求救。

他也許是一個極端自私的人，他之所以要獨攬大權，連年北伐，也並不僅僅是為了完成劉備生前的重托。更大的可能是因為他一定要實現自己的抱負，讓自己的功勳蓋過姜子牙、張良、管仲、樂毅這些光輝的先輩。

但他又是一個極端無私的人。幾十年來，他把國當成了家，他對國的付出遠遠超過了家。

他的兒子諸葛瞻才識平庸，根本就不像諸葛亮的兒子。這固然有天賦方面的原因，但諸葛亮疏於培養也是不爭的事實。諸葛亮以軍旅為家，又何嘗分出一丁點的時間來給家庭、來給家人？他對姜維的關愛甚至遠遠超過了兒子。他把行軍布陣之法對姜維傾囊相授，沒有一絲一毫的藏私，不就是為了國家的平安？

在他的臨終上表中，諸葛亮寫道：「臣家成都，有桑八百株，薄田十五頃，子弟衣食，自有餘饒。至於臣在外任，別無調度，隨身衣食，悉仰於官，不別治生，以長尺寸。臣死之日，不使內有餘帛，外有贏財，以負陛下也。」一個堂堂的大丞相，家裡只有桑樹八百株，薄田十五頃。清貧廉潔若斯，怎麼能不讓人感動呢？他死的時候，內無餘帛，外無贏財，怎麼能不讓人感慨呢？

諸葛亮專權幾十年，卻從來沒有為自己、為家人謀取私利，而這正是中國人千百年來最高的價值評判標準。諸葛亮做到了，這是極不容易的事情。縱觀歷史，比諸葛亮才華卓越的大有人在，比諸葛亮功績卓著的也大有人在，但能夠像他這樣不為自己謀私利的人卻屈指可數。

「淡泊以明志，寧靜以致遠」，絕不僅僅是諸葛亮寫在紙上的一句空言！

所有不完美的瑕疵掩蓋不了他的光輝，反而讓他的形象更加真實可信。諸葛大名垂千古的奧祕或在於此。

我們記住了，他容貌出眾，風度翩翩；我們記住了，他智謀出眾，學識淵博；我們記住了，他忠誠奉公，恪盡職守；我們記住了他鞠躬盡瘁，死而後已。

我們記住了，他的一生，風雲激盪；我們記住了，他的一生，揮斥方遒；我們記住了，他的一生，是一部活生生的傳奇。

我們忘記了，他的種種失誤，種種缺點；我們忘記了，他的實際成就其實趕不上姜子牙和張良，甚至連管仲、樂毅也不如。

諸葛亮的成功，應該歸功於他對人類心理規律的深邃洞察與嫻熟運用。諸葛亮的失誤，也正是受制於人類心理規律的約束與局限。

諸葛亮是一個活生生的人，是人就會犯錯。我們不必拘執於諸葛亮的錯誤而質疑他的偉大。我們也不必糾纏於諸葛亮的偉大而去掩飾他的錯誤。

我們已經知道，他並不完美，但是人們希望他完美。因為這個世界應該有一個完美的象徵。人們將這人世間最美好的預期投射於他身上。因為人們相信他配得上這份榮耀。這種「選擇性知覺」正是人類揮之不去的根性。

當我們懂得了這一點，也就能正視、平視諸葛亮了。而無論是仰視或是俯視，都是對諸葛亮的不尊重，也是無知的表現。這才是整部《用心理學趣讀三國！軍師界頂流傳奇——諸葛亮》真正想表達的一個觀點。

歷史已經遠去，永遠不可逆轉；歷史又在重演，似乎沒有新意。但還是讓我們從歷史中汲取智慧吧，讓我們致力於把毫無新意的生活過得更加美好……

> 心理感悟：無私不過是自私的一種表現方式罷了。

# 本書主要心理學概念解讀

（括弧內數字為所在篇目）

1 **自私悖論**：從進化心理學來看，生命的本質是想讓自己的基因存活並延續下去，而只有自私才能最大限度地確保這一點。正是基因的自私性決定了人們採用了「親緣保護」和「互惠」這兩種獨特的、無私的，甚至是自我犧牲的說明行為的方式來行事。（1）

2 **不情願賣家策略**：賣家將自己的真實意圖隱藏或部分隱藏，對買家產生一種誘引作用，從而讓買家願意付出更高的價碼來得到標的物。（2）

3 **暈輪效應**：人們對人的認知和判斷往往只從局部出發，擴散而得出整體印象，即以偏概全。一個人如果被標明是好的，他就會被一種積極肯定的光環籠罩，並被賦予一切都好的品質；如果一個人被標明是壞的，他就被一種消極否定的光環所籠罩，並被認為具有各種壞品質。（3）

4 **選擇性知覺**：人們在某一具體時刻只是以對象的部分特徵作為知覺的內容，或以自身的興趣、背景、經驗及態度選擇解釋他人或事項。也就是說，人對外部客觀世界的認知並不是客觀、全面的，而是會有選擇地看到那些符合自己的動機與預期的那一部分，而會對不符合的那一部分視而不見。（4）

5 **墨跡測驗（羅夏克墨漬測驗）**：心理學家用十張經過精心製作的墨跡圖對被試發問，被試可以對著這些墨跡盡情發揮他們的想像，說出他們看到了些什麼。同樣的圖案，在不同的人看來，代表著不同的形象與含義，而心理學家就可以據此展開分析。（4）

6 **過度自信**：每個人都有認為自己高於平均水準的傾向，認為別人做不成的事，自己卻是能做成的。（5）

7 **信念固著**：當某一種信念被人們打心底裡接受後，就很難讓人們再對此加以否定，即使有確鑿的證據表明原先的信念是錯誤的，也無法讓人們改變初衷。（5）

8 **錯覺相關**：人們很容易將各種隨機事件聯繫起來，並發掘出這些事件之間的因果聯繫。（5）

9 **控制錯覺**：當人們將隨機事件知覺為有聯繫的事件之後，人們往往會產生一種控制錯覺，以為自己可以控制隨機事件的發展。（5）

10 **投入陷阱**：一旦你投入某件事情，你就不會輕易放棄。而當你投入得越多，你就越難放棄。在一個拍賣實驗中，人們總是願意用幾倍於一美元的價格來得到一美元。這就是投入陷阱。（6）

11 **敵意性攻擊和工具性攻擊**：攻擊可以分為兩種，一種是敵意性攻擊，一種是工具性攻擊。敵意性攻擊是以傷害為目的的，而工具性攻擊則是把傷害作為達到目的的一種手段。（10）

12 **損失規避**：當人們面臨獲利時，往往喜歡規避風險，傾向於得到比較固定的收益。而面臨損失時，人們則更喜歡冒冒風險，賭一把運氣。（15）

13 **相反立場策略**：每個人都有自己立場，一般也是從自己的立場出發思考行事的。但如果你從自己的立場出發，爭取自己的利益，就很難說服別人。反之，如果你從對方的立場出發（也即是你自己的相反立場），為對方的利益考量，就比較容易說服對方。（15）

14 **C型衝突和A型衝突**：C型衝突，指對於實質性問題的認知不同，A型衝突指標對個人的意見不同。C型的衝突往往是建設性的、理性的，而A型衝突則往往牽扯到很多感情因素，理性的成分很少。

（16）

15 **內隱記憶和外顯記憶**：內隱記憶是指，人並非有意識地知道自己擁有這種記憶，它只在對特定任務的操作中自然而然地表現出來，這種記憶也被稱作無意識記憶或潛意識記憶。而外顯記憶則是有意識地從自己的記憶中調取自己先前存儲而此刻需要的資訊。（20）

16 **壞心情策略**：當一個人處於憤怒狀態的時候，往往會放鬆心理防線，而將自己對憤怒源的不滿傾瀉而出。利用這一心理規律可以讓人不加防範地說出他的真實想法。（21）

17 **鏡像反制**：當談判雙方的境況情形對等時，一方用來說服另一方的所有理由，都可以被對方用來抵制被說服。這種辦法不但能夠輕易達到效果，而且柔軟無傷。（22）

18 **自信的表達方式**：人們在表達上的自信姿態有助於達成說服的目的。（22）

19 **疲勞戰術**：人在疲憊的時候，判斷力和警覺度都會下降，從而也更容易被說服、被欺騙。（23）

20 **易得性直覺**：如果某一類資訊是形象而生動的，就更容易被我們感知，也更容易被我們判斷為相關的事情發生得更頻繁。（27）

21 **「挫折—攻擊」理論**：當一個人遭到挫折後，要嘛憤怒，要嘛退縮。而當他選擇了憤怒後，就會去努力尋找可供攻擊的對象以發動攻擊行為。在極端的情況下，攻擊者甚至會對毫不知情的無辜者發起攻擊，以發洩自己的憤怒。（34）

22 **習得性無助**：當一個人在多次努力而未能改變不如人意的境遇後，就會走向習得性無助，以消極的心態，將生活的掌控權完全交給命運。這實質是一個人從內部控制者到外部控制者的一種轉換，這種轉換往往是經由無數的挫折與失敗完成的。（36）

23 **旁觀者效應**：個體對於緊急事態的反應，在單個人時與跟其他人在一起時是不同的。由於他人在場，會導致責任分散，每個人都寄希望於他人去行動，以至於每個人都成了旁觀者，最後的結果則是沒有一個人採取行動。（37）

24 **相對剝奪**：個體的境況其實並未發生變化，卻因為選擇了較高的衡量標準而讓個體顯得境況更差了。（38）

25 **第一印象效應**：人們對外部事物、對他人的認知往往會受到首因效應，也即是第一印象效應的制約。也就是說，人總是會根據第一印象形成的刻板印象來看待他人。一旦你給別人留下了不好的第一印象，就很難改變別人對你的看法了。（40）

26 **近因效應**：如果某一個體新近做出了與此前截然不同、令人刮目相看的事蹟，是可以扭轉此前的不良印象的。（40）

27 **道德排除**：想方設法將你的對手置於道德界限之外。對一個背離了道德、失去了道德保護的對手展開攻擊，非但不會引起社會輿論的非議，反而會贏得社會大眾的支持。（42）

28 **行為改變態度**：一般認為，內心的態度決定了外在的行為，但這只是硬幣的一個面而已，硬幣的另一個面則是行為也會改變態度。當一個人在某種外部推動力的驅使下，做出了與他先前內心態度不一致的行為後，這個人為了讓自己的言行一致，以消解內心的認知不協調，往往會選擇改變內心的態度，來與已經發生的、不可逆轉的行為保持一致。（42）

29 **閉門羹技巧**：當你向對方提出一個大的要求而被拒絕後，對方因為做出拒絕的言行而在內心有一些愧疚。那麼，你可以趁勢利用這稍縱即逝的愧疚，立即提出一個相對較小的要求。一般而言，對方出於

不想加重內心的愧疚，或對此前的愧疚加以彌補的心理，往往會答應你的這個較小的請求。（45）

30 **類別化**：人們傾向於誇大群體內部的相似性以及不同群體之間的差異性。同時，人們傾向於認為自己所處的這個群體更加優秀，而認為除此之外的群體存在種種不足與缺陷。（45）

31 **接近性規則**：人們往往喜歡和自己相似的人。（45）

32 **喜鵲效應和烏鴉效應**：人們往往把好消息帶來的正面情緒歸功於好消息的傳播者，而不僅僅是好消息的創造者。這是喜鵲效應。同樣，人們也往往把壞消息帶來的負面情緒歸罪於壞消息的傳遞者，而不僅僅是壞消息的創造者。這是烏鴉效應。（46）

33 **從眾**：人們根據他人的行為而改變自己的行為或信念。（47）

34 **理由不足效應**：人之行事，往往需要得到相應的回報，這些回報即令人做事的「理由」。一般來說，缺乏合理的理由，人們不會盡心竭力行事。而「理由不足效應」之所以能夠發揮作用，是因為當回報明顯過少而又不得不踐行某事時，就會引發內心的認知不協調。為了克服這種不協調，行事者就會用其他的非物質動機，如道義或責任，來補償這種不平衡。（48）

35 **社會懈怠**：人處在群體之中，往往會產生「搭便車」的心理，自己不想盡全力，卻希望從他人的努力中沾光。（49）

36 **錨定效應**：事先提供的資訊看似無關，但對於參與者後期的選擇產生了正相關的影響，兩者間就是產生了「錨定效應」。（51）

37 **自我服務偏見**：當人們加工和自我有關的資訊時，會出現兩種傾向——會輕易地為自己的失敗開脫，也會欣然接受成功的榮耀。（51）

38 **內群體偏見**：人類是群居性動物。我們會將自己歸入某一個或某幾個特定的群體。群體給單獨的自我帶來一個集體的概念——我們。「我們」和「他們」顯然是不一樣的。「我們」比「他們」更聰明，更強壯，更熟悉自己。這樣的看法就是「內群體偏見」。（52）

39 **迷信**：當人們面臨不確定的危險時，更容易選擇相信超越自然的神祕力量。這往往被描述為「迷信」。（54）

40 **「壞心情—好行為」效應**：當一個人做出了背離社會一般規範和自己慣常信念的行為後，就會產生內疚感。而當內疚感產生之後，人就會採取行動加以彌補挽救，以平息內疚感。（55）

41 **睡眠者效應**：說話者本身的權威程度會影響到所說內容的權威性。同樣的話，從不同的人嘴中說出來，其效用大不相同。隨著時間的流逝，說話者權威程度對所說內容的影響會出現兩種傾向。當說話者是一個權威人物時，他所說的內容隨著時間的流逝，其影響力會下降。當說話者是一個毫無權威的人時，他所說的內容本來無人認可，但隨著時間的流逝，其影響力反而會上升。（60）

42 **反事實思維**：人們對過去已經發生了的事件，在事後再來做出相反的判斷與決策的一種心理模擬。反事實思維通常是在頭腦中對已經發生了的事件進行否定，然後模擬想像原本可能發生但現實並未發生的心理活動。（64）

43 **姓名效應**：一個人姓名的音義所引發的聯想，會影響其他人對這個人的印象，甚至可能影響到這個人的命運。（67）

44 **自我實現預言**：預言一旦說出，就會給直接相關者一種心理暗示，並給周邊相關者預埋下一種相應的預期，從而推動預言成為現實。（69）

後記

## 風雨十年心何往

「心理三國（繁中版：用心理學趣讀三國）三部曲」即將推出十周年紀念版，在這個特殊的時刻，不免撫今追昔，往事歷歷，湧上心頭。不過，記憶經過時間的加工，可能早已不是原來的模樣。

十年來，「心理三國」系列以多個版本、數種文字暢銷中國大陸和港澳臺地區以及韓國等東亞文化圈，還有北美、澳大利亞等華人密集處，這是出乎我的意料的。

這部作品是我人生中的一個大事件，是沉寂兩年後的自動噴發。所有的文字就像是流淌出來的，在鍵盤上打字的速度根本就跟不上腦海中文字奔湧的速度。只是，當時我並沒有想到，這部無意中誕生的作品，竟在十年間成為我的代表作之一，並順帶開創了「心理說史」這種獨特的寫作形式。

這十年來，我的生活跌宕起伏、變化多端，彷彿只有不確定才是唯一確定的。

風雨十年心何思？

一個人若不曾跌落低谷，永遠不可能體會人世真相；一個人若不曾歷經滄桑，永遠不可能洞察人性真相；一個人若不曾在絕望處看見光明，永遠不可能探明人生真相。

這十年中，我思考了很多很多。這些思考帶來了巨大的痛苦以及痛定之後不可思議的心性提升。

這十年中，我領悟到，風雲亦只是尋常。我們慣常將目光投注於英雄人物，為他們的成功擊掌，為他們的失敗痛惜，為他們的智慧讚歎，為他們的失誤惋惜。我們往往以為英雄人物與販夫走卒大為不同，但其實在心理學的手術刀下，英雄與凡夫並無二致。人類喜怒哀樂的心理機制、趨吉避凶的人性邏輯，都逃不脫固有的幾個模式。

所以，從心理學意義上來看，每個人的一生都是一個傳奇。所謂歷史，其實只是每個人自己的故事。「心理三國」借用了「英雄人物」的標籤，講述人人都可以代入的人生成敗、悲歡離合。當初我在書中寫到的「三國不僅僅是一段歷史，也是千百年來人們將自己的道德偏好、價值判斷投注其上的一個心靈樣本。我們每個人身上或多或少都有這些三國人物的文化基因和行為記憶。讀懂了他們，就認清了你自己，也就認清了你身邊的人」，這一再得到了時間的驗證。英雄即凡人，凡人亦傳奇。這一領悟也滲入我此後所寫的「心理說史」系列的其他作品中。

佛陀在《金剛經》裡提出了一個「如何安住此心」的人生大命題。

風雨十年心何住？

反躬自省，這十年來，我的心一直住在哪裡呢？

整個「心理三國」系列，我寫下的第一句話就是「關羽是不可能投降的」，實際上，這句話完全是我當時潛意識的反映。

當時，我以靈魂之痛，深刻體會到了人性的複雜多變，但我的心還是住在對抗中，不願意與俗流妥協，不願意對壓力屈服，不願意向逆境投降。

但是黑白分明的抗爭姿態是很消耗能量的，對自己的身心也是一種莫大的傷害。而最關鍵的是，這樣做並不能安住那顆躁動而彷徨的心。

孔子說，人分為三種：一種是生而知之的，一種是學而知之的，還有一種是困而知之的。我生性愚笨，應該是屬於那種困了很久才略有所知的。

抗爭，非但沒有讓我免於痛苦，反而讓我陷入了更大、更漫長的痛苦中。我的心被困於抗爭之中，這等於是自設的心牢。如何才能越獄而出？

物極必反，在黑暗的極點，我明白了，抗爭何如接納？就如納爾遜・曼德拉，也是在看不到頭的牢獄生涯中，明白了必須用包容去反覆運算抗爭。

接納並不是投降，並不是沒有原則，更不是和稀泥、當好好先生。接納其實是一種最柔軟的抗爭。抗爭是一分為二，接納是合二為一，而一個人在三維世界中所能達到的最高心性境界就是「一」。

當一個人安住在接納之中，自然也就消解了恐懼，消解了憤怒，消解了孤獨。當一個人安住於不確定之中，也就是活在當下了。當一個人安住於包容之中，哪裡還用得著對抗呢？山川萬物皆是我，無限風光由心造，那是一種何等美妙的體驗！

十年間，我出版了三十多本書（包括「心理三國・逆境三部曲」、「心理吳越三部曲」），但我自己知道，有太多的時間並沒有用於創作，而是在和自己的心性做鬥爭。以我的創造力，本可以寫出更多的作品。計畫中的「心理楚漢三部曲」、《心理戰國》（七卷本）、《心理孔子》、《心理秦始皇》、《心理蘇東坡》、《心理岳飛》等之所以未能如期完成，也緣於此。不過，這也是必不可少的「浪費」。好在，我還沒有放棄；好在，我還有時間。

風雨十年，心裡充滿了感恩。對我來說，夜空中最亮的星，就是那些忠實的讀者們。這些素不相識的書友，借助網際網路時代的通信便利，用各種方式表達了他們對作品的喜歡和對我的支持。他們看似微不足道的一句問候，卻彌足珍貴，暖灸我心，給了我繼續前行的力量。在這裡，要對這些書友們道一聲誠摯的感謝。

走過十年，就像一首歌所唱的：孤獨站在這人生的大舞臺，心中有無限感慨。多少青春已不在，多少情懷已更改，但我卻依然擁有你們的愛，無論天上人間，無論天涯海角。

要特別感恩的是師父和陳國瑛老師，他們給了我無數的鼓勵，陪伴我走過了漫漫長路。另外，厚朴先生和馨文女士在重要時刻的熱心幫助，也讓我銘記在心。

俱往矣，時間不會停留，但會開花結果。生長十年，「心理三國」初具模樣，也留下了一些遺憾。但無論如何，「心理三國」一定會活出它自己最茂盛的樣子。

風雨十年心何往？

再過幾天，就將進入21世紀20年代了，人類社會正在發生翻天覆地的變化，技術似乎占據了主導地位，但我始終相信，太陽底下，並無新事；人性心理，千年如一。無論技術如何演變，關於人和人性，仍將是恆久的話題。

展望未來，我還是會繼續用「心理說史」這種形式來「看透歷史，講透人性」。或許，這就是我重要的人生使命吧。

最後，我想說，在上一版的後記中我把這套書獻給我故去的公公婆婆。十年過去了，時間並不能割斷我對他們的思念，也不可能磨滅我對他們的敬意。

謹以此書寄託我對他們不變的愛，雖然我再也沒有機會親口告訴他們。

2019年12月24日星期二於北京空港融慧園1912

2020年2月16日星期日於別館13B補定

# 初版後記

我想把《心理三國（繁中版：用心理學趣讀三國）》三部曲獻給我兩位故去的親人：我的外公陳有志（1915年12月26日—1989年1月14日）和外婆倪文鴦（1923年1月30日—2006年11月7日），如果沒有他們，可能就不會有這套書。

在我們老家的方言中，「外公」、「外婆」是被稱為「公公」、「婆婆」的。現在想起來，這方言真是好，因為他們一直在我內心深處，何曾有「外」？

兩位老人出生於民國初年，經歷了軍閥混戰、抗日戰爭、解放戰爭、新中國成立、「文化大革命」、改革開放等風雲激盪的近現代史，也因此面臨過無數的生活難題。在困難面前，他們淡定、從容，不以物喜，不以己悲，靠著自己的勤勞與智慧，家底豐殷，也贏得了他人的尊敬。在我母親九歲那年，因鄰家燉煮燕窩失火，將整個家族聚居的木結構樓房全部燒毀。兩位老人數十年的奮鬥成果化為灰燼，整個家庭陷入一無所有的困境。面對生活的嚴峻考驗，他們不抱怨、不氣餒，以無比的堅毅、辛勞，十年生聚，再創富殷。

如今，公公離開我們已經二十一年了，婆婆離開我們也有四年了。每當想起他們的時候，腦海裡總是會浮現蘇東坡的「十年生死兩茫茫，不思量，自難忘……」，雖然東坡這首詞是寫來悼念亡妻的，但那種對故去親人的思念之情，與我應該是別無二致的。

在人的一生中，誰又能不遭遇生活難題呢？但我所遇到的難題，顯然遠沒有公公婆婆那樣的跌宕起伏，而我的應對，顯然也遠沒有他們那樣的裕如與坦然。

幸運的是，公公婆婆對我的耳濡目染，經過時間的積澱，還是發揮了作用。在不斷揣摩、追憶他們如何笑對生活的心路歷程中，我不但找到了正確的生活態度，也頓悟了解讀歷史的最好方式：心理、心態、心靈。

人的歷史就是人的心理塑造而成的！歷史之所以不斷向前，就是因為那些身處歷史之中的人物的心理推動。他們或激越進取，或頹廢消沉，或從容坦蕩，或浮躁輕狂，卻共同描繪了一幕幕風雲變幻的歷史畫卷。

而歷史之所以迷霧重重，很大程度上也是因為我們沒能用正確的方式去解構、解讀。當我們撫今追昔，社會心理學實際上已經給我們提供了很多的工具，所以，心理說史不但成為一種可能的選擇，而且可能是一種正確的選擇。

由此，「心理三國（繁中版：用心理學趣讀三國）三部曲」也算是我一份小小的人生答卷。感謝兩位老人用他們一生的言行、實踐帶給我的領悟。他們說不上是大人物，但他們那種發自內心的淡定、從容，是我最大的財富，遠比他們留給我的物質資產更為珍貴。沒有他們，不可能有物質意義上的我，也不會有精神意義上的我。

謹以此書寄託我對他們深深的敬意和深深的思念。

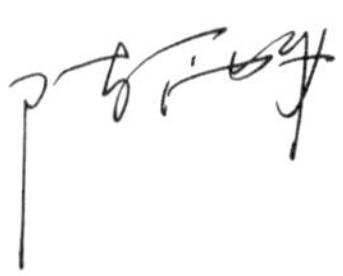

2010・9・9

國家圖書館出版品預行編目（CIP）資料

用心理學趣讀三國！軍師界頂流傳奇——諸葛亮／陳禹安著 . -- 初版 . -- 臺北市：臺灣東販股份有限公司 , 2023.06
430 面；14.7×21 公分
ISBN 978-626-329-822-4（平裝）

1.CST：(三國) 諸葛亮 2.CST：傳記

782.823　　112006243



**用心理學趣讀三國！**
**軍師界頂流傳奇——諸葛亮**

2023 年 6 月 1 日初版第一刷發行

著　　者　陳禹安
主　　編　陳其衍
美術設計　黃瀞瑢
封面插畫　陳郁涵
發 行 人　若森稔雄
發 行 所　台灣東販股份有限公司
　　　　　＜地址＞台北市南京東路 4 段 130 號 2F-1
　　　　　＜電話＞ (02)2577-8878
　　　　　＜傳真＞ (02)2577-8896
　　　　　＜網址＞ http://www.tohan.com.tw
郵撥帳號　1405049-4
法律顧問　蕭雄淋律師
總 經 銷　聯合發行股份有限公司
　　　　　＜電話＞ (02)2917-8022



TOHAN